PREFACE 머리말

요양보호사 자격시험 5일 완성!

대한민국의 고령인구비율이 점차 높아지면서 2025년에 드디어 초고령사회에 진입하게 되었습니다. 이처럼 급속한 노령화가 진행되면서 노인장기요양제도의 중요성이 사회복지적 측면에서 주목받게 되었습니다. 또한 노인장기요양제도의 확대에 따라 중추적 핵심인력인 요양보호사 또한 전문인력으로서 직업적 전망이 밝은 유망직업으로 각광받게 되면서 응시율도 높아지고 있습니다.

본 교재는 최근 개정된 보건복지부의 요양보호사 양성 표준교재를 반영하여 요양보호사 자격시험을 준비하는 수험생들이 한 권의 책으로 단기간에 합격할 수 있도록 집필하였습니다. 누구나 부담 없이 시험준비를 시작할 수 있도록 꼭 필요한 핵심 내용만 요약하여 보기 쉽게 정리하고, 정답만 보이는 합격모의고사를 통해 실전 감각을 익히도록 체계적으로 구성하였습니다.

본 교재의 주요 특징은 다음과 같습니다.

- ✓ 5일 완성! 단기간 학습 목표
- ✓ 정답만 컬러 표시로 빠르고 효율적인 학습
- ✓ 모의고사 8회 + 최빈출 50제로 철저한 실전 대비
- ✓ 혼자서도 학습이 가능한 친절한 구성

요양보호사 자격시험을 준비하는 수험생 여러분들이 본 교재를 통해 합격의 기쁨을 누리시길 진심으로 기원합니다.

편저자 박문각 자격시험 개발팀

GUIDE 요양보호사 시험정보

1 요양보호사란?

요양보호사를 양성하는 교육기관에서 소정의 교육과정을 이수하고 국가시험에 합격한 후 국가가 부여한 요양보호사 자격을 취득한 자로서 주로 생활 복지시설 또는 재가서비스를 통해 방문한 가정에서 고령이나 노인성 질환 등을 사유로 일상생활을 혼자서 수행하기 어려운 성인에게 신체활동 및 일상생활을 지원하는 자를 말합니다.

2 응시자격

- 『노인복지법 시행규칙』 제29조의2에 따라 시·도지사로부터 지정받은 요양보호사 교육기관에서 표준교육과정 320시간, 국가자격(면허)소지자(간호사, 간호조무사, 물리치료사, 사회복지사, 작업치료사)는 40~50시간, 경력자(경력인정기관에 따라 이수시간 다름)의 교육과정을 이수하시면 요양보호사 자격시험에 응시하실 수 있습니다.
  ※ 교육과정에 대한 상세안내는 노인복지법 시행규칙 [별표 10의2] 참조

- 다만, 개정(2024.1.1.) 전의 교육과정으로 자격증을 취득한 요양보호사는 다음 요건이 충족되면 개정된 표준교육과정(320시간)에 따른 시험의 응시자격을 부여합니다.
  - 대상 : 개정(2024.1.1.) 전 교육과정으로 요양보호사 자격증을 취득한 자
  - 요건 : 요양보호사 교육기관에서 개정된 표준교육과정(320시간)만을 이수

3 시험일정

구분		일정	비고
응시원서 접수	기간	시험 개시일로부터 시험일 7일 전까지	[응시수수료] 32,000원 [접수시간] 상시접수
	장소	상시(기간제) 홈페이지 [응시 원서접수] 메뉴	
시험시행	일시	상시(시험계획 공고 참고)	[응시자 준비물] 응시표, 신분증 지참
	장소	전국 시험센터	
합격자 발표	일시	상시(시험 시행일 다음날 오전 10시 이후 발표 예정)	휴대전화번호가 기입된 경우에 한하여 SMS 통보
	방법	상시(기간제) 홈페이지 [합격자 조회] 메뉴	

4 시험과목 및 시험시간

시험과목	문제 수	배점	총점	문제형식	시험시간
1. 필기시험(요양보호론) (요양보호와 인권, 노화와 건강증진, 요양보호와 생활지원 및 상황별 요양보호 기술)	35	1점/1문제	35점	객관식 5지선다형	90분
2. 실기시험	45	1점/1문제	45점		

5 합격기준

합격자 결정	• 필기시험과 실기시험에서 각각 만점의 60퍼센트 이상을 득점 • 응시자격이 없는 것으로 확인된 경우에는 합격자 발표 이후에도 합격을 취소함
합격자 발표	• 상시(기간제) 홈페이지 [합격자 조회] 메뉴 / 상시(기간제) 모바일 홈페이지에서 확인 • 휴대전화번호가 기입된 경우에 한하여 SMS로 합격 여부 통보

6 합격률

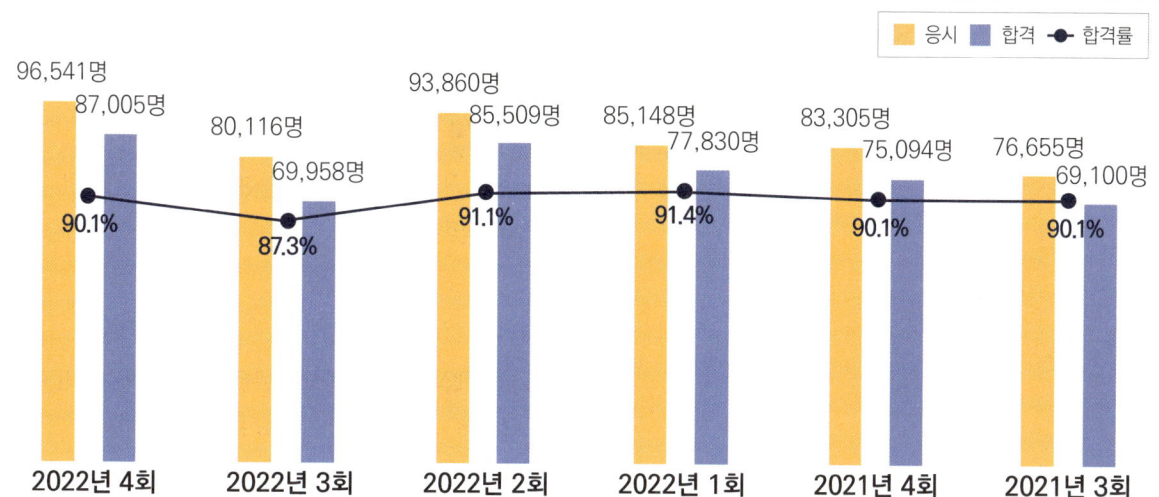

※ 요양보호사 자격시험 합격률은 시행처인 국시원이 기존 지필 시험에서 CBT 방식으로 변경되기 이전인 2022년도 자료까지만 공개하고 있으니 참고해 주시기 바랍니다.

GUIDE 구성과 특징

1 합격비법 핵심요약

2 합격모의고사 1회~8회

3 최빈출 50제

STEP 1

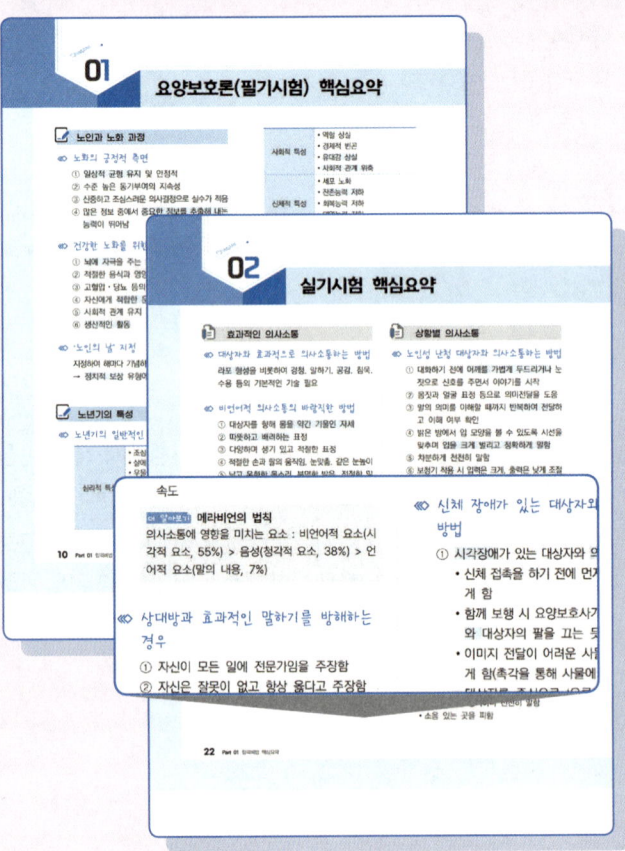

✅ 핵심이론 정리
필기시험과 실기시험에서 자주 출제되는 핵심 이론만 쏙쏙 모아서 정리하였습니다.

✅ 한눈에 보이고 쉽게 이해되는 구성!
꼭 외워야 할 핵심 내용은 색상으로 강조해 한눈에 알아볼 수 있도록 구성했으며, [더 알아보기]를 통해 보충 내용까지 빠짐없이 학습할 수 있습니다.

STEP 2

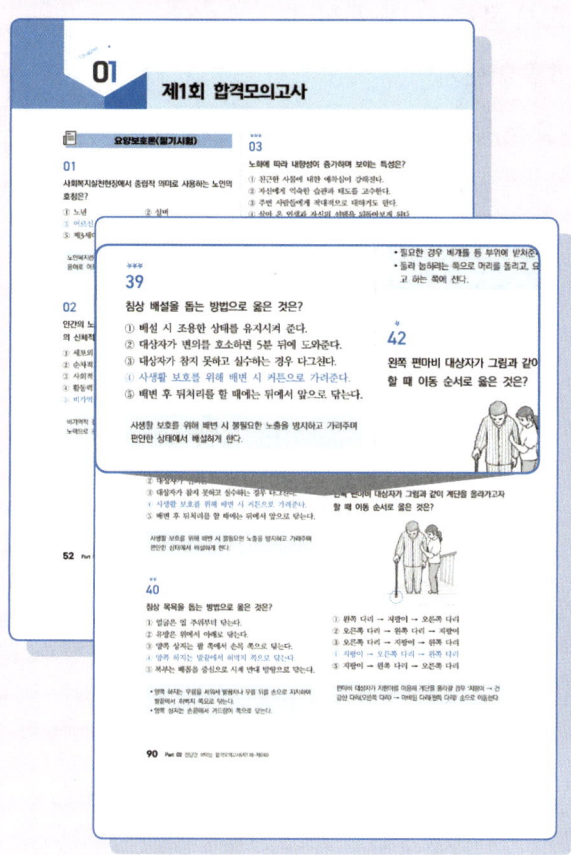

STEP 3

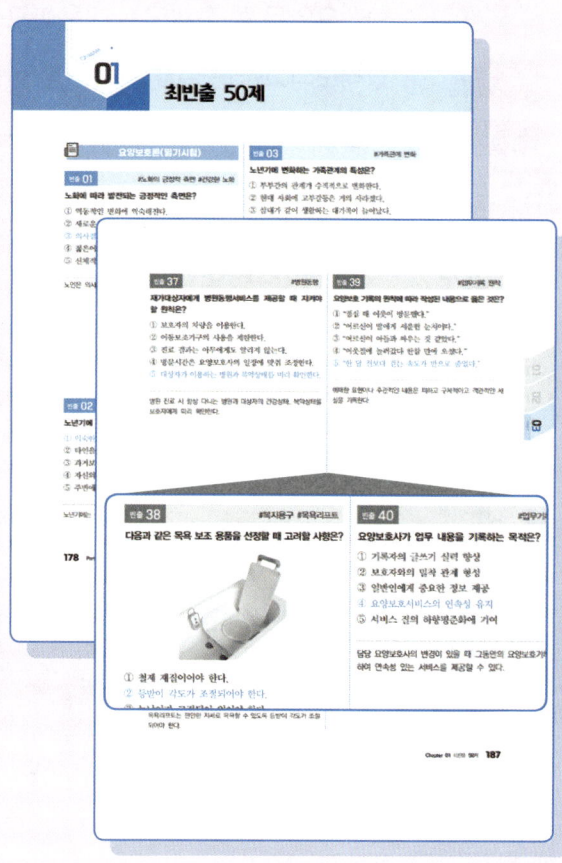

✅ 합격모의고사 8회
실제 시험과 유사한 문제들로 구성된 모의고사 8회분을 수록하였습니다.

✅ 빠른 정답 확인으로 학습 효율 UP!
정답은 컬러로 표시되어, 채점 없이도 바로 확인할 수 있어 학습 시간을 절약할 수 있고, 효율적인 반복 학습이 가능합니다.

✅ 최빈출 50문제 선별!
출제 유형을 분석하여 가장 자주 출제되는 50문제만 따로 수록하였습니다.

✅ 시험 직전 점검용으로 최적화된 구성
간단한 해설과 한눈에 보이는 정답으로 시험 직전 최종 점검용으로 활용할 수 있게 구성하였습니다.

GUIDE 요양보호사 합격플래너

요양보호사 "5일 완성" 합격플랜

- **공부법 하나!** 핵심요약은 꼭 출제되는 내용이므로 반드시 정확하게 숙지하기
- **공부법 둘!** 합격모의고사는 실제 시험처럼 집중해서 풀어보기
- **공부법 셋!** 최빈출 50문제는 무조건 맞힌다는 생각으로 공부하기

계획일정	학습범위	학습일	Check 추가학습	Check 최종점검	오늘의 목표
Day 1	합격비법 핵심요약	월 일	☐	☐	• 출제 경향 파악 • 기본 개념 익히기
Day 2	1회 · 2회 · 3회 합격모의고사	월 일	☐	☐	• 출제 유형 확인 및 감각 익히기
Day 3	4회 · 5회 · 6회 합격모의고사	월 일	☐	☐	• 전체 개념 정리 • 문제풀이 집중력 향상
Day 4	7회 · 8회 합격모의고사 + 최빈출 50제	월 일	☐	☐	• 실전 감각 완성 • 보충학습으로 약점 보완
Day 5	전 범위 복습 + 마무리 암기 ※ 1회 · 2회 CBT 실전모의고사	월 일	☐	☐	• 시험 직전 최종 점검 • 마무리 복습

CONTENTS 목차

PART 01 합격비법 핵심요약

| 01 | 요양보호론(필기시험) 핵심요약 | 10 |
| 02 | 실기시험 핵심요약 | 22 |

PART 02 정답만 보이는 합격모의고사(제1회~제8회)

01	제1회 합격모의고사	52
02	제2회 합격모의고사	68
03	제3회 합격모의고사	83
04	제4회 합격모의고사	99
05	제5회 합격모의고사	114
06	제6회 합격모의고사	130
07	제7회 합격모의고사	146
08	제8회 합격모의고사	161

PART 03 최빈출 50제

| 01 | 최빈출 50제 | 178 |

요양보호사 핵심요약 + 합격모의고사

PART 01

합격비법 핵심요약

요양보호론(필기시험) 핵심요약

노인과 노화 과정

노화의 긍정적 측면
① 일상적 균형 유지 및 안정적
② 수준 높은 동기부여의 지속성
③ 신중하고 조심스러운 의사결정으로 실수가 적음
④ 많은 정보 중에서 중요한 정보를 추출해 내는 능력이 뛰어남

건강한 노화를 위한 방법
① 뇌에 자극을 주는 활동
② 적절한 음식과 영양보조식품 섭취
③ 고혈압·당뇨 등의 질병 유무 확인
④ 자신에게 적합한 운동
⑤ 사회적 관계 유지
⑥ 생산적인 활동

'노인의 날' 지정
지정하여 해마다 기념하는, 노인을 위한 보상 유형
→ 정치적 보상 유형에 해당

노년기의 특성

노년기의 일반적인 특성

심리적 특성	• 조심성의 증가 • 삶에 대한 회고적 경향 • 우울증 경향의 증가 • 내향성의 증가(외향성의 감소) • 경직성의 증가 • 의존성의 증가 • 친근한 사물에 대한 애착심 • 유산을 남기려는 경향
사회적 특성	• 역할 상실 • 경제적 빈곤 • 유대감 상실 • 사회적 관계 위축
신체적 특성	• 세포 노화 • 잔존능력 저하 • 회복능력 저하 • 면역능력 저하 • 비가역적 진행

가족관계 변화와 노인 부양

수정확대가족
노인이 자녀와 가까이 살면서 필요할 때 자녀의 돌봄을 받는 가족형태

조부모-손자녀관계
• 순수하게 애정으로 감싸주면서 노년기에 활기와 탄력을 제공하는 가족관계
• 조부모는 손자녀의 긍정적 자아 형성에 기여

노인의 대표적인 4가지 고통(4苦)
빈곤, 질병, 고독, 무위(역할 상실)

노인 부양 문제의 해결 방안
① 사회와 가족의 협력
② 노인 스스로 대비
③ 세대 간 갈등 조절
④ 노인복지정책 강화

사회복지와 노인복지

사회복지
인간이 살아가면서 겪게 되는 여러 가지 욕구, 사회문제, 위험들을 해결하여 더 높은 삶의 질을 도모하려는 전문적 노력과 관련된 사회제도
→ 공공부조, 사회보험, 사회서비스로 구분

사회보험
국민에게 발생할 수 있는 질병, 실업, 장애, 사망, 소득 상실 등의 사회적 위험을 보험의 방식으로 대처하는 제도

국민건강보험
국민의 질병, 부상에 대한 예방, 진단, 치료, 재활과 출산, 사망 및 건강 증진에 대하여 보험급여를 제공함으로써 국민보건 향상과 사회보장 증진에 기여하는 사회보험

노인복지
노인이 인간다운 생활을 영위하면서 자기가 속한 가족과 사회에 적응하고 통합될 수 있도록 인적·물적 자원을 지원하는 것

노인을 위한 유엔의 원칙 5가지
① 독립의 원칙
② 참여의 원칙
③ 보호의 원칙
④ 자아실현의 원칙
⑤ 존엄의 원칙

> **더 알아보기** 노인을 위한 유엔의 원칙
> - 국제연합이 1991년 유엔총회에서 채택
> - 자아실현의 원칙 : 노인의 잠재력을 완전히 계발할 수 있는 기회가 있어야 하며, 사회의 교육적·문화적·정신적 자원과 여가서비스를 이용할 수 있어야 한다는 원칙

노인맞춤돌봄서비스
일상생활 영위가 어려운 취약노인에게 적절한 돌봄서비스를 제공하여 노인의 기능과 건강을 유지하고 악화를 예방하며, 안정적인 노후생활을 보장하기 위한 사업

노인복지시설의 종류
① 노인주거복지시설
② 노인의료복지시설
③ 노인여가복지시설
④ 재가노인복지시설
⑤ 노인보호전문기관
⑥ 노인일자리 지원기관
⑦ 학대피해노인 전용쉼터

재가노인복지시설
방문요양서비스, 주·야간 보호서비스, 단기보호서비스, 방문목욕서비스, 재가노인지원서비스, 방문간호서비스, 복지용구지원서비스 등이 포함되는 노인복지시설

방문요양서비스
가정에서 일상생활을 영위하면서 신체적·정신적 장애로 어려움을 겪고 있는 노인에게 각종 편의를 제공하여 지역사회 안에서 건전하고 안정된 노후를 영위하도록 하는 서비스

> **더 알아보기** 장기요양요원
> 방문요양에 관한 업무를 수행하는 장기요양요원 : 요양보호사 또는 사회복지사

노인장기요양보험제도

◈ 노인장기요양보험제도의 목적

① 일상생활이 어려운 노인의 가사 및 신체활동 지원 등 장기요양급여 제공
② 노후의 건강증진 및 생활안정 도모 및 가족의 부담 경감, 국민의 삶의 질 향상 도모

> **더 알아보기** 보험자 및 관장하는 사람
> - 노인장기요양보험의 보험자 : 국민건강보험공단
>   → 장기요양기관에서 수급자에게 재가급여 또는 시설급여를 제공한 후 비용을 청구하는 곳
> - 장기요양보험사업을 관장하는 사람 : 보건복지부장관

◈ 장기요양급여 수급자

'65세 이상인 자' 또는 '65세 미만이지만 노인성 질병을 가진 자'로 거동이 불편하거나 치매 등으로 인지가 저하되어 6개월 이상의 기간 동안 혼자서 일상생활 수행이 어려운 자

◈ 등급판정위원회

① 장기요양인정 및 등급판정 등을 심의하기 위하여 공단에 두는 회의 기구로 시·군·구 단위로 설치
② 직권으로 등급을 조정, 재판정할 수 있음

◈ 장기요양인정을 신청할 수 있는 사람

① 본인
② 가족이나 친족 또는 이해관계인
③ 시장·군수·구청장이 지정하는 자
④ 사회복지전담공무원(본인이나 가족 동의 필요)
⑤ 치매 환자의 경우 치매안심센터의 장(본인이나 가족 동의 필요)

◈ 재가급여

① 재가급여의 종류 : 방문요양, 방문목욕, 방문간호, 주·야간보호, 단기보호, 기타 재가급여
② 재가급여의 장단점

장점	단점
• 친숙한 환경에서 지낼 수 있음 • 사생활이 존중 • 개인 중심의 생활을 할 수 있음	• 의료 간호, 요양서비스가 단편적으로 진행되기 쉬움 • 긴급한 상황에 신속하게 대응하기 어려움

> **더 알아보기** 주·야간보호와 기타 재가급여
> - 주·야간보호 : 수급자를 하루 중 일정한 시간 동안 장기요양기관에 보호하여 신체활동 지원 및 심신기능의 유지·향상을 위한 교육·훈련 등을 제공하는 재가급여
> - 기타 재가급여 : 수급자의 일상·신체활동 지원 및 인지기능 유지를 위한 복지용구를 제공하거나 가정을 방문하여 재활에 관한 지원 등을 제공하는 장기요양급여 유형

◈ 시설급여

가정에서 생활하지 않고 노인요양시설, 노인요양공동생활가정 등에 입소하여 신체활동 지원 및 심신기능의 유지·향상을 위한 교육·훈련 등을 제공받는 장기요양급여

> **더 알아보기** 노인요양공동생활가정
> 치매·중풍 등 노인성 질환 등으로 심신에 상당한 장애가 발생하여 도움이 필요한 노인에게 가정과 같은 주거 여건과 급식·요양, 그 밖에 일상생활에 필요한 편의를 제공하는 9인 이하의 시설

◈ 특례요양비

수급자가 장기요양기관이 아닌 노인요양시설 등의 기관 또는 시설에서 재가급여 또는 시설급여에 상당한 장기요양급여를 받은 경우 수급자에게 지급되는 현금급여

노인장기요양보험제도의 재원조달

① 재원 : 보험료, 국가지원, 본인부담
② 국가는 보험료 예상 수입액의 20%를 국고에서 부담
③ 장기요양 일반 대상자에게 해당하는 본인부담금
  - 재가급여 : 장기요양급여비용의 15%
  - 시설급여 : 장기요양급여비용의 20%
④ 국민기초생활수급권자는 본인부담금이 없으나 비급여 항목은 예외(본인이 부담)

장기요양서비스 이용 절차

서비스 신청 접수 및 방문상담 → 서비스 제공 계획 수립 → 서비스 이용 계약 체결 → 서비스 제공 → 서비스 모니터링 실시 → 서비스 종료 혹은 계속

> **더 알아보기** 장기요양서비스 이용 시 필요한 문서
> - 장기요양인정서 : 대상자의 기본인적사항과 장기요양등급, 유효기간, 이용할 수 있는 급여의 종류와 내용, 대상자가 장기요양서비스를 제공받을 때 필요한 안내 사항 등이 포함된 문서
> - 개인별장기요양이용계획서 : 대상자 및 가족들이 적절한 장기요양서비스를 이용할 수 있도록 안내하고, 장기요양기관이 대상자를 이해하는 데 도움이 되는 자료

요양보호 업무

욕구평가

장기요양대상자의 욕구와 문제를 해결하기 위하여 정보를 수집하고 분석하여 대상자의 상황을 명확하게 하는 것 → 서비스 제공 계획 수립 단계에서 실시

자아실현의 욕구(5단계)

매슬로의 욕구단계에서 가장 상위에 있는 욕구로 자기완성, 삶의 보람, 자기만족 등을 느끼는 단계

> **더 알아보기** 매슬로의 욕구단계
> - 1단계 : 생리적 욕구
> - 2단계 : 안전의 욕구
> - 3단계 : 사랑과 소속의 욕구
> - 4단계 : 존경의 욕구
> - 5단계 : 자아실현의 욕구

신체활동지원서비스

노인장기요양보험 표준서비스 중 세면 도움, 구강 청결 도움, 머리감기 도움, 몸단장, 식사 도움, 화장실 이용하기, 체위 변경, 이동 도움 등을 포함한 서비스

요양보호사의 역할

① 숙련된 수발자
② 정보 전달자
③ 관찰자
④ 말벗과 상담자
⑤ 동기 유발자
⑥ 옹호자

노인의 인권과 보호

노인의 인권영역

건강권, 주거권, 인간 존엄권 및 경제·노동권, 정치·종교·문화생활권, 교류·소통권, 자기결정권

> **더 알아보기** 건강권
> 노인복지시설에서는 생활노인의 신체 및 정신건강을 유지하고, 기능의 감퇴를 방지하고 회복할 수 있도록 다양한 서비스를 제공하여 노인의 건강욕구를 충족시켜야 함

⟪ 노인학대의 유형

① **방임** : 부양 의무자로서의 책임이나 의무를 의도적 혹은 비의도적으로 거부, 불이행하거나 포기하여 노인에게 의식주 및 의료를 적절하게 제공하지 않는 행위
② **유기** : 스스로 독립할 수 없는 노인을 격리하거나 방치하는 행위
③ **자기방임** : 노인 스스로 최소한의 자기 보호 관련 행위를 의도적으로 포기하거나 비의도적으로 관리하지 않아 심신이 위험한 상태이거나 사망에 이르게 되는 경우

> **더 알아보기 노인학대의 예시**
> '시설로 보낸다' 또는 '집에서 나가라' 등의 위협과 협박을 하는 경우와 집에 못 들어오게 통제하는 경우
> → 학대 유형 : 정서적 학대, 신체적 학대
> → 대처방안 : 학대가 의심되면 노인보호전문기관이나 수사기관에 신고함

요양보호사의 인권보호와 건강관리

⟪ 요양보호사의 인권 등

① 요양보호사의 **기본적 인권 항목** : 평등권, 노동관련 권리, 자유권
② **근로계약서에서 임금 및 근로시간에 명시해야 할 사항** : 임금의 구성항목, 계산방법 및 지불방법 등

⟪ 요양보호사의 건강 관리

① **근골격계 질환이 발생되는 환경**
  • 미끄럽거나 물기가 있는 바닥
  • 평평하지 않은 바닥
  • 물체가 매우 어지럽혀져 있거나 바닥에 많이 있는 작업장 또는 통로
  • 정비・수리되지 않은 보행로 또는 고장난 장비
  • 적절하지 않은 계단 높이
  • 밤 근무 시 어두운 조명
② **근골격계 질환의 초기 치료**
  • 휴식
  • 냉찜질
  • 압박붕대를 이용한 압박
  • 손상 부위를 심장보다 높게 올림
③ 요양보호사가 **독감**에 걸렸을 때 대처 방법 : 1주일 정도 쉼

> **더 알아보기 독감**
> 인플루엔자 바이러스에 의한 급성 호흡기 질환으로 겨울철에 유행하며, 고열과 기침 등 호흡기 증상 일으킴

④ 요양보호사가 **노로바이러스에 감염되었을 때 관리방법** : 2~3일간 업무를 중단함, 증상 회복 후 최소 2~3일간 음식조리는 피함
⑤ **요통을 예방하면서 물건을 이동하는 방법 중 침대 또는 높고 넓은 바닥에 있는 물체를 움직일 수 있는 방법** : 한쪽 무릎을 위에 올리고 자세를 낮추어 움직임
⑥ 요양보호사의 **직무스트레스 요인** : 직무요구, 감정노동, 성희롱, 역할모호, 조직체계
⑦ 요양보호사의 **직무스트레스를 예방할 수 있는 활동**
  • 근로시간 관리
  • 휴식시간과 공간 제공
  • 업무지침 제공 및 지침 준수
  • 정기회의와 의사소통체계 확보
  • 상사의 지지 및 동료의 지지체계 지원
  • 교육 제공 및 근로조건 개선

⟪ 장기요양요원지원센터

① 요양보호사의 **권리 침해에 관한 상담 및 지원**
② **역량 강화**를 위한 교육
③ **건강검진** 등의 건강관리를 위한 사업 지원

◈ 직업윤리

개인의 자질이나 능력에 관계없이 **직업인으로서 마땅히 지켜야 하는 도덕적 가치관**으로, 사회적으로 요구되는 행동 규범

노화에 따른 변화와 주요 질환

◈ 노인성 질환의 특성
① 하나의 질병에 걸리면 **다른 질병을 동반하기** 쉬움
② **경과가 길고 재발이 빈번하며 합병증이 생기기** 쉬움
③ 증상이 모호하여 노화과정과 구분하기 어려움
④ 가벼운 질환에도 **의식장애를 일으키기 쉬움**
⑤ 원인이 불명확하고 **만성 퇴행성 질환이 대부분**
⑥ 치유된 후에도 **의존상태가 지속되는 경우가** 많음
⑦ 심리적·사회적·경제적·영적 측면이 모두 연관됨

◈ 노화에 따른 소화기계 변화
① 후각 및 미각기능 둔화
② 간 기능 저하로 **약물 대사 능력 감소**
③ 지방의 흡수력 감소
④ **위액 분비량 감소 및 산도 저하**
⑤ 직장벽의 탄력성 감소
⑥ 췌장에서의 호르몬 분비 감소로 **당내성 저하**

◈ 노화에 따른 호흡기계 변화
① **기침반사 감소**
② 섬모운동 저하
③ 기관지 내 분비물 증가
④ 콧속 점막 건조
⑤ **폐활량 감소**
⑥ 호흡 근육과 근력 약화

> **더 알아보기** 기침반사
> 이물질을 기도에서 제거하기 위해 일어나는 현상

◈ 노화에 따른 심혈관계 변화
① 최대 심박출량과 심박동수 감소
② **심장 근육의 두께 증가 및 탄력성 감소**
③ 기립성 저혈압
④ 말초혈관에서 심장으로의 **혈액순환 감소**
⑤ 정맥 약화로 **하지 부종**과 정맥류 및 치질 발생

◈ 노화에 따른 근골격계 변화
① 뼈의 질량 감소로 작은 충격에도 골절
② **하악골의 쇠약으로 치아 상실**
③ **근긴장도와 근육량 저하**
④ 근육경련과 근육피로
⑤ **인대의 탄력성 감소**
⑥ 관절면 마모

◈ 위염 증상을 완화하는 방법
① **하루 정도 금식** 후 부드러운 유동식 제공
② 과식·과음이나 자극적인 음식은 피함
③ 규칙적인 식사

> **더 알아보기** 금식 시 주의사항
> • 충분한 수분 섭취로 탈수 예방
> • 충분한 휴식

◈ 대장암 대상자를 위한 식이요법
① **소량씩 규칙적 섭취**
② 잦은 간식과 늦은 식사 및 찬 음식은 피함
③ **싱겁게 섭취**
④ **통곡식·생채소·생과일 많이 섭취**
⑤ 동물성 식품 섭취 줄이고 **식물성 지방 섭취**
⑥ 하루 6~8잔 생수 섭취
⑦ 금연과 절주
⑧ 적당량의 운동

설사를 하는 대상자를 돕는 방법
① 음식물 섭취량은 줄이고 물을 충분히 마시게 함
② 심신을 안정하고, 몸을 따뜻하게 함
③ 지사제 남용 주의

변비 유발 요인 및 대처 방법
① 유발 요인 : 마약성 진통제나 항암제 사용
② 대처 방법
- 규칙적인 식사 시간과 배변습관
- 변의가 생긴 즉시 화장실에 가게 함
- 식물성 식이섬유, 유산균 포함 음식물 및 다량의 물 섭취

흡인성 폐렴
기도 내로 음식물이나 이물질이 넘어가 기관지, 폐에 염증을 유발하는 것

천식
① 천식 : 대상자가 숨을 내쉴 때 쌕쌕거리며 가슴이 답답하다고 호소할 경우 의심되는 질병
② 천식 대상자의 호흡곤란을 예방하는 방법
- 담배, 벽난로, 먼지, 곰팡이는 피하고, 침구류는 뜨거운 물로 세탁
- 운동 30분 전에 기관지확장제 투여
- 갑작스러운 온도 변화 피함

> **더 알아보기** 기관지확장흡인기를 사용하는 순서
> 흡인기의 뚜껑을 열고 흔듦 → 마개를 입으로 물고 입으로 심호흡을 하면서 흡인기를 누름 → 3~5초간 천천히 깊게 숨을 들이쉼 → 10초간 숨을 참은 후 천천히 내쉼

결핵
① 항결핵제를 복용하는 방법 : 불규칙적 복용 및 자의적인 중단 금지
② 결핵 감염을 예방하기 위한 기침 예절
- 코와 입을 휴지나 손수건, 소매로 가리고 기침
- 사용한 휴지는 즉시 휴지통에 버리고 손 세척
- 마스크 착용, 일회용 마스크는 재활용하지 않음

> **더 알아보기** 폐결핵
> 약물 복용 중 주기적인 간 기능 검사와 객담 검사가 필요한 질환

혈압약 복용방법
① 혈압이 조절되어도 꾸준히 복용
② 새로운 약 처방 시 이전 약은 먹지 않음

심부전
① 심장의 수축력이 저하되어 호흡곤란, 부종이 나타나는 질병
② 심부전증 대상자를 돕는 방법
- 매일 체중을 측정하여 부종 정도 확인
- 과식은 피하고 염분·수분·고지방·고콜레스테롤이 포함된 식이는 섭취 제한

> **더 알아보기** 심장질환 대상자가 어지럼증을 호소할 때
> 바로 자리에 앉게 하여 머리 손상을 줄임

빈혈
혈액 내에 헤모글로빈(적혈구)이 부족하여 산소 운반능력이 저하되는 질병

퇴행성 관절염
① 관절 연골이 닳아서 없어지거나 염증이 생겨 통증을 유발하는 질환
② 치료 및 예방법
- 통증이 심해지지 않는 범위 내에서 관절 운동하기

- 관절 부담이 적은 운동하기(예 수영)
- 온・냉요법, 마사지, 물리치료

≪ 고관절 골절
① 골다공증이 있는 노인의 낙상 시 발생
② 증상 : 서혜부와 대퇴부 통증, 이동 제한, 뼈 부러지는 소리

≪ 골다공증
① 뼈세포의 상실로 골밀도가 낮아져 골절이 발생하기 쉬운 상태
② 골다공증으로 인한 골절을 예방하는 방법
- 체중부하 운동
- 칼슘 및 비타민 D 섭취
- 금연과 금주

≪ 노화에 따른 비뇨・생식기계 변화
① 여성 노인
- 호르몬 감소로 난소가 작아지고 기능 감퇴
- 질 윤활작용 감소
- 질의 수축 및 분비물 저하로 질염 발생
- 빈뇨증, 요실금, 야뇨증

② 남성 노인
- 잔뇨량 증가, 방광용적 감소
- 전립선 비대
- 방광 근력 저하

≪ 요실금의 치료 및 예방 방법
① 골반근육강화 운동
② 충분한 수분 섭취
③ 변비 예방 및 체중 조절

≪ 전립선비대증
① 발생요인 : 호르몬 불균형, 비만, 고지방・고콜레스테롤 음식 섭취

② 증상 : 소변줄기가 가늘어짐, 잔뇨감, 힘을 주어야 소변이 나옴, 빈뇨, 긴박뇨, 야뇨 등

≪ 욕창의 치료 및 예방 방법
① 1~2시간마다 체위 변경
② 이동 시 피부가 밀리지 않도록 주의
③ 몸에 꽉 끼는 옷은 입지 않음
④ 시트는 주름지지 않게 하고 젖은 시트는 바로 교체함

> **더 알아보기** 파우더와 도넛 베개 사용 제한
> - 파우더는 화학물질이 피부를 자극하거나 땀구멍을 막으므로 사용 제한
> - 도넛 베개는 압박 부위의 혈액순환을 저해하므로 사용 제한

> **더 알아보기** 욕창 증상의 초기 대처법
> - 증상 주위를 나선형 그리듯 마사지하고 가볍게 두드림
> - 미지근한 바람으로 건조
> - 춥지 않을 시 30분 정도 햇볕을 쬠

≪ 피부건조증의 예방 방법
① 자주 샤워하거나 때를 밀지 않음
② 샤워 또는 목욕 시 따뜻한 물과 순한 비누를 사용
③ 목욕 후 물기가 완전히 마르기 전에 보습제를 바름

≪ 대상포진
① 수두를 일으키는 바이러스에 의한 질환
② 증상 : 피부와 점막에 있는 감각신경말단 부위의 수포, 통증, 피부저림이나 작열감을 포함한 발진, 가려움

> **더 알아보기** 대상포진 자가진단법
> - 물집 발생 전부터 감기 기운과 일정 부위에 심한 통증
> - 작은 물집이 띠 모양으로 발생하며, 물집 중심으로 날카로운 통증
> - 어렸을 때 수두나 과거 대상포진을 앓은 경우
> - 노인 또는 암 등으로 면역력이 약한 경우

◈ 대상자가 옴에 걸렸을 때 치료 대상

본인, 가족, 동거인, 요양보호사 등 신체접촉이 있었던 모든 사람

◈ 노화에 따른 미각 변화

① 구강 점막의 재생 능력 감소
② 미뢰 개수와 기능 감소
③ 맛에 대한 감지 능력 저하

◈ 노화에 따른 시각 변화

① 수정체 황화현상
② 각막반사 저하
③ 눈물 양 감소
④ 눈부심 증가 및 빛의 순응 어려움

> **더 알아보기** 각막반사
> - 각막을 자극하면 눈을 재빨리 닫는 반사 현상
> - 자동적으로 눈을 보호하는 역할을 함

◈ 녹내장

① 안압 상승으로 시신경이 손상되어 시력이 저하되는 질환
② 녹내장 대상자의 일상생활 주의사항
   - 어두운 곳에서 책 보거나 일하지 않기
   - 한쪽 눈에 녹내장이 있으면 두 눈 모두 정기검사 받기
   - 기온 변화에 유의
   - 고개 숙인 자세로 장시간 작업 피함
   - 머리로 피가 몰리는 자세(물구나무서기 등)나 복압이 올라가는 운동(윗몸 일으키기 등)은 피함

> **더 알아보기** 백내장
> 수정체가 혼탁해져 빛이 들어가지 못하고 사물이 뿌옇게 보이는 질환

◈ 노화에 따른 청각 변화

① 이관은 위축되어 좁아짐
② 고막이 두꺼워져 음의 전달 능력이 감소
③ 귀지가 건조해져 외이도를 폐쇄시킬 수 있음
④ 귓바퀴에 연골이 형성되고 피부 탄력성이 저하되어 귓바퀴가 커지고 늘어짐

◈ 노화에 따른 내분비계 변화

① 포도당 대사능력 및 인슐린 민감성 감소
② 기초대사율 감소
③ 공복혈당 상승
④ 췌장에서 인슐린 분비가 느림
⑤ 갑상선 크기가 줄어들고 갑상선 호르몬 분비량도 약간 감소

◈ 당뇨병

① 주요 증상
   - 상처 치유가 지연되거나 소변 배설량이 증가
   - 목이 자주 마르고 물을 자주 마심
   - 배가 자주 고프고 많이 먹음
   - 체중 감소
② 치료 및 예방 방법
   - 규칙적이고 균형잡힌 식사
   - 식후 30분~1시간경에 규칙적으로 운동
   - 발을 주의해서 관리, 발톱은 일자로 자름
   - 인슐린 약물요법(반드시 주사로 주입)
   - 혈당과 혈압 조절

노화에 따른 신경계 변화
① 정서 조절이 불안정해짐
② 감각의 둔화 및 신경세포의 기능 저하
③ 근육의 긴장도 감소
④ 단기기억은 감퇴하나 장기기억은 대체로 유지
⑤ 균형 유지 능력 감소

우울증
① 증상
- 우울하고 슬픈 기분
- 불면 또는 과도한 수면
- 식욕과 체중 변화
- 두통과 소화불량 등 신체증상 호소
- 부정적 사고 및 자살에 대한 반복적 생각 혹은 시도

② 치료 및 예방 방법
- 상담과 약물치료
- 자살 위험에 대한 집중 관찰 치료
- 스스로 극복이 어려우므로 주변의 긍정적인 지지 중요
- 사회적 활동 늘림
- 햇볕을 받으며 규칙적으로 운동

섬망
① 증상
- 주의력 감퇴
- 호전과 악화 반복
- 지남력 장애, 인지장애
- 초조, 정서 불안정

② 치료 및 예방 방법
- 낮에는 창문이나 커튼을 열어 시간을 알게 함
- 식사 제공 시 시간을 알려 지남력을 유지하도록 함
- 가족사진과 달력, 시계를 가까이에 둠

치매, 뇌졸중, 파킨슨병

치매
① 정상적으로 생활해오던 사람이 다양한 원인으로 인해 기억력을 비롯한 여러 가지 인지기능 장애가 나타나 일상생활을 수행할 수 없게 되는 상태

> **더 알아보기** 혈관성 치매
> 뇌혈관이 터지거나 막혀 산소와 영양분의 공급이 차단되어 뇌세포가 손상되면서 생기는 치매질환

② 치매와 건망증의 차이

치매	건망증
뇌의 질환	생리적인 뇌의 현상
경험한 사건 전체 또는 중요한 일을 잊음	경험의 일부 중 사소하거나 덜 중요한 일을 잊음
힌트를 주거나 나중에 생각해도 기억나지 않음	힌트를 주거나 나중에 곰곰이 생각하면 기억이 남
일상생활에 지장이 있음	일상생활에 지장이 없음

> **더 알아보기** 치매 증상 중 인지기능장애 증상
> 기억력 저하, 언어능력 저하, 지남력 저하, 시공간 파악 능력 저하, 실행능력기능 저하

뇌졸중
① 뇌혈관이 막힌 뇌경색과 뇌혈관이 터진 뇌출혈로 구분
② 증상
- 갑작스러운 반신마비
- 어지럼증 및 심한 두통
- 언어장애, 시야장애, 쓰러짐 등

③ 후유증 : 반신마비, 전신마비, 언어장애, 두통 및 구토, 의식장애, 어지럼증, 운동 실조증, 시력장애, 삼킴장애, 치매

④ 치료방법
- 혈전용해제나 항응고제 등 복용

- 뇌경색 발생 4시간 이내 주사제인 혈전용해제로 치료

도파민 분비 장애로 발생하는 파킨슨질환의 운동증상
① 안정 시 손발떨림
② 동작이 느려짐
③ 근육의 경직
④ 자세 불안정, 무표정, 작은 목소리

노인의 건강증진 및 질병예방

노인 영양 문제의 주요 발생요인
① 갈증에 대한 반응 저하로 탈수 발생
② 소화 및 흡수기능의 저하
③ 시력과 후각 등 감각기능 저하로 상한 음식을 먹을 수 있음
④ 미각 저하로 음식을 짜게 먹게 됨
⑤ 만성질환, 약물복용, 치료식사 섭취로 식욕 저하
⑥ 심리적 이유와 활동량 감소로 식욕 감소

운동
① 운동 문제
  - 낙상에 대한 두려움
  - 쉽게 숨이 차고 관절 움직임에 제한적
  - 자극에 대한 반응 및 균형·조정 능력 감소
  - 시력 감퇴
  - 심리적 상태
② 운동 관리 방법
  - 투약 상황 확인 후 운동
  - 현재의 운동 수준을 확인하고 개인의 신체 능력에 맞는 운동
  - 저강도에서 고강도로 운동
  - 최소 10분 이상 준비운동을 하여 근육 손상 방지
  - 안정 시 심박동수로 돌아올 때까지 마무리 운동
  - 방향을 빠르게 바꾸어야 하는 운동·동작 금지(예 농구, 탁구, 배드민턴, 테니스 등)

수면
① 수면 문제 : 수면 중 자주 깸, 수면량 감소, 잠들기까지 오랜 시간이 걸림, 낮 시간 졸림증
② 수면 관리 방법
  - 저녁에 과식 금지
  - 일정한 시각에 기상 및 취침
  - 코를 심하게 골거나 뒤척임이 심한 사람과는 분리
  - 카페인 함유 음료 줄임
  - 공복감으로 잠이 안 오는 경우 따뜻한 우유 마시게 함
  - 금주와 금연 및 규칙적인 운동
  - 수면제나 진정제 장기 복용 금지
  - 낮잠 피하기

성생활 특성
① 성생활로 뇌졸중이 악화되지 않으며 체위변화에 도움이 되는 기구 사용으로 취약점 보완 가능
② 자궁적출술은 성기능에 영향을 주지 않음

약물 사용
① 노인의 약물 상호작용 예방법
  - 복용하는 약물의 이름과 효과 파악
  - 약물에 대한 부작용 증상 확인
  - 건강기능식품과 비처방약도 복용 전 의사와 상담
  - 다른 사람의 처방약 복용 금지
  - 올바른 방법으로 복용하고, 정해진 방법대로 보관

② 노인 약물복용의 원칙
- 의사 처방 없이 복용 중단 금지
- 술과 함께 복용 금지
- 약을 쪼개서 복용하지 않음
- 복용시간 준수 및 복용량 임의로 조절 금지
- 진료 후 이전 처방약 복용 금지

> **더 알아보기** 쪼개거나 분쇄하여 복용할 수 있는 약
> - 분할선이 있는 약만 가능
> - 장용 코팅제(약효 저하), 서방제(부작용 증가) : 쪼개거나 분쇄 불가

③ 약 복용 시 주의해야 하는 음식
- 자몽주스 : 고지혈증약, 혈압약, 수면제와 복용 금지
- 시금치 : 부정맥 관련 와파린 복용 시 과량 섭취 금지
- 물과 함께 복용 : 커피, 유제품, 홍삼, 콜라 등과 복용 금지

> **더 알아보기** 편의점에서 구입 가능한 비상약
> 해열진통제, 감기약, 소화제, 파스

《 금연과 절주

① 금연
- 흡연이 건강에 미치는 영향 : 각종 암, 심혈관질환, 호흡기계 질환 발생
- 금연 후 나타나는 특징 : 혈압 정상, 폐기능 개선, 심장병에 걸릴 위험 절반으로 줄어듦

② 절주 방법
- 빈속에 마시지 않음
- 절주를 시도하고 실패하더라도 포기하지 않는 것이 중요하므로 지속적으로 노력함
- 절주 결심과 공표일은 기억하기 쉬운 날로 선택
- 음주일지를 기록하여 자신의 음주 상태를 파악
- 집에 술을 놓지 않는 등 절주 환경 조성

《 65세 이상에서 누구나 필요한 예방접종

① 독감(인플루엔자) : 매년 1회 접종
② 파상풍-디프테리아-백일해
③ 폐렴구균
④ 대상포진

《 폭염 대응 안전수칙

① 야외 활동 자제
② 헐렁한 옷차림에 챙이 넓은 모자와 물 휴대
③ 가벼운 식사 및 수분 자주 섭취
④ 현기증, 메스꺼움, 두통 등이 있을 경우 시원하고 통풍이 잘 되는 장소에서 휴식하고 시원한 물이나 음료를 천천히 섭취

> **더 알아보기** 폭염 관련 질환
> 열사병, 열탈진, 열경련, 열실신, 열성부종, 열발진

《 한랭질환 예방수칙

① 가급적 야외 활동 자제
② 외출 시 내복과 얇은 옷을 겹쳐 입음
③ 장갑・목도리・모자・마스크 등을 착용
④ 덧신이나 기모가 있는 부츠, 방한화 착용

실기시험 핵심요약

📄 효과적인 의사소통

◈ 대상자와 효과적으로 의사소통하는 방법
라포 형성을 비롯하여 경청, 말하기, 공감, 침묵, 수용 등의 기본적인 기술 필요

◈ 비언어적 의사소통의 바람직한 방법
① 대상자를 향해 몸을 약간 기울인 자세
② 따뜻하고 배려하는 표정
③ 다양하며 생기 있고 적절한 표정
④ 적절한 손과 팔의 움직임, 눈맞춤, 같은 눈높이
⑤ 낮고 온화한 목소리, 분명한 발음, 적절한 말 속도

> **더 알아보기** 메라비언의 법칙
> 의사소통에 영향을 미치는 요소 : 비언어적 요소(시각적 요소, 55%) > 음성(청각적 요소, 38%) > 언어적 요소(말의 내용, 7%)

◈ 상대방과 효과적인 말하기를 방해하는 경우
① 자신이 모든 일에 전문가임을 주장함
② 자신은 잘못이 없고 항상 옳다고 주장함
③ 부족하고 자신감 없는 태도
④ 자신은 보호받아야 한다고 생각함
⑤ 자신은 완벽한 사람이므로 비난받지 않아야 한다고 생각함

📄 상황별 의사소통

◈ 노인성 난청 대상자와 의사소통하는 방법
① 대화하기 전에 어깨를 가볍게 두드리거나 눈짓으로 신호를 주면서 이야기를 시작
② 몸짓과 얼굴 표정 등으로 의미전달을 도움
③ 말의 의미를 이해할 때까지 반복하여 전달하고 이해 여부 확인
④ 밝은 방에서 입 모양을 볼 수 있도록 시선을 맞추며 입을 크게 벌리고 정확하게 말함
⑤ 차분하게 천천히 말함
⑥ 보청기 착용 시 입력은 크게, 출력은 낮게 조절

◈ 신체 장애가 있는 대상자와 의사소통하는 방법
① 시각장애가 있는 대상자와 의사소통하는 방법
  • 신체 접촉을 하기 전에 먼저 말을 건네어 알게 함
  • 함께 보행 시 요양보호사가 반보 앞으로 나와 대상자의 팔을 끄는 듯한 자세
  • 이미지 전달이 어려운 사물은 직접 만져보게 함(촉각을 통해 사물에 대한 정보 전달)
  • 대상자를 중심으로 '오른쪽', '왼쪽'을 설명하여 원칙을 정해둠
  • 지시대명사는 사용하지 않고 사물의 위치를 시계 방향으로 설명
② 알아듣기는 하나 말로 표현하기 어려워하는 대상자와 의사소통하는 방법
  • 그림판이나 문자판을 이용한 의사 표현
  • 얼굴과 눈을 응시하며 천천히 말함
  • 소음 있는 곳을 피함

- 예 또는 아니요로 짧게 대답
- 손에 힘을 주거나 고개를 끄덕여 의사를 표현하게 함

치매로 인한 판단력, 이해력장애가 있는 대상자와 의사소통하는 방법

① 대상자의 속도에 맞추기
② 이해하기 쉬운 단어로 간결하게 전달하기
③ 말보다 감정표현 자주하기
④ '그 사람다움'을 소중히 하기
⑤ 스킨쉽 자주하기
- 어려운 표현은 피하고 짧은 문장으로 천천히 말함
- 대상자와 눈을 맞춤
- 아이처럼 취급하여 반말하지 않음
- 구체적이고 익숙한 물건을 가지고 대화
- 명확하고 간단하게 단계적으로 제시
- 환경적 자극 최대한 줄임
- 시간, 장소, 사람, 날짜, 달력, 시계 등을 인식시킴

> **더 알아보기** 치매 대상자의 상황별 대처 방법
> - 망상 : 부정, 설득, 논쟁하지 않음 / 조용하고 온화한 태도 유지
> - 배설행동 : 화를 내지 않고 따뜻하게 수용 / 화장실을 알기 쉽게 표시
> - 배회 : 안정적이고 친근한 환경 조성 / 규칙적인 운동과 산책
> - 공격성 : 감정에 초점을 맞추고 마음을 안정시킴

여가활동 지원

여가활동의 효과

① 자기 효능감 증진
② 생활만족도 향상
③ 신체·인지기능의 감소 예방 및 건강 증진
④ 지속적인 인간관계 유지

장기요양 대상자의 여가활동 유형과 내용

① 자기계발 활동 : 서예교실, 시낭송, 악기연주, 백일장, 민요교실, 창작활동 등
② 운동 활동 : 체조, 가벼운 산책 등
③ 가족중심 활동 : 가족 소풍, 외식나들이 등
④ 소일 활동 : 신문 보기, 텔레비전 시청, 종이접기, 퍼즐놀이 등
⑤ 사교오락 활동 : 영화, 연극, 음악회, 전시회 등
⑥ 종교참여 활동 : 교회, 성당, 사찰 가기 등

요양보호 기록과 업무보고

요양보호 기록

① 요양보호 기록의 목적
- 질 높은 서비스 제공
- 요양보호사의 활동 입증
- 요양보호서비스의 연속성 유지 및 내용과 방법에 대한 지도·관리에 도움
- 시설장 및 관련 전문가에게 정보 제공
- 가족과 정보 공유
- 요양보호서비스의 표준화 및 요양보호사의 책임성 높임

② 요양보호사의 요양보호 기록의 종류 : 장기요양급여 제공기록지, 상태기록지, 사고보고서, 인수인계서

③ 요양보호 기록의 원칙
- 사실 그대로를 육하원칙에 따라 기록
- 간단 명료·구체적·신속한 기록
- 서비스 과정 결과를 정확히 기록
- 공식용어 사용
- 기록자 서명

④ 요양보호 기록 시 주의사항 : 개인정보 보호, 비밀 유지, 사생활 존중

스마트 장기요양 사용법

① 서비스 시작 순서(안드로이드용) : 로그인 → 태그 인식 → 급여종류 선택 → 서비스 시작 확인 → 서비스 시작 전송
② 인지활동 방문요양의 경우 종료태그 전송 시 입력 가능한 것 : 인지자극, 일상생활 함께하기

요양보호 업무보고

① 업무보고의 원칙 : 객관적 사실을 육하원칙에 따라 중복되지 않게 신속하게 보고
② 구두보고
  - 상황이 급하거나 사안이 가벼울 때 주로 사용 → 상황이 급한 경우 반드시 구두보고 후 서면보고로 보완함
  - 결론부터 보고하고, 경과·상태·원인 등을 보고
③ 서면보고 : 보고의 내용이 복잡하고 정확성을 요하며, 자료 보존이 필요한 경우에 하는 업무보고 방식
④ 전산망보고의 장점 : 시간 절약, 편리함, 실시간 확인, 기록화

> **더 알아보기** 반드시 기관에 보고해야 하는 상황
> - 대상자의 상태 변화
> - 서비스의 추가 및 변경 필요시
> - 새로운 정보 및 업무방법 파악
> - 잘못된 업무 수행 및 사고 발생 시

사례회의

① 대상자의 상황과 제공 서비스를 점검·평가하여 대상자의 욕구에 맞는 서비스를 제공하기 위한 회의
② 사례회의의 목적 : 서비스의 질 지속적 관리, 대상자에 대한 정보 교환, 서비스제공 계획의 타당성 검토, 서비스 내용 조정

> **더 알아보기** 재가장기요양기관에서의 사례회의 참여자
> 기관장, 사회복지사, 요양보호사

식사와 영양 요양보호

대상자의 영양부족

① 영양부족의 위험 요인
  - 식욕부진, 오심 또는 연하장애
  - 우울, 알코올 중독 또는 인지장애
  - 고령자, 급성 또는 만성질환자
  - 사회적 고립, 빈곤
  - 적은 식사량, 영양적으로 불균형적 식사
② 영양부족을 확인할 수 있는 지표 : 체중 감소, 신체 기능 저하, 배변 양상 변화, 피로, 무감동, 인지수준 변화, 상처회복 지연, 탈수 등

> **더 알아보기** 식욕이 떨어진 대상자의 식욕 증진 방법
> - 다양한 색깔의 반찬 제공
> - 가벼운 운동 후 식사하게 함

노인의 영양관리

① 1일 단위로 6군의 기초식품을 골고루 넣은 식단을 구성하여 영양 균형을 맞춤
② 노인은 하루 활동량의 감소로 에너지 소모량이 줄어드나 하루에 섭취해야 하는 에너지, 단백질, 비타민 등의 1일 필요량은 줄어들지 않음
③ 노인은 좋아하거나 익숙한 음식만 먹으려는 경향이 있기 때문에 영양 균형을 맞추는 것이 중요함

연하곤란

① 음식물을 삼키는 데에 어려움이 있는 대상자의 식사를 돕는 방법 : 음식의 원래 모양을 알 수 없을 정도로 갈아서 제공

② 연하곤란 증상
- 평소 침을 흘리거나 잘 씹지 못함
- 입안에 음식을 오래 머금고 있음
- 입 밖으로 음식을 흘림
- 음식을 삼킨 직후 재채기 또는 기침을 함
- 음식 섭취 후 목에서 쉰 또는 젖은 소리가 남
- 딸꾹질 또는 구역질을 함
- 트림을 하면서 음식물이 나옴

《 식탁에서 의자에 앉아 식사하는 대상자를 돕는 방법

① 의자를 식탁에 가까이 붙여 팔꿈치를 식탁 위에 올리게 함
② 식탁의 윗부분이 대상자의 가슴과 배꼽 사이 높이에 오게 함
③ 의자 안쪽 깊숙이 앉아 발이 바닥에 닿도록 함

《 편마비 대상자의 식사를 돕는 방법

① 건강한 쪽을 밑으로 하여 옆으로 눕힘
② 마비된 쪽에 베개나 쿠션을 대어 지지해 줌
③ 숟가락을 건강한 쪽 입술 옆에 대고 음식을 넣어 줌
④ 식사 후 마비된 쪽의 뺨 부위에 음식 찌꺼기가 남기 쉬우므로 구강 관리를 철저히 함

《 식사 도중 사레를 예방하는 방법

① 옷을 느슨히 함
② 식사 전에 물, 차, 국 등으로 목을 축이게 함
③ 삼킬 수 있는 양을 넣어 주고, 완전히 삼켰는지 확인 후 음식을 넣어 줌
④ 식사 중에 tv를 보거나 질문 등을 하지 않음
⑤ 수분이 적거나 신맛이 강한 음식 주의
⑥ 바른 자세로 식사함

> **더 알아보기** 식사돕기 자세
> - 의자에 앉을 수 없는 대상자 : 상반신을 높이고 머리 뒤에 베개를 받쳐 턱을 당긴 자세를 취하게 함
> - 의자에 앉을 수 있는 대상자 : 상체를 약간 숙이고 턱을 당기는 자세로 식사
> - 대상자의 눈높이에 앉아 대상자가 눈으로 음식을 볼 수 있는 위치에서 음식을 넣어줌

《 경관영양을 하는 대상자를 돕는 방법

① 영양액은 체온 정도의 온도로 데워서 제공하고, 유통기한 이내의 것만 사용
② 영양액을 빠르게 주입하면 설사나 탈수를 유발할 수 있으므로 1분에 50mL 이상 주입하지 않음
③ 토하거나 청색증이 나타나면 비위관의 튜브를 잠근 후 바로 시설장이나 관리책임자에게 알림
④ 영양액 주입 후 상체를 높인 자세로 30분 정도 앉아 있게 함
⑤ 식사 후 영양주머니는 매번 깨끗이 세척하여 말린 후 사용함

> **더 알아보기** 경관영양 도울 때 주의사항
> - 거동이 어려운 대상자는 오른쪽으로 눕힘
> - 영양액은 위장보다 높은 위치에 걸어 줌

투약돕기

《 투약돕기 시 일반적 원칙

① 약물, 대상자, 용량, 투여경로, 시간을 정확하게 파악
② 투약 후 이상반응 관찰
③ 투약을 거부하거나 이상반응 발생 시 간호사, 시설장, 관리책임자에게 신속·정확히 보고

《 투약 시 주의사항

① 안약 투여 방법 : 각막이 아닌 결막에 점안하고, 점안 후 비루관을 잠시 가볍게 눌러줌
② 안연고 투여 시 주의사항 : 처음 나오는 것은 거즈로 닦아서 버림
③ 귀약 투약 후 대처 방법 : 대상자의 귀 윗부분을 잡고 뒤쪽으로 잡아 당겨 약물이 귀 안쪽으로 잘 들어가도록 함

> **더 알아보기** 물약 사용 시 주의사항
> 물약 사용 시 약병 뚜껑 열 때에는 병뚜껑 안쪽이 위를 향하게 하고, 병 안쪽에 손이 닿지 않도록 함

《 주사주입을 돕는 방법

① 환복 또는 이동 시 주사바늘이 빠지지 않도록 주의
② 수액 병은 항상 대상자의 심장보다 높게 유지
③ 정맥주입 속도가 일정한지 수시 확인
④ 주사 부위가 붉게 되거나 붓거나 통증이 있으면 조절기를 잠근 후 간호사, 시설장, 관리책임자에게 보고
⑤ 간호사가 바늘 제거 후 알코올 솜으로 누르고 절대 비비지 않음

📄 배설 요양보호

《 배설 요양보호

① 배설 요양보호의 목적 : 생리적 기능 회복·유지, 심리적 만족, 삶의 질 향상, 건강 유지·관리
② 배설 요양보호의 일반적 원칙
  • 배설하는 모습이 보이지 않게 가려 줌
  • 배설물을 바로 깨끗이 치움
  • 대상자가 처리할 수 있는 부분은 스스로 하게 함
  • 항문은 앞에서 뒤로 닦아 요로계 감염을 예방함

> **더 알아보기** 배설 요구의 비언어적 표현
> 끙끙거림, 안절부절못함, 손으로 배나 엉덩이를 가리킴, 허리를 들썩임, 바지를 내리려고 함 등

> **더 알아보기** 시설장, 간호사에게 보고해야 하는 배설물 상태
> • 소변이 탁하거나 뿌옇고 거품이 많이 남
> • 소변의 색이 진하고 냄새가 심함
> • 소변에 피가 섞여 나오거나 푸른빛임
> • 대변에 피나 점액질이 섞여 나옴
> • 대변이 심하게 묽음

《 화장실 이용을 돕는 안전한 환경 조성 방법

① 화장실까지 가는 길에 발에 걸려 넘어질 수 있는 물건을 치움
② 화장실을 밝게 하고 바닥에 물기 제거
③ 화장실 표시등을 켜둠
④ 변기 옆에 손잡이 설치, 응급벨 설치

> **더 알아보기** 화장실에 가기 위해 누워 있는 대상자를 갑자기 일으키면 혈압이 저하되어 어지러울 수 있으므로 잠시 침대에 앉아 있게 함

《 휠체어를 사용하는 대상자를 도울 때 주의사항

① 휠체어를 타고 내릴 때나 앉아 있을 때 반드시 휠체어 잠금장치를 걸고 발 받침대는 접어 올림
② 이동 중 바퀴나 팔걸이에 옷 등이 끼이거나 걸리지 않도록 함
③ 침상 가까이에 휠체어를 놓음

《 편마비 대상자의 화장실 이용을 돕는 방법

① 편마비 대상자를 휠체어나 변기에 앉히는 방법 : 대상자의 겨드랑이 밑으로 등 뒤를 감싸 안아 일으켜 세운 후 대상자의 몸을 회전시켜 휠체어나 변기에 앉힘

② 화장실로 이동하는 편마비 대상자를 돕는 순서 : 침상 옆에 휠체어를 비스듬히 붙이기 → 마비 대상자의 팔다리 모으기 → 침상 끝으로 이동시키기 → 침상 가장자리에 걸터앉히기 → 두 발이 바닥에 닿게 하기 → 감싸 안으며 일으켜 세우기 → 몸을 회전시켜 휠체어에 깊숙이 앉히기 → 발 받침대에 발 올리기

침상에서 배설하는 대상자를 돕는 방법

① 간이변기 안쪽 바닥에 화장지를 깔아 줌
② 대상자의 둔부 밑에 방수포를 깔아 줌
③ 항문이 변기 중앙에 위치하도록 대어 줌
④ 침대를 올려 주어 배에 힘을 주기 쉬운 자세를 취하게 함

이동변기 사용 돕기

① 미지근한 물을 항문이나 요도에 끼얹으면 변의를 자극할 수 있음
② 이동변기를 사용하는 대상자를 돕는 방법
- 침대 높이와 이동변기의 높이가 같도록 맞춤
- 변기 밑에 미끄럼방지매트를 깔아줌
- 변기가 너무 차갑지 않도록 미리 데워 둠
- 배설 중에는 하반신을 수건이나 무릎덮개로 덮어줌

기저귀 사용 돕기

① 기저귀를 사용하는 대상자를 돕는 방법
- 욕창 예방을 위해 기저귀를 교환할 때 둔부를 가볍게 두드려 마사지해 줌
- 오염된 기저귀는 바깥 면(깨끗한 부분)이 보이도록 말아서 버림
- 욕창 예방을 위해 옷이나 침구의 주름 정돈
② 기저귀를 사용하는 대상자인 경우 유의할 점
- 기저귀를 사용해도 변기 사용 시도
- 둔부 주변부터 꼬리뼈에 피부 발적이나 욕창이 있는지 살펴봄

기저귀를 사용하는 대상자의 상황별 대처 방법

① 대상자가 몇 번의 실금 후 기저귀 사용을 요청할 때 : 스스로 배설하는 습관이 약화될 수 있으므로 기저귀 사용보다는 배뇨 간격에 맞추어 소변을 보게 함
② 한쪽으로만 누워 있는 대상자의 기저귀 밖으로 소변이 새는 경우 : 몸 한쪽에 베개를 대는 등 체위를 자주 변경해 줌

> **더 알아보기** 기저귀가 젖었을 때 대처 방법
> 피부 손상과 욕창 예방을 위해 즉시 갈아줌

③ 허리를 들어 올릴 수 없거나 협조가 불가능한 대상자의 기저귀를 교환하는 방법 : 몸을 옆으로 돌려 눕히고 기저귀 교환

유치도뇨관의 소변주머니 관리

① 유치도뇨관을 삽입한 대상자를 돕는 방법
- 아랫배의 팽만감과 불편감을 호소하면 연결관의 꼬임 여부를 확인
- 소변량과 소변 색깔은 2~3시간마다 확인
- 소변색이 탁하거나 소변량이 적어진 경우 시설장이나 간호사에게 보고
- 유치도뇨관은 심하게 당겨지지 않도록 주의함
② 유치도뇨관의 교환 또는 삽입, 방광 세척 시 주의사항 : 방문 간호사 또는 의료기관 연계, 절대로 요양보호사가 하지 않음
③ 소변주머니의 위치 : 소변주머니가 높이 있으면 소변이 역류하여 감염의 원인이 되므로 방광보다 낮게 둠
④ 소변주머니를 비우는 방법 : 소변주머니는 반드시 아랫배보다 아래에 가도록 들고 밑에 있는 배출구를 열어 소변기에 소변을 받음 → 배출구를 잠그고 알코올 솜으로 배출구를 소독한 후 제자리에 꽂음

> **더 알아보기** 장루관리
> - 장루는 복벽을 통해 체외로 대변을 배설시키기 위한 구멍으로, 장루에 주머니를 연결하여 사용
> - 주머니는 1/3~1/2 정도 채워지면 비우고, 주 1회 정도의 주기로 교환
> - 통목욕 시에는 주머니를 착용해야 함
> - 장루를 가진 대상자는 적절한 수분을 섭취해야 함

개인위생 및 환경관리

대상자의 상황별 구강청결을 돕는 방법

① 의식이 없는 대상자의 구강청결을 돕는 방법 : 물에 적신 일회용 스펀지 브러시로 닦음
② 치아가 없는 대상자의 입안을 깨끗이 닦아내는 방법 : 먼저 윗니와 잇몸을 닦음 → 거즈를 바꿔 아래쪽 이와 잇몸을 닦음 → 입천장, 혀, 볼 안쪽을 닦음
③ 혈액응고장애가 있는 대상자 : 출혈 가능성이 있으므로 치실은 사용하지 않음

대상자가 칫솔질을 할 때 주의사항

① 가능한 한 스스로 하도록 지원하고 기다려줌
② 적당량의 치약 사용
③ 잇몸에서 치아 쪽으로 부드럽게 회전하면서 쓸어내림
④ 매 식사 후 30분 이내와 잠자기 전에 칫솔질 하게 함

의치를 사용하는 대상자를 돕는 방법

① 대상자의 의치를 관리하는 방법
- 칫솔에 의치 세정제나 주방세제를 묻혀 의치를 닦음
- 뜨거운 물에 삶거나 표백제에 담그면 안 됨
- 의치세정제나 물이 담긴 보관용기에 보관
- 일정한 장소와 용기에 보관하여 분실 예방

② 대상자의 의치를 끼우는 방법 : 구강 점막에 상처나 염증 확인, 의치 삽입 전 입을 헹굼 → 윗니를 엄지와 검지로 잡아 엄지가 입안으로 들어가게 하여 한 번에 끼움 → 아랫니는 검지가 입안으로 향하게 하여 아래쪽으로 밀어 넣음
③ 대상자의 의치를 빼는 방법 : 위쪽 의치의 앞부분을 잡고 엄지와 검지를 이용하여 상하로 움직이면서 뺌 → 아래쪽 의치를 잡고 왼쪽을 오른쪽보다 조금 낮게 하면서 돌려 뺌 → 의치 용기에 넣음

> **더 알아보기** 의치 사용 시 주의사항
> - 잇몸에 무리를 주지 않기 위한 하루 중 의치 제거 시간 : 최소 하루 8시간
> - 잠을 자기 전에 대상자의 의치를 빼 주는 이유 : 잇몸 압박 예방

대상자의 두발청결 돕기 방법

① 대상자의 머리감기를 도울 때 주의사항
- 공복과 식후는 피하고, 추울 때에는 낮 시간대 이용
- 머리를 감기 전에 소변이나 대변을 보도록 함
- 감은 후에는 헤어드라이어를 머리로부터 10cm 이상 떨어뜨려 신속하게 말림

② 대상자의 머리 손질을 돕는 방법
- 빗질은 매일 하며, 머리카락이 엉킨 경우 물을 적신 후 손질
- 어깨에 수건을 덮고 안경, 머리핀은 제거함
- 빗질은 두피에서 모발 끝 쪽으로 함
- 자신의 머리 모양을 확인하도록 거울 제공

침대에서 대상자의 머리를 감기는 방법

① 방수포를 어깨 밑까지 깔고 방수포 위에 수건을 깔아 어깨를 감쌈
② 솜으로 귀를 막고, 수건으로 눈을 덮어 보호함

③ 베개를 치우고 침대 모서리에 머리가 오도록 함
④ 머리 밑에 샴푸 패드를 대고 물이 흘러내리는 쪽에 양동이를 놓음
⑤ 두피를 손가락 끝으로 마사지함
⑥ 뒷머리는 목을 좌우로 돌리면서 헹굼

≪ 드라이샴푸를 이용하는 방법

① 물을 사용할 수 없거나 신체적으로 움직이기 힘들 때 사용
② 사용방법 : 드라이샴푸를 머리카락이 충분히 적셔지도록 바른 후 거품이 나도록 머리를 마사지하고, 마른 수건으로 충분히 닦아냄

≪ 대상자의 손발청결 돕기 방법

① 대상자의 손과 발을 관리하는 방법
- 보습 기능이 있는 클렌저나 비누 사용
- 피부 건조 예방을 위해 오일이나 로션 등을 사용
- 손과 발을 따뜻한 물에 10~15분간 담그면 혈액순환 촉진 및 이물질 쉽게 제거
② 대상자의 손톱과 발톱을 관리하는 방법
- 손톱은 둥글게, 발톱은 일자로 자름
- 손톱이나 발톱이 살 안쪽으로 심하게 파고 들었는지 확인
- 발톱 주위 염증이나 감염 등을 살핌

≪ 대상자의 회음부 청결 돕기 방법

① 회음부 청결을 돕는 방법
- 목욕담요를 마름모꼴로 펴서 몸통과 다리를 덮음
- 담요 아랫단으로 회음부를 가려 주고 가볍게 짠 물수건을 사용하여 닦은 후 마른 수건으로 물기 제거
② 여성대상자의 회음부 청결을 돕는 방법
- 가볍게 짠 물수건으로 앞쪽에서 뒤쪽으로 닦아냄
- 여성대상자의 회음부를 청결하게 닦는 순서 : 요도 → 질 → 항문
③ 남성대상자의 회음부 청결을 돕는 방법 : 음경을 수건으로 잡고 피부가 겹치는 부분과 음낭의 뒷면을 닦음

≪ 대상자의 세면 돕기 방법

① 수건을 따뜻한 물에 적셔 눈 안쪽에서 바깥쪽으로 닦고, 다른 쪽 눈은 수건의 다른 면을 사용해 닦음
② 옆으로는 눈 밑 → 코 → 뺨 쪽으로, 아래로는 입 주위 → 턱을 닦음
③ 이마는 머리 쪽으로 쓸어 올리며 닦고, 귀의 뒷면 → 귓바퀴 → 목을 닦음
④ 귀 안쪽 귀지는 의료기관에서 제거

≪ 대상자의 면도 돕기 방법

① 면도 전 따뜻한 물수건으로 덮어 두어 건조함을 완화
② 면도크림이나 비누는 수염이 난 반대 방향으로 발라줌
③ 면도날은 피부와 45° 정도의 각도 유지
④ 짧게 나누어 일정한 속도로 면도
⑤ 피부가 주름져 있다면 아래 방향으로 부드럽게 잡아 당겨서 면도
⑥ 수염의 강도가 약한 부위부터 강한 부위 순, 수염이 자란 방향으로 실시

■ 대상자의 몸씻기를 돕는 방법

① 몸을 씻기 전에 소변·대변을 보도록 함
② 수건을 어깨와 다리에 덮어 노출 부위를 줄임
③ 목욕의자에 앉아 '발 → 다리 → 팔 → 몸통' 순으로 물을 적심
④ 머리를 앞으로 숙이기 힘든 경우 샤워 캡을 씌우고 귀마개 등으로 귀를 막음

⑤ 머리부터 아래 방향으로 비눗기를 씻어내고, 바닥에 남은 비눗물도 씻어냄
⑥ 미끄러짐을 예방하기 위해 물기를 완전히 닦기 전에는 움직이지 않도록 함
⑦ 몸을 씻은 뒤에는 물이나 우유 등으로 수분 공급

대상자의 통목욕을 돕는 방법
① 대상자를 목욕의자에 앉히고 발끝에 물을 묻혀 미리 온도를 느껴보게 함
② 다리 → 팔 → 몸통 → 회음부 순서로 씻김
③ 등을 욕조 안 쪽 벽에 대고 앉게 하고, 욕조에 있는 시간은 5분 정도로 함

> **더 알아보기** 왼쪽 편마비 대상자의 통목욕을 돕는 방법
> 마비된 쪽(왼쪽) 겨드랑이를 잡고 건강한 쪽(오른쪽), 마비된 쪽(왼쪽) 순으로 욕조에 들어가게 함, 말초에서 중심 방향으로 닦아 줌

침상목욕을 도울 때 양쪽 상지를 닦는 방법
① 방향은 말초 부위에서 몸의 중심부(손끝 → 겨드랑이)로 닦아 정맥 혈액을 심장 쪽으로 밀어 올림
② 더러워지기 쉬운 부분인 겨드랑이 밑과 손가락 사이를 잘 닦음

> **더 알아보기** 침상 목욕을 도울 때 몸 닦는 순서
> 얼굴 → 목 → 손가락 → 손 → 팔 → 가슴 → 배 → 발가락 → 발, 다리 → 등 → 둔부 → 음부

앉을 수 있는 편마비 대상자의 옷을 갈아입히는 방법
① 앞이 벌어진 단추 있는 상의를 갈아입히는 방법
 • 건강한 쪽 소매를 당겨서 벗기고 마비된 팔은 잡아당기지 않고 스스로 벗을 수 있게 도움
 • 옷을 입을 때는 마비된 팔을 먼저 끼우고 건강한 팔을 마저 끼움

② 하의를 갈아입히는 방법
 • 의자에 앉은 상태로 몸을 좌우로 움직이며 무릎까지 바지를 내릴 수 있도록 도움
 • 바지를 입을 때 먼저 마비된 다리에 바지를 끼우고 건강한 쪽은 스스로 입도록 도움
 • 고개를 앞으로 숙이고 엉덩이를 들면서 입음
③ 앞이 막힌 상의를 입히는 순서
 • 마비된 쪽 팔을 소매에 넣음
 • 옷의 몸통과 목 부분을 벌려 머리를 넣음
 • 건강한 쪽 팔을 소매에 넣음

> **더 알아보기** 옷 갈아 입히기
> • 편마비 대상자의 옷 갈아입는 순서 : 옷을 벗을 때는 건강한 쪽부터 벗고, 입힐 때는 마비된 쪽부터 입힘
> • 수액이 있는 경우 상의 입기 : 수액을 맞고 있는 왼쪽 편마비 대상자의 단추가 달린 옷은 '왼쪽 팔 → 수액 → 오른쪽 팔' 순으로 입힘

체위변경과 이동

누워서 엉덩이를 들어 올리는 운동의 효과
휴대용 변기 사용과 침대 위에서의 이동, 보행 시 신체 안정

침대 위에서의 이동 돕기
① 발쪽으로 미끄러져 내려가 있는 편마비 대상자를 침대 위쪽으로 이동시키는 방법
 • 침대를 수평으로 하고 허리 높이로 올린 뒤, 대상자의 무릎을 세워 발바닥이 침대에 닿게 함
 • 대상자가 협조를 할 수 있는 경우, 침대 머리 쪽 난간을 잡게 한 후 신호를 하여 같이 침대 위쪽으로 이동함
② 침대 오른쪽 또는 왼쪽으로 이동하는 순서 : 이동하고자 하는 쪽에 선 후 대상자의 두 팔을 가슴 위로 포갬 → 상반신과 하반신을

나누어 이동 → 한 손은 대상자의 목에서 겨드랑이를 향해 넣어 받침 → 다른 한 손은 허리 아래에 넣어서 상반신을 이동 → 하반신은 허리와 엉덩이 아래에 손을 깊숙이 넣고 이동
③ 대상자를 옆으로 돌려 눕힐 때의 순서 : 돌려 눕히려고 하는 쪽에 섬 → 손을 위로 올리거나 가슴에 양쪽을 포갬 → 돌려 눕는 방향 반대쪽 발을 다른 쪽 발 위에 올려 놓음 → 반대쪽 어깨와 엉덩이에 손을 대고, 옆으로 돌려 눕힘 → 엉덩이를 움직여 뒤로 이동시키고 어깨를 움직여 자세를 편하게 함
④ 침대에 누워있는 편마비 대상자를 일으켜 앉히는 순서 : 대상자의 건강한 쪽에 위치함 → 마비된 손을 가슴 위에 올려놓음 → 대상자의 양쪽 무릎을 굽혀 세운 후 대상자를 건강한 쪽으로 돌려 눕힘 → 어깨와 넙다리를 지지하여 일으켜 앉힘

더 알아보기 침대 위에서의 이동을 도울 때 주의할 점
- 조금씩 나누어 이동함
- 대상자를 끌어당길 경우 피부가 손상되거나 통증을 유발할 수 있으므로 조금씩 들어서 이동

⑤ 침대에 걸터앉아 있는 대상자를 앞에서 보조하여 일으켜 세우는 방법 : 침대에 가볍게 걸터앉은 대상자의 발을 무릎보다 살짝 안쪽으로 옮겨줌 → 요양보호사는 자신의 무릎으로 대상자의 마비된 쪽 무릎 안쪽에 대고 지지함 → 양손은 허리를 잡아 지지하고 대상자의 상체를 앞으로 숙이며 천천히 일으켜 세움
⑥ 침대에 걸터앉는 방법 : 대상자를 돌려 눕힌 자세에서 목과 어깨, 무릎을 지지함 → 다리를 침대 아래로 내리면서 어깨를 들어 올림 → 양쪽 발이 바닥에 닿도록 지지하여 자세가 안정되게 함

침대에서의 체위변경의 목적
① 호흡기능이 원활해지고, 폐확장 촉진
② 관절 변형 방지
③ 부종과 혈전 예방
④ 욕창 예방과 피부괴사 방지
⑤ 허리와 다리 통증 방지

침대에서의 체위변경의 방법
① 옆으로 누운 자세(측위) : 둔부의 압력을 피하거나 관장할 때의 자세

더 알아보기 측위의 올바른 자세
- 대상자의 엉덩관절과 무릎관절은 굽힘 자세
- 엉덩이를 뒤로 많이 이동시켜 주면 자세가 더욱 편안함
- 머리 아래 및 위에 있는 다리 밑에 베개를 받쳐줌

② 엎드린 자세(복위)
- 등에 상처가 있거나 등 근육을 쉬게 해줄 때의 자세
- 허리와 넙다리의 긴장 완화를 위해 아랫배와 발목 밑에 작은 베개 등을 받쳐줌
③ 반 앉은 자세(반좌위)
- 숨차거나 얼굴 씻을 때, 식사 또는 위관영양을 할 때의 자세
- 다리 쪽 침대를 살짝 높여 주면 대상자가 미끄러져 내려가지 않고 편안함
④ 바로 누운 자세(앙와위)
- 휴식하거나 잠을 잘 때의 자세
- 굽힌 구축을 유발할 수 있으므로 장시간 사용은 주의

휠체어 이동 돕기의 목적
① 이동을 통해 생활범위 확대
② 근·골격계 기능 강화
③ 인지 및 신체기능 유지
④ 자립심 회복

◈ 휠체어 이동을 도울 때 주의사항

① 적정한 타이어 공기압
② **움직이지 않을 때는 반드시 잠금장치를 잠금**
③ **1~2시간마다 자세를 바꿔줌**
④ 휴식 없이 3시간 이상 휠체어에 앉혀두지 않음
⑤ 대상자가 휠체어에 있는 동안 항상 곁에 있어야 함

> **더 알아보기** 잠금장치가 고정되지 않는 경우 조치방법
> 타이어 공기압 확인, 공기압이 정상이면 휠체어 뒤 주머니에 있는 스패너로 잠금장치 고정 볼트를 조절한 후 고정함

◈ 휠체어에서의 올바른 자세

① 얼굴은 앞쪽을 향하고 있음
② 몸통이 한쪽으로 기울어 있지 않음
③ 발 받침대에 발이 올라가 있음
④ 깊숙이 앉아 등받이에 몸이 밀착되어 있음

> **더 알아보기** 휠체어 발판 높낮이를 조절하는 방법
> • 발판 밑에 있는 볼트를 왼쪽으로 돌려서 품
> • 발 받침대를 좌우로 움직여서 대상자의 다리 길이에 맞춤
> • 볼트를 오른쪽으로 돌려서 조임

◈ 상황별 휠체어 조작법

① **도로 턱이나 문턱을 내려갈 때**
 • 도로 턱이나 문턱을 먼저 내려와 뒤에 서서 뒷바퀴를 내려놓음
 • 앞바퀴를 들어 올린 상태로 뒤로 천천히 이동하면서 앞바퀴를 조심히 내려놓음
② **내리막길을 갈 때** : 몸으로 휠체어를 지지하면서 고개를 뒤로 돌려 방향 확인하면서 뒷걸음질로 내려감

> **더 알아보기** 휠체어를 지그재그로 이동해야 하는 경우
> 대상자가 체중이 많이 나가거나 경사가 큰 길을 오르거나 내려갈 때

③ **울퉁불퉁한 길을 갈 때** : 앞바퀴를 살짝 들어 올리고 휠체어를 약간 뒤로 젖힌 상태로 이동
④ **엘리베이터를 타고 내릴 때**
 • 뒤로 들어가서 앞으로 밀고 나옴
 • 엘리베이터와 복도 틈새에 작은 바퀴가 끼지 않도록 주의

◈ 편마비 대상자를 휠체어에서 바닥으로 이동시키는 순서

휠체어의 잠금장치를 잠그고 발 받침대를 올려 발을 바닥에 내림 → 대상자의 **마비된 쪽 어깨와 몸통을 부축**해 줌 → **건강한 손으로 바닥을 짚게 함** → 건강한 다리에 힘을 주어 바닥에 내려앉게 함

◈ 대상자를 침대에서 휠체어로 이동하는 방법

휠체어를 대상자의 **건강한 쪽에 비스듬히 놓고** 바퀴 고정 후 발 받침대 접음 → 건강한 손으로 마비된 팔을 잡아 배 위에 모으고, 무릎을 약간 세움 → 상체 지지한 채 **무릎 밑에 손을 넣고 몸을 돌려서** 침대 아래로 다리 내림 → 대상자의 **건강한 손으로 침대 바닥 지지**하고 다리 사이에 발을 집어 넣은 후 구호에 맞춰 일어섬 → 건강한 다리를 축으로 삼아 휠체어 쪽으로 몸을 돌려 휠체어에 깊숙이 앉힘

◈ 대상자를 바닥에서 휠체어로 이동하는 방법

바닥에 무릎을 대고 앉아서 한 손으로 준비한 휠체어를 잡게 함 → 어깨와 허리를 받침 → 엉덩이를 들어 허리를 펴게 함 → 건강한 쪽 무릎을 세워 힘을 주고 일어나 천천히 휠체어에 앉게 함

휠체어를 이용하는 대상자의 자동차로 이동하는 방법

① 휠체어에서 자동차로 이동시키는 순서 : 휠체어를 자동차와 평행 또는 비스듬히 놓음 → 휠체어의 잠금장치를 잠금 → 대상자의 두 발이 바닥을 지지하도록 내려놓음 → 요양보호사의 무릎으로 대상자의 마비된 쪽 무릎을 지지하면서 일으켜 엉덩이부터 자동차 시트에 앉힘 → 대상자의 다리를 한쪽씩 올려놓고 엉덩이를 좌우로 이동시켜 자동차 시트에 깊숙이 앉힘 → 안전벨트를 채우고 휠체어를 접어 트렁크에 실음

② 자동차에서 휠체어로 이동시키는 순서 : 휠체어를 자동차와 평행 또는 비스듬히 놓음 → 휠체어 잠금장치를 잠그고, 자동차 문을 열어 자동차 안전벨트를 풀어 줌 → 한쪽 팔로 어깨를 지지하면서 다리부터 밖으로 내려 두 발이 바닥을 지지하게 함 → 요양보호사의 무릎으로 마비된 쪽 무릎을 지지하여 휠체어에 앉힘

> **더 알아보기** 경사로
> 휠체어를 이용하는 대상자의 이동성을 확보하고, 안전사고를 미연에 예방하기 위해 사용되며 대상자의 정신적, 신체적 부담을 감소시켜 주는 복지용구

대상자의 체위변경 시 고려사항

① 대상자의 체위변경을 할 때 요양보호사의 위치와 이유 : 앞쪽, 체위변경을 뒤쪽에서 시도하면 대상자가 낙상 발생 가능성에 대한 불안감을 갖게 되어 근육 긴장도가 증가함

② 대상자의 체위를 변경할 때 요양보호사의 신체 손상을 예방하고 안정성과 균형을 위한 자세 : 한 발을 다른 발보다 약간 앞에 두어 지지면을 넓힌 자세

보행을 도울 때 따라 걷는 방법

문제 시 즉각 손을 내밀 수 있도록 비스듬히 약 50cm 뒤에서 속도를 맞춰 걸음

지팡이 보행을 돕는 방법

① 지팡이 보행을 도울 때 지팡이 끝을 놓는 위치 : 발 앞 15cm, 바깥 쪽 옆 15cm 지점에 지팡이 끝을 놓음

② 오른쪽 편마비 대상자가 지팡이를 사용하여 버스에 승차할 때나 계단을 올라갈 때의 순서 : 지팡이 → 건강한 쪽(왼쪽) 다리 → 불편한 쪽(오른쪽) 다리

③ 왼쪽 편마비 대상자가 지팡이를 사용하여 기차에서 내릴 때의 순서 : 지팡이 → 불편한 쪽(왼쪽) 다리 → 건강한 쪽(오른쪽) 다리

> **더 알아보기** 편마비 대상자가 지팡이가 없을 때 올라가는 방법
> 건강한 손으로 계단 손잡이를 잡음 → 건강한 쪽 다리부터 계단을 딛음 → 건강한 쪽 다리에 체중을 실어 불편한 쪽 다리를 계단으로 올림

보행보조차(보행기)를 이용하는 대상자를 돕는 방법

① 보행보조차를 사용할 때 주의사항
- 체형에 맞는 보행보조차 선택
- 지팡이 끝의 고무와 보행기 다리의 고무의 닳은 정도, 보행기 바퀴와 잠금장치 확인
- 미끄럼방지 양말과 신발 착용
- 요양보호사는 대상자 가까이에서 지지(불편한 쪽에서 도움)

② 오른쪽 다리에 힘이 없는 경우 : 약한(오른쪽) 다리와 보행보조차 → 건강한(왼쪽) 다리

③ 다리가 모두 약한 경우 : 보행보조차를 앞으로 한 걸음 정도 옮기고 보행보조차 쪽으로 오른발을 옮김 → 왼발을 오른발이 나간 지점까지 옮김

복지용구

목욕의자
① 거동이 불편한 대상자를 목욕시키거나 머리를 감길 때 사용
② 목욕의자 선정 시 고려 사항
- 의자 부분에 구멍이 있거나 홈이 파여 있어 물이 흐를 수 있는 것
- 앉는 면이 높지 않고 등받이와 팔걸이가 있는 것
- 다리 밑부분은 미끄러지지 않는 재질인 것 (바퀴가 부착된 것은 모든 바퀴에 잠금장치 있어야 함)
- 물에 녹슬지 않는 소재

자세변환용 쿠션 선정 시 고려 사항
① 변색되지 않아야 하고, 커버를 분리하여 세척·소독할 수 있어야 함
② 지퍼는 감춰져 있어야 함
③ 너무 딱딱하거나 미끄럽지 않아야 함
④ 내부 충전재가 커버 밖으로 나오지 않아야 함

목욕리프트 선정 시 고려 사항
① 녹이 슬지 않는 재질
② 등받이 각도 조절 및 높낮이 자동 조절 가능
③ 대상자의 무게를 지탱할 수 있어야 함
④ 인체 및 주위에 유해함이 없고 안전한 구조

이동변기 선정 시 고려 사항
① 대소변받이(변기통) 탈부착 가능
② 팔걸이와 등받이가 있는 것
③ 물로 세척하거나 소독약으로 소독 가능한 재질
④ 대상자의 무게를 충분히 견딜 수 있도록 튼튼한 것

이동변기 관련 요양보호사 실기사항
① 대상자의 상황에 적절한 이동변기 선정
② 대상자의 신체에 맞게 이동변기의 높낮이 조절
③ 구조 및 이동동선을 고려한 적절한 위치에 배치
④ 조작 가능(접고 펴기, 오물 비우기 등)
⑤ 위생관리 적절하게 수행

간이변기 선정 시 고려 사항
① 사용 후 덮개로 입구를 막았을 때 오염물이 외부로 누출되지 않아야 함
② 열탕으로 소독할 수 있는 충분한 내열성이 있어야 함
③ 소변기는 소변량 측정이 가능하도록 눈금이 있고, 소변색을 볼 수 있는 흰색 또는 투명해야 함

수동휠체어 사용 시 고려 사항
① 수동휠체어 선정 시 고려 사항
- 표면이 거칠거나 딱딱하지 않은 쿠션
- 뒤집어지거나 낙상할 위험이 없도록 안정적이어야 함
- 표면에 날카로운 부분이 없어야 함
- 안장 양쪽 끝이나 바퀴 부위에 대상자의 옷이나 손가락이 낄 염려가 없어야 함
② 수동휠체어 사용 시 주의사항
- 움직이지 않을 때는 항상 평평한 지면에 두고 잠금장치를 잠금
- 비를 맞지 않게 함
- 타이어의 적정 공기압 유지
- 각종 볼트가 헐겁지 않은지 수시 확인
- 접은 상태에서 보관

보행보조차(실버카)의 특징
① 쉴 수 있는 의자와 간단한 물건을 담을 수 있는 바구니가 있음
② 잠금장치 손잡이가 있음

③ 가장 불안정한 보행기이므로 균형 감각이 있는 대상자에게 적합
④ 잠시 휴식할 때 앉을 곳이 필요한 대상자에게 적합

≪ 지팡이 선정 시 고려 사항

① 지팡이를 사용하는 쪽 발의 새끼발가락으로부터 바깥쪽 15cm 지점에 지팡이로 바닥을 짚은 상태에서 팔꿈치를 20~30° 정도 구부린 높이가 좋음
② 길이는 바닥면에서 신체 둔부까지 길이로 맞춤
③ 대상자의 자세에 문제가 있는 경우 걷는 자세 및 사용법을 상담

더 알아보기 길이 조절 구조

버튼식	장기간 사용 시 고정 구멍이 커져 소음 발생
록크너트식	단단히 잠그지 않으면 풀리기 쉬움
스냅록크식	길이를 한번 바꾸면 헐거워지지 않고 소음 발생하지 않음

≪ 지팡이 관련 요양보호사 실기사항

① 지팡이 사용자의 키에 맞추어 적절한 높이 조절
② 신체적 변형이 온 사람의 특성에 맞추어 적절한 길이 조절
③ 지팡이 끝부분 고무의 마모 점검과 적절한 시기에 교체

≪ 이동욕조 사용 시 주의사항

① 평평하고 이물질 없는 장소에서 사용
② 욕조를 잡고 일어나거나 앉지 않음
③ 한 번에 한 사람만 사용
④ 강한 물리적 압력이나 송곳 및 날카로운 도구 피함
⑤ 응급상황 발생 시 배수밸브를 열어 즉시 물을 뺌

≪ 욕창예방 매트리스 사용 시 주의사항

① 대상자를 움직이기 위해 매트리스 위에 올라갈 때 낙상 주의
② 날카로운 물건이나 열에 닿지 않도록 함
③ 열을 발산하는 제품과 함께 사용하지 않음
④ 하루에 한 번 기구가 정상 동작하는지 확인

더 알아보기 욕창예방 매트리스의 정상 작동 확인법
등과 엉덩이 밑에 손을 넣어 매트리스 공기압을 확인

≪ 배회감지기

① 대상자의 실종을 미연에 방지하기 위한 장치로, 항상 전원 및 작동 상태를 확인·관리해야 함
② 배회감지기 종류

매트형	• 침대 또는 바닥에 설치 • 대상자가 영역을 벗어날 경우 보호자에게 알림을 보내어 사전에 대상자의 움직임을 확인 • 매트가 밀리거나 매트에 걸려서 넘어지지 않게 주의
GPS형	• 위치추적 서비스 • 대상자의 위치를 보호자에게 알려줌 • 물에 젖으면 오작동될 수 있으므로 주의

≪ 노인장기요양보험 급여 복지용구의 대여 품목 6종

수동휠체어, 전동침대, 수동침대, 이동욕조, 목욕리프트, 배회감지기

장기요양서비스(방문요양)의 제공 순서

방문 → 일정관리 → 사전확인 → 서비스 제공 → 기록 → 확인 및 서명 → 퇴실

식사관리 지원

대상자의 식사관리에서 기본 원칙

① 건강 체중을 유지하기 위해 적정한 양 제공
② 조금씩 자주 섭취하고, 소화하기 쉬운 식품과 조리법 선택
③ 딱딱한 식재료를 부드럽게 조리하고 식품의 크기를 작게 함
④ 약간 국물이 있거나 재료가 촉촉하도록 조리
⑤ 식욕이 저하되지 않도록 다양한 식재료와 조리법 이용

식사 준비를 위해 장을 볼 때 식재료 구매 수칙

① 식단 작성 후 구매목록 만듦
② 현재 있는 식재료의 종류와 양을 확인하여 조정하고 대상자와 상의
③ 품목별로 구매 장소 결정
④ 필요량만 구매
⑤ 구매 시 유통기한, 영양표시, 보관방법 및 보관상태 확인
⑥ 구매 후 냉장이나 냉동보관 물품은 즉시 냉장 또는 냉동보관

식품 안전을 위해 장을 보는 순서

냉장이 필요 없는 식품(쌀, 통조림, 라면 등) → 채소 및 과일 → 냉장·냉동 가공식품 → 육류 → 어패류 → 즉석식품

대상자의 식사 조리 시 고려 사항

① 찌거나 데치거나 끓이거나 삶아서 부드럽게 조리
② 질환상 허용되는 범위 내에서 가능한 한 다양한 식품과 조리법 사용
③ 가능한 한 짜지 않게 조리
④ 딱딱하고 자극적인 음식은 피함

나트륨을 줄이기 위한 조리법

① 음식이 뜨거우면 짠맛을 잘 느끼지 못하므로 약간 식은 후 간을 맞춤
② 소금과 장류를 줄이고 파, 마늘 등 향미채소를 이용함
③ 간을 맞출 때는 소금 대신 간장을 사용
④ 국은 국물보다 건더기 위주로 제공
⑤ 생채, 겉절이나 소금에 절이는 과정을 생략할 수 있는 양배추, 오이 등을 이용하여 만든 김치를 제공
⑥ 채수나 마른 새우, 멸치, 다시마 등으로 만든 육수 사용

당뇨병 대상자의 식사관리

① 혈당 관리에 도움이 되는 혈당 지수가 낮은 식품 : 보리밥, 우유, 고구마, 요거트, 사과 등

> **더 알아보기** 혈당 지수가 높은 식품
> 흰쌀밥, 떡, 찐감자, 흰식빵, 수박 등

② 당뇨병 대상자의 식사관리 방법
- 매일 일정한 시간에 알맞은 양의 음식을 규칙적으로 섭취
- 설탕이나 꿀 등 단순당의 섭취 주의
- 혈당조절이 잘되는 통곡물 섭취
- 흰쌀밥보다 잡곡밥, 과일주스보다 생과일 이용
- 식이섬유 충분히 섭취

- 동물성 지방 및 콜레스테롤 섭취 제한, 염분 섭취 줄임, 금주

고혈압 대상자의 식사관리 방법

① 적정한 열량 섭취 : 저열량 식사, 기름을 적게 사용하는 조리법 이용
② 양질의 단백질 적절히 섭취
③ 동물성 지방과 소금 섭취 줄임
④ 칼륨과 섬유소 및 칼슘 충분히 섭취
⑤ 카페인 함유 음료와 알코올 섭취 제한

저작 및 연하곤란 대상자의 식사 시 주의사항

① 밥을 국이나 물에 말아 먹지 않음
② 국수류는 적당한 크기로 잘라서 섭취
③ 떡류는 잘게 잘라서 제공
④ 과일류는 부드러운 과육을 잘게 자르거나 숟가락으로 긁어 먹음
⑤ 떠먹는 형태의 유제품류 선택
⑥ 한 번에 조금씩 먹고 여러 번 나누어 삼키는 연습
⑦ 바른 식사자세로 앉아 정면을 보고 턱은 몸쪽으로 약간 당김
⑧ 작은 숟가락으로 천천히 먹고, 식사 도중 이야기하지 않음
⑨ 식사 후 30분 정도 앉아 있음

변비 대상자의 식사관리 방법

① 식이섬유를 충분히 섭취
② 물을 충분히 마심
③ 우유와 발효 유제품 섭취
④ 규칙적인 식사
⑤ 변비 완화에 도움이 되는 식품 섭취
⑥ 화장실 가기 전 따뜻한 물 섭취
⑦ 적당한 운동과 휴식

> **더 알아보기** 칼슘보충제와 변비
> - 칼슘보충제 복용 시 변비가 되기 쉬우므로 적당량의 식이섬유와 충분한 물을 함께 복용
> - 우유, 요구르트 등 유제품 함께 섭취

골다공증 대상자의 식사관리 방법

① 균형있는 식사로 정상 체중 유지
② 칼슘 및 콩과 두부 등 식물성 단백질 충분히 섭취
③ 비타민 D가 풍부한 식품 섭취
④ 가능한 한 싱겁게 섭취
⑤ 과다한 탄산음료나 카페인 및 알코올 섭취 피함

식품·주방 위생관리 지원

식중독 예방 6대 수칙

- 손씻기
- 익혀 먹기
- 끓여 먹기
- 세척·소독하기
- 구분 사용하기
- 보관온도 지키기

> **더 알아보기** 도마와 칼이 한 개만 있을 경우 사용 순서
> 과일·채소류 → 육류 → 생선류 → 닭고기류

식품별 보관방법

① 육류·가금류
  - 완전히 밀봉하거나 밀폐용기에 담아 냉장·냉동 보관
  - 한번 먹을 만큼만 나누어 완전히 밀봉 후 냉동 보관
  - 한 번 녹인 고기는 다시 얼리지 않음
② 생선류 : 내장 제거하고 흐르는 물로 씻은 후 물기 제거하고 냉장·냉동 보관
③ 감자·고구마 : 통풍이 잘되고 서늘하고 어두운 곳에 보관

④ 과일
- 열대과일은 실온 보관, 대부분은 냉장 보관
- 수박 : 적당한 크기로 잘라서 밀폐용기에 넣어 냉장 보관

더 알아보기 부패·변질된 식품 폐기 시 방법
유통기한이 지나거나 부패·변질된 식품을 폐기할 때에는 반드시 대상자나 가족에게 설명 후 폐기

냉장·냉동식품 보관 방법
① 냉장고 내부는 완전히 채우지 않아 냉기의 순환을 방해하지 않도록 함
② 냉장고 문을 자주 열면 내부 온도가 올라가므로 되도록 문을 적게 열음
③ 냉장고 문 쪽은 안쪽보다 온도 변화가 심하므로 오래 보관할 식품은 안쪽에 보관함
④ 뜨거운 음식은 충분히 식힌 후 넣음

채소나 과일의 안전한 조리방법
생으로 먹는 채소와 과일은 100ppm 농도로 희석된 소독액(식품첨가물로 표시된 소독제)으로 소독함

올바른 식기 세척 방법
식기 등에 남은 음식물 제거(기름기가 많은 그릇은 휴지로 기름 제거) → 수세미에 세정제를 묻혀 거품을 충분히 낸 후 이물질 제거 → 흐르는 물로 헹굼 → 소독 → 건조 → 보관

찬장 또는 조리대의 위생관리 방법
① 조리대는 건조하게 유지
② 찬장을 자주 환기함
③ 찬장에 냄새나 곰팡이가 발생한 경우 선반 세척 후 완전히 건조하여 희석한 알코올 또는 소독제로 닦음

더 알아보기 수세미와 앞치마 위생관리
- 수세미 : 스펀지형보다 그물형이 위생적
- 앞치마 : 조리용과 청소용을 구분하여 사용하고, 사용 후에는 세척한 후 건조하여 보관

의복 및 침상 청결 관리 지원

의복의 선택 시 주의사항
① 가볍고 느슨하며 입고 벗는 것이 쉬워야 함
② 체형에 맞는 디자인
③ 과도한 장식은 피함
④ 저녁 외출 시 부분적이라도 밝은 색 옷이 좋음
⑤ 신발 : 굽이 낮고, 폭이 좁지 않으며 뒤가 막혀 있는 것으로 미끄럼방지 처리가 되어 있어야 함
⑥ 양말 : 미끄럼방지 처리가 되어 있어야 함

더 알아보기 속옷 선택 시 조건
피부를 자극하지 않는 재질, 흡습성이 좋은 소재

침상 청결 및 관리 방법
① 매트리스는 단단하고 탄력성과 지지력이 뛰어난 것이 좋음
② 전기코드 등 발에 걸리는 물건은 치움
③ 이불은 두껍고 무거운 것을 피하고 가볍고, 부드러우며 보습성 있는 것을 선택
④ 양모, 오리털 등의 이불은 그늘에서 말림
⑤ 베개는 척추와 머리가 수평이 되는 높이가 좋음

더 알아보기 베개를 선택·관리하는 방법
- 습기를 흡수하지 않고 열에 강하며 촉감이 좋은 재질
- 적당히 형태가 유지되는 베개
- 2~3개의 베개를 준비하여 체위변경 시 신체를 지지하는 데 이용
- 감염대상자는 커버를 씌워 커버만 매일 교환

세탁하기 지원

대상자의 옷을 세탁하는 기본 원칙

① 대상자의 의견을 존중하여 세탁방법 선택
② 세탁표시에 따른 세탁방법에 따라 세탁
③ 수선이 필요한 경우는 수선 후 세탁
④ 세탁물을 통해 건강상태 확인 후 보고
⑤ 옷감의 종류와 색상에 따라 분류 후 세탁
⑥ 알맞은 세제 선택과 적당량 사용
⑦ 오염이 심하면 의류 손상을 피하기 위해 불리거나 부분세탁 병행

> **더 알아보기** 얼룩 제거 방법
> - 튀김기름 : 얼룩이 묻은 부위에 주방용 세제를 몇 방울 떨어뜨리고 비벼서 제거
> - 혈액 : 찬물로 닦고 더운물로 헹굼
> - 커피 : 탄산수에 10분 정도 담근 뒤 세탁하거나 식초와 주방세제(1:1)로 문질러 닦은 뒤 헹굼
> - 립스틱 : 클렌징폼으로 문질러 따뜻한 물로 헹구거나 버터를 바르고 아세톤으로 닦은 뒤 세탁
> - 파운데이션 : 알코올이 함유된 화장수나 스킨을 적신 화장솜으로 얼룩을 두드려 제거

다음의 표시 기호가 있는 의복의 다림질 방법

원단 위에 천을 덮고 80~120℃로 다림질

세탁 후 관리 방법

① 의복은 해충이나 곰팡이에 의해 손상되고 보관 중 변질, 변색될 수 있으므로 2시간 이상 직사광선을 쏘임
② 다림질 후 습기가 남아 있으면 구김이나 변형이 되므로 완전히 말림
③ 눅눅한 침구는 건조하고 맑게 갠 날 바람이 잘 통하는 그늘에서 바람을 쏘임
④ 다리미가 앞으로 나갈 때는 뒤에 힘을 주고 뒤로 보낼 때는 앞에 힘을 줌

보관 시 방충제 사용 방법

① 방충제를 넣어 보관해야 하는 의류 : 모섬유, 견섬유 의류
② 다른 종류의 방충제를 함께 넣으면 화학변화를 일으켜 변색, 변질되므로 한 가지씩만 사용
③ 공기보다 무거우므로 보관용기의 위쪽 구석에 넣음

외출동행 및 일상업무 대행

외출동행 시 기본원칙

① 대상자의 욕구 확인 후 사전에 외출계획 세움
② 목적지에 대해 충분히 파악하고 필요 사항 미리 점검
③ 대상자의 건강상태 고려
④ 대상자의 안전과 개인물품 분실에 유의

> **더 알아보기** 일상생활지원과 개인활동지원 서비스
> - 일상생활지원 : 노인장기요양보험의 표준서비스 중 하나로 취사, 청소 및 주변정돈, 세탁을 의미함
> - 개인활동지원 서비스 : 노인장기요양보험의 표준서비스 중 하나로 외출 시 동행, 일상업무 대행이 해당

대상자의 외출동행을 돕는 방법

① 외출 목적에 맞게 신속히 활동하고, 돌발상황이 생기면 대상자나 가족과 상의해 대처함

② 도보 시 보폭은 작게, 계단 오를 때는 몇 걸음에 한 번씩 또는 걸음마다 두 다리를 한곳에 모아 쉬면서 천천히 이동함
③ 차량 이용 시 밀착해 돕고, 무릎·허리에 무리가 가지 않도록 함

대상자의 병원동행을 돕는 방법

① 병원과 대상자의 건강상태 및 복약상태를 보호자에게 확인하고, 신분증 및 진료비 등 준비
② 진료시간에 여유 있게 도착
③ 의사의 지시사항 꼼꼼히 기록
④ 약사에게 정확한 복용법을 듣고 수급자에게 전달
⑤ 외출동행이 의도한 대로 만족스러웠는지 확인

대상자의 일상업무 대행을 돕는 방법

① 대상자의 업무 대행 목적을 확인함
② 요양보호사가 업무 대행이 가능한지 먼저 확인 후 사전 준비함
③ 대상자에게 업무 대행 경과를 수시로 확인시켜 신뢰감 형성
④ 대상자의 요구 시 대상자와 업무 담당자 연계
⑤ 요양보호사의 사적인 업무 병행하지 않음
⑥ 대상자의 개인소지품 분실 유의
⑦ 불만족하여 재요청할 때에는 충분히 상의하여 진행

주거환경관리

대상자의 방의 안전한 환경 조성 방법

① 습기가 차지 않고 공기가 깨끗하며, 남향 또는 남동향이 좋음
② 화장실, 욕실을 가깝게 하고 문턱을 없앰
③ 대상자가 자주 쓰는 물품은 손이 닿는 위치에 둠
④ 그림이나 사진은 떨어지지 않도록 안전하게 걸어둠
⑤ 가구는 모서리에 부딪히지 않도록 배치하고 필요시 모서리에 덧대기를 함
⑥ 햇빛을 차단하지 않도록 창가에 물건을 두지 않고, 커튼은 얇은 것과 두꺼운 것을 병용
⑦ 인터폰, 전화, 비상벨 등 설치

> **더 알아보기** 계단의 안전한 환경
> 계단과 복도에 안전손잡이 설치, 계단 내려갈 때 그림자 생기지 않게 발밑에 조명 설치

쾌적한 실내환경 조성 방법

환기	하루에 2~3시간 간격으로 3번, 최소 10~30분 환기
실내온도	• 여름 22~25℃, 겨울 18~22℃ 정도로 조절 • 바깥과의 온도차가 크지 않게 함
실내습도	• 40~60%가 적합 • 여름에는 제습기, 겨울에는 가습기를 사용하여 적정 습도 유지
소음	큰 소리가 나지 않게 주의
채광	커튼, 발, 블라인드 등으로 채광 조절
조명	• 용도에 맞는 조명등 설치 • 야간에는 넘어질 위험이 있는 장소에 조명을 켜둠

> **더 알아보기** 조명을 어느 한 곳만 지나치게 밝게 했을 때의 위험성
> 밝은 곳에서 어두운 곳으로 이동하거나 어두운 곳에서 밝은 곳으로 이동할 때 적응이 어려워 낙상의 위험이 있음

공간별 청결한 주거환경 조성 방법

① 대상자의 침실
  • 진공청소기나 젖은 걸레로 먼지 제거
  • 쓰레기가 많은 경우 빗자루에 물을 묻혀 조심스럽게 쓸어 담음

② 화장실
- 사용하지 않는 낮 시간에 충분히 환기시킴
- 양변기에 물때가 낀 경우 솔에 식초를 묻혀 변기 안쪽을 닦음
- 화장실 배수구는 물때를 씻어낸 후 소독제를 희석한 물을 부어줌
- 바닥은 물기 없이 건조하게 유지

③ 쓰레기관리
- 쓰레기통은 비울 때마다 물로 씻어 건조
- 냄새가 나는 경우 수세미에 식초를 살짝 묻혀 닦아낸 후 물로 헹굼
- 음식물 쓰레기는 발생 당일에 버림

더 알아보기 쓰레기통 냄새 제거
분무기에 알코올을 담아서 뿌려주면 냄새가 제거되고 벌레 생기는 것을 방지

◈ 치매노인 환경지원 지침의 8개 영역

① 지남력 지원
② 기능적인 능력 지원
③ 환경적 자극의 질과 조정
④ 안전·안심을 위한 지원
⑤ 생활의 지속성을 위한 지원
⑥ 자기 선택을 위한 지원
⑦ 사생활 확보를 위한 지원
⑧ 대상자의 교류를 위한 지원

◈ 치매노인의 지남력을 위한 환경지원

① 공간 입구에 이름표나 발 등의 공간정보를 활용
② 잘 보이는 곳에 큰 시계나 달력 등을 걸고 창을 통해 자연과 일조의 변화를 파악하도록 함
③ 요양보호사들의 움직임을 가까이에서 보도록 함

더 알아보기 지남력
현재의 시간, 지금 내가 있는 장소, 나와 같이 있는 사람을 인식하는 데 사용되는 기능

◈ 치매노인의 기능적인 능력을 위한 환경지원

① 스스로 활동할 수 있는 환경만들기로 자립능력 높임
② 스스로 식사할 수 있도록 환경 조성
③ 요리나 빨래, 장보기 등의 활동을 할 수 있도록 환경 조성

더 알아보기 행동심리증상 개선제
항정신병 약물, 항우울제, 항경련제

치매 대상자와 가족

◈ 치매가족이 가장 많은 어려움을 느끼는 단계

① 정신행동증상과 같은 행동상의 문제가 나타나는 단계
② 요실금, 변실금이 나타나는 단계
③ 장기요양시설 입소를 결정하게 되는 단계

◈ 치매가족과의 의사소통 기법

공감하기, 관심 전달, 조언 및 정보 제공, 나-메시지 전달법, 힘 돋우기

치매 대상자의 일상생활 지원

◈ 치매 대상자의 식사를 도울 때 기본 원칙

① 접시보다는 사발을 사용하고, 색깔이 있는 플라스틱 제품 사용
② 양념은 식탁 위에 두지 않음
③ 씹는 행위를 잊어버린 치매 행위자에게는 잘 저민 고기, 반숙된 계란, 과일 통조림 등을 갈아서 제공
④ 묽은 음식에 사레가 자주 걸리면 더 걸쭉한 액체음식을 제공

⑤ 졸려하거나 초조해하는 경우 식사 제공하지 않음

> **더 알아보기** 치매 대상자가 식사 거부 시 확인할 사항
> - 입안의 상처가 있는지
> - 틀니가 잘 맞지 않는지
> - 복용하는 약의 부작용으로 식욕이 떨어진 것인지
> - 시력에 문제가 생겨 음식에 혼란을 느끼는지
> - 음식을 인식하는 것이 불가능한 상태인지

치매 대상자의 식사 돕기

① 노인 치매 대상자의 하루 필요 열량 : 1,500~1,600kcal(활동이 많은 경우에는 열량 섭취량을 늘림)
② 치매 대상자의 식사 전 준비사항 : 음식을 잘고 부드럽게 조리, 음식 온도 확인, 식탁보와 매트 및 앞치마 준비

> **더 알아보기** 치매 대상자의 식사 시 고려 사항
> - 대상자의 식사 습관과 음식에 대한 기호를 최대한 반영
> - 안정된 식사분위기를 조성
> - 규칙적으로 식사
> - 식탁에 앉으면, 바로 식사하도록 준비

③ 치매 대상자가 과식하거나 배고픔을 호소하는 이유 : 시간개념 상실, 심리적 불안감

치매 대상자의 요실금 배뇨 훈련

초기에는 2시간마다 배뇨하게 하고 간격을 점차적으로 늘려 낮에는 2시간, 밤에는 4시간 간격으로 시행

> **더 알아보기** 요실금 팬티 사용이 적합하지 않은 사람
> 흘림량이 500mL 이상인 사람, 세탁이 자주 불가능한 사람

치매 대상자의 목욕 돕기

① 일정한 시간에 목욕을 하여 목욕에 대한 거부감을 줄여줌
② 물에 대한 거부 반응을 보이면 작은 그릇에 물을 떠서 장난을 하게 함
③ 욕조 내 적당량의 물을 받아둠

> **더 알아보기** 치매 대상자의 상황별 목욕 돕기
> - 운동 실조증이 있는 치매 대상자 : 샤워보다 욕조에서 목욕하는 것이 안전함
> - 치매 대상자가 열이 나는데도 목욕을 시켜 달라고 할 때에는 목욕은 나중에 하자고 설득하고 미지근한 물수건으로 몸을 닦아 줌

치매 대상자가 양치질을 거부할 때의 대처 방법

물치약이나 2% 생리식염수로 적신 거즈를 감은 설압자나 일회용 스펀지 브러시에 묻혀 치아와 입안을 닦음

> **더 알아보기** 누워서 지내는 치매 대상자의 구강위생 관리
> - 칫솔이나 면봉으로 이 사이, 잇몸 닦음
> - 부리가 긴 주전자로 입 아래쪽에 따뜻한 물 넣어줌
> - 입안의 물을 받아낼 그릇을 대상자의 볼에 대고 밀착시킨 후 입안의 물이 흘러내리도록 해 뱉어내게 함

치매 대상자의 옷입기 돕기

① 몸에 꼭 끼지 않는 옷을 제공
② 혼란을 예방하기 위해 색깔이 요란하지 않고 장식이 없는 옷을 선택
③ 앉아 있는 상태에서 입게 하고, 안전을 위해 옆에서 지켜봄
④ 입는 순서를 헷갈려 하면 속옷부터 입는 순서대로 정리해서 놓아 줌

> **더 알아보기** 의복 착용 시 대처 방법
> - 치매 대상자가 옷 입는 것을 거부할 때 : 다투지 말고 잠시 기다린 뒤 다시 시도하거나 목욕시간을 이용함
> - 치매 대상자가 자신의 옷이 아니라고 할 때 : 옷 라벨에 이름을 써 둠

치매 대상자의 운동 돕기

① 치매 대상자의 운동 시작 부위 : 심장에서 멀고 큰 근육인 팔다리
② 일반적으로 치매 대상자에게 효과적인 운동 : 산책

치매 대상자의 안전을 위한 부엌 환경을 조성하는 방법

① 깨지기 쉽거나 위험한 물건은 보관장에 넣고 자물쇠로 채움
② 가스선은 밖에서 잠가두거나 가스밸브 자동차단기 설치
③ 냉장고에 부착하는 과일이나 채소모양 자석 사용 금지
④ 음식물 쓰레기는 부엌에 두지 않음

치매 대상자의 안전을 위한 현관 환경을 조성하는 방법

① 현관문에 방울 또는 자동음성벨 달아둠
② 신발 벗고 신을 수 있는 의자 설치
③ 안 신는 신발은 신발장에 수납
④ 현관 앞 계단에 손잡이 설치
⑤ 낙상을 유발하는 단차는 없앰

> **더 알아보기** 안전손잡이 설치 이유
> 거동이 불편한 대상자의 생활공간에 안전손잡이를 설치하면 자립성 향상에 도움이 됨

치매 대상자의 정신행동증상 대처

치매 대상자가 반복적인 질문이나 행동을 하는 이유

① 주변상황을 인식할 수 없기 때문에 자신의 안전을 확인받기 위해
② 자신이 가진 의문에 대한 답을 구하지 못했다고 생각해서
③ 관심을 얻기 위해

> **더 알아보기** 반복 질문이나 행동에 대한 대처 방법
> - 손뼉을 치는 등 관심을 바꾸는 소음을 냄
> - 치매 대상자가 좋아하는 음식을 줌
> - 좋아하는 노래를 함께 부름
> - 과거 경험이나 고향 이야기를 나눔
> - 단순 일거리를 제공

치매 대상자의 배회

① 치매 대상자의 배회 원인 : 기억력 상실 또는 시간·방향감각 저하로 인한 혼란, 정서적 불안, 배고픔, 안절부절함 등
② 배회인식표, 대응카드를 소지하게 하여 실종 시 쉽게 찾을 수 있도록 함(필요시 배회감지기 착용)

치매 대상자와의 상황별 대처·의사소통 방법

배회	• 배회의 원인 파악하기 • 안정적이고 친근한 환경 만들기 • 주의 환기하기 • 규칙적인 운동과 산책하기 • 안전한 환경에서 배회 허락하기 등
망상, 환각	• 부정·설득·논쟁하지 않기 • 조용하고 온화한 태도 유지하기 • 주장과 감정 수용하기 • 주의 전환하기 • 지속적인 관심과 배려 제공하기 • 전문의와 상담하기

공격성	• 원인을 생각하고 차분히 대처하기 • 감정에 초점을 맞추고 마음 안정시키기 • 기분전환 유도하기 • 격려와 칭찬하기 • 과도한 요구하지 않기 • 거부하는 경우 쉼을 두고 시도하기

치매 대상자의 의심, 망상, 환각

① 환각 : 치매 대상자가 실제로 존재하지 않는데 존재하는 것처럼 느끼는 증상
② 의심, 망상, 환각 증상이 있는 치매 대상자 앞에서 주의할 행동
- 다른 사람들에게 치매 대상자의 의심, 행동, 잃어버렸다고 의심하는 물건에 대해 얘기하지 않음
- 조롱하는 말투 사용하지 않음
- 특히 귓속말을 하지 않음

치매 대상자의 파괴적 행동

① 파괴적 행동의 원인 : 현재 감정상태에만 반응함, 동시에 생각하여 수행하지 못함에 스스로 분노를 느낌
② 치매 대상자가 끊임없이 난폭한 발작을 하지 않는 한 하지 말아야 할 것 : 신체적 구속(불가피한 경우 신체 일부만 구속)

석양증후군

① 치매 대상자가 해 질 녘이 되면 더욱 혼란해지고 불안정하게 의심 및 우울 증상을 보이는 것

> **더 알아보기** 석양증후군의 특성
> 낮에는 유순하다가 저녁만 되면 침대 밖으로 뛰쳐나오거나, 옷을 벗고, 방을 서성이다 문을 덜거덕거리거나, 바닥을 뒹굴고 침대 위로 뛰어 오르는 등의 행동을 함

② 석양증후군 대상자를 돕는 방법
- 대상자가 좋아하는 소일거리를 주거나 애완동물 등과 즐거운 시간을 보내게 함
- 대상자를 밖으로 데려가 산책함
- 요양보호사가 치매 대상자와 충분한 시간을 함께 보냄
- 텔레비전을 켜놓거나 조명을 밝게 함
- 신체적 제한은 하지 않음

치매 대상자의 부적절한 성적 행동이 심한 경우 대처 방법

시설장이나 간호사 등에게 알리고 상의함

치매 대상자와의 의사소통

치매 대상자와의 언어적인 의사소통

① 치매 대상자와의 언어적인 의사소통의 기본 원칙
- 대상자의 신체적 상태 파악과 구체적 질문
- 존중하는 태도와 관심을 갖고 긍정적 말하기
- 이해할 수 있도록 말하고 안심하도록 함께 함
- 대상자의 속도에 맞추고 반응을 살핌
- 정중히 인격적으로 대하고 반복적으로 설명
- 간단한 단어와 이해할 수 있는 표현 및 일상적인 어휘 사용
- 한 번에 한 가지씩 설명
- 가까운 곳에서 얼굴 마주보고 말함
- 항상 현재를 알려줌
- 과거 회상 유도

② 치매 대상자와 대화 시 적당한 간격 : 1m 이내로 가까이 다가가서 대화함

> **더 알아보기** 치매 대상자의 의사표현을 돕는 방법
> - 대상자를 편하게 함
> - 산만하게 하는 요인 줄임
> - 여러 사람이 있으면, 조용한 장소로 가서 대화
> - 대상자의 말을 잘 이해했음을 확인시켜 줌
> - 의사소통에 도움을 주는 보조수단 사용(예 게시판, 그림)

치매 대상자와의 비언어적인 의사소통

① 치매 대상자와 말 외에 활용하여 의사소통할 수 있는 것 : 스킨십, 문자, 그림 등
② 치매 대상자와의 비언어적인 의사소통의 기본원칙
  - 언어적인 표현 방법과 적절한 비언어적인 표현 방법을 같이 사용(예 세수했는지를 물어볼 때, 세수하는 몸동작을 하면서 질문함)
  - 신체적인 접촉을 사용
  - 치매 대상자의 비언어적 표현 방법을 관찰
  - 필요하면 글을 써서 의사소통
  - 언어 이외의 다른 신호를 말과 함께 사용
  - 대상자의 행동을 복잡하게 해석하지 않음

> **더 알아보기** 신체적 언어 사용할 때 유의사항
> - 정면으로 마주보며 이야기함
> - 눈높이를 맞추고 이야기함
> - 치매 대상자가 위협을 느끼는 자세는 취하지 않음
> - 치매 대상자에게 관심을 보임(예 미소를 짓거나 손잡기)
> - 치매 대상자에게 접근할 때 뒤에서 다가가면 놀랄 수 있으므로 앞에서 다가감

치매 단계별 언어적 의사소통의 특징

초기	• 물건이나 사람의 이름을 부르는 것이 어려움 • 대화의 주제가 자주 바뀜
중기	• 일관성이 없어지고, 혼동이 증가함 • 불특정 다수를 지칭하는 용어의 사용이 증가함 • 적절한 어구를 사용하지 못하는 경우 증가
말기	• 말이 없어짐(무언증) • 앵무새처럼 상대방의 말을 그대로 따라함

인지자극 훈련

인지자극 훈련

① 치매 대상자의 전반적인 인지기능 개선, 우울감을 포함한 정신행동 증상 개선, 일상생활능력 유지 및 향상, 삶의 질 향상, 가족의 수발부담을 줄이는 데 도움이 되는 비약물요법
② 두근두근 뇌운동 : 장기요양보험 수급자 및 일반 노인을 대상으로 보건복지부, 중앙치매센터에서 진행하는 프로그램

> **더 알아보기** 인지자극 훈련의 예시
> 치매 대상자가 빗소리나 개구리 울음소리를 듣고 지난 일을 이야기할 때 자극할 수 있는 인지능력 : 집중력, 기억력, 언어능력, 지남력

경증 인지기능 장애 대상자의 인지자극 훈련의 목적

① 일상생활 수행능력 손상을 호전 및 유지하고, 문제행동을 줄여줌
② 대상자뿐 아니라 요양보호사, 보호자의 긴장을 줄이고 건강을 유지하는 데 도움
③ 위축·불안한 정서 개선

> **더 알아보기** 중증 인지기능 장애 대상자
> 상당한 신체적 장애 또는 의사소통에 어느 정도 장애가 있거나, 프로그램을 이해하지 못하고, 주의 집중을 잘 못하는 대상자

📋 임종 요양보호

◈ 연명의료

① 임종과정에 있는 환자에게 하는 심폐소생술, 혈액 투석, 항암제 투여, 인공호흡기 착용 등 치료 효과 없이 임종과정의 기간만을 연장하는 의학적 시술

> **더 알아보기** 제공되는 의료행위
> 진통제 투여나 영양분·물·산소 공급 등 기본적 돌봄에 해당하는 의료행위

② '사전연명의료의향서'를 작성할 수 있는 대상 : 대한민국에 거주하는 19세 이상 성인이면 누구나

> **더 알아보기** 호스피스·완화의료
> 말기질환을 가진 환자와 그 가족을 대상으로 통증과 신체적, 심리사회적, 영적 고통을 완화하여 삶의 질을 향상시키는 전문적인 의료서비스

◈ 임종기

① 치료에도 불구하고 회생가능성이 없고 급속도로 증상이 악화되어 사망에 임박한 상태
② 임종 적응 단계의 순서 : 부정 → 분노 → 타협 → 우울 → 수용

> **더 알아보기** 타협
> 자신이 아무리 죽음을 부정해도 피할 수 없는 상황임을 이해하며, 삶이 얼마간이라도 연장되기를 희망하면서 의료진, 돌봄제공자 또는 신에게 무언가 자신의 계획을 설명하고 회복을 위한 현실적 또는 비현실적 노력을 기울이는 임종 적응 단계

◈ 임종기의 신체적 특징

① 임종 징후의 신체적 변화
  - 시력과 촉각 감소, 말이 어눌해짐
  - 눈의 초점이 흐려지고 동공 확대
  - 근육의 긴장 감소, 체온 저하, 혈압 감소
  - 맥박이 약해지고 빨라지거나 느려짐
  - 숨을 가쁘고 깊게 몰아쉬며 가래가 끓다가 점차 숨을 깊고 천천히 쉼
  - 차갑고 창백한 피부, 피부반점
  - 식은땀, 실금 또는 실변, 의식저하
② 임종 대상자의 호흡양상 변화
  - 호흡수와 깊이가 불규칙
  - 무호흡과 깊고 빠른 호흡이 교대로 나타남

◈ 임종 대상자에 대한 정서적, 영적 지원

① 대상자가 이야기를 시작하면 주의를 집중해서 경청함
② 대상자가 질문할 경우 있는 그대로의 사실만 확신있게 전달
③ 대상자가 만나고 싶어 하는 사람을 만날 수 있도록 도움
④ 종교지도자와 만남을 통한 영성 지원을 요청할 수 있으나 자신의 종교적 신념을 강요해서는 안 됨

> **더 알아보기** 임종에 대한 가족 요양보호
> 가족들이 대상자의 죽음을 받아들일 수 있도록 하는 것

◈ 임종 대상자의 품위 있는 삶과 죽음의 권리

① 임종이 임박한 상황에서 누구를 만날지는 대상자의 삶을 정리하는 데 중요한 영향을 미침
② 치료를 계속 받을지 종료할지에 대한 결정 권한은 대상자에게 있음
③ 배변을 도울 때는 가림막을 설치해야 함
④ 대상자의 사적 비밀은 누설하지 않아야 함

재난 상황에 대한 대처 방법

의학적 위기상황에 대한 요양보호사의 대처 방법
① 상황을 판단
② 대상자를 살펴봄
③ 응급처치 실시
④ 가족 또는 기관장에 보고

화재 상황에 대처하는 방법
① 평소에 화재 발생 시 진화요령과 대처 방법 숙지
② 소화기 비치 장소와 사용법 숙지
③ 대피 시 엘리베이터가 아닌 계단으로 이동하고, 최대한 자세를 낮추면서 움직임

> **더 알아보기** 소화기 사용 순서
> 안전핀을 뽑음 → 노즐을 잡고 불쪽을 향함 → 손잡이를 움켜쥠 → 분말을 고루 쏨

수해와 태풍에 대처하는 방법
① 상수도 오염에 대비하여 물을 미리 받아 둠
② 손전등과 응급약, 비상식량, 휴대전화 충전기 등을 챙겨둠
③ 차량 이동 중이라면 속도를 줄이고 연료를 미리 채워둠
④ 낮은 지대는 피하고, 하천변이나 산길, 공사장, 가로등, 신호등, 전신주 근처, 방파제 옆으로는 이동하지 않음
⑤ 물이 집으로 밀려올 때 모래주머니로 막음
⑥ 2차 사고 예방을 위해 전기차단기를 내리고 가스 밸브를 잠금
⑦ 젖은 몸은 비누로 깨끗이 씻음

정전 및 전기 관련 사고에 대처하는 방법
① 전기쇼크를 입은 사람이 있을 때 대처 방법 : 전류가 차단될 때까지 접촉 금지, 119에 신고
② 가정용 산소호흡기와 같은 전기에 의존하는 필수 의료장비가 중단될 경우 대처 방법 : 119에 신고하여 긴급후송 준비

지진발생에 대처하는 방법
① 집이 흔들리기 시작하면 탁자 아래로 들어가 몸을 보호
② 창문 근처 등 깨지거나 떨어지기 쉬운 곳은 피함
③ 집이 흔들리는 동안에는 대피 시도 금지
④ 흔들림이 멈추면 계단을 이용하여 신속하게 건물 밖이나 공원 등 넓은 공간으로 이동함

상황별 응급처치

기도폐색의 경우 응급처치
① 기도폐색이 발생했을 때 대상자에게 나타나는 반응 : 자신의 목을 조르는 자세를 하며 괴로운 표정을 지음, 갑작스러운 기침, 숨 쉴 때 목에서 이상한 소리가 들림
② 강하게 기침을 하여 뱉어내도록 격려하는 것 이외의 행동 금지 → 손가락을 넣어 이물질 빼내려거나 구토를 유발 또는 등을 두드리거나 물을 먹이는 행위 금지
③ 하임리히법 : 기도를 막고 있는 이물질을 제거하기 위해 복부압력을 높이는 방법으로, 반드시 기도폐색이 확인되는 경우에만 실시해야 함

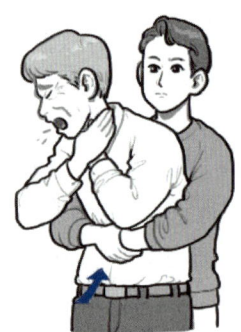

> **더 알아보기** 하임리히법 요령
> - 대상자의 등 뒤에 서서 배꼽과 명치 중간에 주먹 쥔 손을 감쌈
> - 양손으로 복부의 뒷부분 후상방으로 힘차게 밀어 올림
> - 한 번으로 이물질이 제거되지 않으면 반복 시행

≪ 골절이 의심될 때 응급처치

① 119에 신고하여 주변에 도움을 청함
② 대상자를 안정시키고 스스로 움직이지 않도록 함
③ 손상 부위의 반지나 팔찌 등은 벗겨냄
④ 골절인지 아닌지 구별하기 어려울 때는 병원 진료를 권함

≪ 화상에 대한 응급처치

① 화상 부위의 통증이 없어질 때까지 15분 이상 찬물에 담금
② 화상 부위에 얼음이나 얼음물을 직접 대지 않음
③ 화상 부위에 간장, 기름, 된장, 핸드크림 등은 절대 바르지 않음
④ 화상 부위의 반지, 팔찌, 귀걸이 등은 신속히 벗겨냄
⑤ 경미한 화상에는 멸균 드레싱 실시

> **더 알아보기** 3도 화상
> 표피와 진피, 피하조직까지 손상되는 화상

≪ 출혈에 대한 응급처치

① 즉시 도움을 청하고 필요시 119에 신고
② 장갑을 착용하고 출혈부위를 노출
③ 출혈량이 적으면 멸균거즈 등으로 상처 압박
④ 출혈량이 많으면 깨끗한 수건이나 옷으로 상처 압박
⑤ 쇼크가 의심될 시 다리를 높이는 자세로 눕힘
⑥ 출혈이 멈추면 상처 부위에 드레싱 실시

≪ 경련에 대한 응급처치

① 119에 신고하여 즉시 도움을 청함
② 주변에 뾰족한 물건을 치움
③ 경련이 발생한 시각을 기록해 둠
④ 침대나 바닥에 눕히고 베개를 받쳐 머리의 손상 보호
⑤ 호흡을 편하게 할 수 있도록 상의를 느슨히 함
⑥ 질식 예방을 위해 고개를 가만히 옆으로 돌림
⑦ 경련을 멈추기 위해 억제를 시도하거나 입에 무언가를 물리는 행위 금지
⑧ 상황이 종료될 때까지 물이나 음식을 주지 않음

≪ 약물중독이 의심될 때 응급처치

① 119에 신고하고 즉시 도움 요청
② 의식이 없는 상황이라면 천장을 바라보는 자세로 눕힘
③ 입에서 거품이나 토사물이 나오면 고개를 옆으로 돌림
④ 119 구급대원이 올 때까지 대상자 곁에서 상태변화 관찰
⑤ 복용한 것으로 의심되는 물질은 용기째 119 대원에게 전달

급성 저혈압 환자 응급처치

① 즉시 119에 신고하여 도움을 청함
② 상황이 종료될 때까지 물이나 음식을 주어서는 안 됨
③ 천장을 바라보는 자세로 눕힘
④ 베개나 이불 등을 받쳐서 다리를 30cm 정도 올라가도록 함
⑤ 입에서 혈액 또는 토사물이 나오면 고개를 옆으로 돌림

> **더 알아보기 급성 저혈압**
> - 혈압이 과도하게 낮아져 기관과 조직에 충분한 혈액순환이 이루어지지 못하는 상태
> - 대량출혈, 심근경색, 심한 감염증 등에 의해 발생
> - 맥박은 상승하고 혈압은 낮아지며, 손발이 차가워지고 호흡수가 증가함
> - 후기 고령자는 급성 저혈압으로 갑작스럽게 사망에 이를 수 있음
> - 혈압이 90/60 이하로 낮아지거나 맥박 수가 100회 이상으로 크게 오르면 급성 저혈압을 의심함

감염예방 및 관리

감염예방 및 관리

① 감염의 6가지 연결고리 : 미생물, 저장소, 탈출구, 전파방법, 침입구, 민감한 대상자
② 감염관리를 위해 반드시 장갑을 착용한 후에 만져야 하는 것 : 혈액, 체액, 분비물, 배설물, 상처가 나거나 개방된 피부(부딪힌 상처, 염증이 생긴 상처, 칼로 베인 상처, 꿰맨 상처), 점막(입, 코, 눈, 항문, 비뇨생식기)
③ 감염관리를 위한 표준적 예방법
  - 장갑 착용 전과 벗은 직후 반드시 손 씻기
  - 사용한 장갑으로 물건 만지지 않도록 주의
  - 혈액이나 체액이 몸에 닿았을 경우 즉시 접촉한 부위 닦음
  - 대상자가 감염성 질환에 걸린 경우 일회용 방수성 가운 착용
  - 접촉이 예상되는 경우 마스크와 보안경 또는 안면보호구 착용

마스크와 보호장구

① 마스크 : 요양보호사의 코와 입 보호
② 보안경 : 요양보호사의 눈 보호
③ 안면보호구 : 요양보호사의 눈, 코, 입을 보호
④ 장갑(일반, 멸균) : 요양보호사의 손 보호
⑤ 일회용 방수성 가운 : 요양보호사의 피부와 옷을 보호

심폐소생술

심폐소생술

① 심장마비가 발생했을 때 인공적으로 혈액을 순환시키고 호흡을 돕는 응급치료법

> **더 알아보기 급성 심정지의 가장 흔한 원인**
> 심근경색 후 발생하는 심실세동 → 가슴압박과 빠른 심장 충격 매우 중요

② 심폐소생술 목적 : 심장이 마비된 상태에서도 혈액을 순환시켜 뇌의 손상 지연 및 심장이 마비상태에서 회복되는 데 도움
③ 뇌 손상이 오는 시간 : 4분 이상 뇌에 혈액이 공급되지 않을 때
④ 심폐소생술의 단계 : 반응 확인 → 도움요청과 119 신고 → 호흡확인 → 가슴압박 30회 시행 → 회복자세
⑤ 심폐소생술 시 가슴압박 속도와 압박 깊이
  - 가슴압박 속도 : 100~120회/분
  - 압박 깊이 : 약 5cm

≪ 자동심장충격기 사용

① 자동심장충격기 사용 단계 : 전원 켜기 → 두 개의 패드 부착 → 심장리듬 분석 → 심장충격 시행 → 즉시 심폐소생술 다시 시행
② 자동심장충격기 패드의 부착 위치
- 패드 1 : 오른쪽 빗장뼈 아래
- 패드 2 : 왼쪽 젖꼭지 아래 중간 겨드랑선

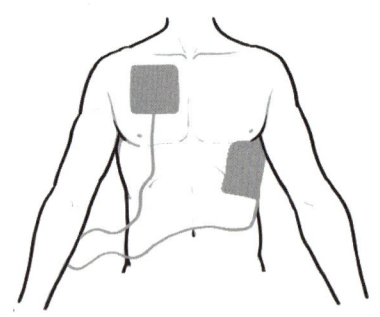

더 알아보기 심장충격 시행 시 주의할 점
심장충격 버튼을 누르기 전 반드시 다른 사람이 환자와 떨어져 있는지 확인

사례별 알맞은 대화법

① 대상자가 "맨날 양치질해라, 머리 빗어라, 옷 갈아입어라 하니 귀찮아 죽겠네."라고 하는 경우 요양보호사의 적절한 공감 반응은?
▶ "일일이 간섭하는 것 같아 기분이 상하셨군요."

② 치매 대상자가 쓰레기를 모아 서랍에 감추는 행동을 반복할 때 대처 방법은?
▶ 쓰레기봉투를 사러 가자며 함께 나감

③ 대상자의 딸이 맛이 예전 같지 않다며 요리하지 말라고 해서 대상자가 속상한 경우 요양보호사의 적절한 반응은?
▶ "요리 솜씨가 예전 같지 않다고 하니 속상하시지요."

④ 드라마를 보고 있던 치매 대상자가 여행을 가고 싶다고 할 때 옳은 반응은?
▶ "드라마를 보니 여행 가고 싶으신가 봐요."

⑤ 치매 대상자가 목욕을 거부할 때 요양보호사가 '나-전달법'으로 반응한 것은?
▶ "목욕하지 않으면 가려울까 봐 걱정돼요."

⑥ 동료 요양보호사가 반복적으로 사적인 부탁을 할 때 '나-전달법'으로 의사소통한 것은?
▶ "자꾸 이러면 내 생활에 지장이 있고 같이 일하기 불편해요. 사적인 부탁은 그만하셨으면 좋겠어요."

⑦ 더러워진 옷을 갈아입지 않으려는 대상자에게 '나-전달법'으로 의사소통한 것은?
▶ "옷을 갈아입지 않으시니 건강을 해칠까 봐 걱정돼요."

⑧ 식사량이 적어 몸무게가 줄어든 대상자에게 좋아하는 떡을 준비해드렸으나 입맛이 없다며 거부하는 경우 '나-전달법'을 활용한 요양보호사의 반응은?
▶ "식사량이 적어 건강이 나빠지실까 봐 걱정이 돼요.

⑨ 대상자가 귀찮다면서 계속 누워만 있으려는 경우
'나-전달법'을 적용한 반응은?
▶ "누워만 계시니 근력이 떨어질까 봐 걱정돼요."

⑩ 대상자가 "아이고, 여기저기 너무 아파, 갈수록 더 아픈 것 같아."라고 할 때 요양보호사의 적절한
공감적 반응은?
▶ "건강하게 사시고 싶은데 아프시니까 많이 힘드시죠."

PART 02

정답만 보이는 합격모의고사
(제1회~제8회)

제1회 합격모의고사

요양보호론(필기시험)

01
사회복지실천현장에서 중립적 의미로 사용하는 노인의 호칭은?

① 노년　　　　② 실버
③ 어르신　　　④ 늙은이
⑤ 제3세대

> 노인복지센터 등 사회복지실천현장에서 노인을 지칭하는 중립적인 용어로 어르신을 주로 사용하고 있다.

02
인간의 노력으로 노화의 진행을 막을 수 없다는 노인의 신체적 특성은?

① 세포의 활성
② 순차적 진행
③ 사회적 발달
④ 활동력 증가
⑤ 비가역적 진행

> 비가역적 진행은 노화는 점진적으로 진행되는 과정으로, 인간의 노력으로 노화의 진행을 막을 수 없음을 의미한다.

★★★
03
노화에 따라 내향성이 증가하며 보이는 특성은?

① 친근한 사물에 대한 애착심이 강해진다.
② 자신에게 익숙한 습관과 태도를 고수한다.
③ 주변 사람들에게 적대적으로 대하기도 한다.
④ 살아 온 인생과 자신의 선택을 되돌아보게 된다.
⑤ 사회적 활동이 감소하고 혼자 있는 시간을 즐긴다.

> 심적 에너지가 바깥 사회가 아닌 내면으로 향해 사회활동이 감소하고 혼자 있는 데서 에너지를 얻는 내향적인 성격이 되어 간다.

★
04
노인이 가장 심한 고독감을 느끼게 되는 상황은?

① 성적 문제　　　② 자녀의 취업
③ 배우자와의 사별　④ 새로운 기술 발전
⑤ 가정 내 역할 변화

> 배우자 등 가까운 사람과의 사별은 막연히 느끼던 죽음이 현실화되면서 심한 허무감, 절망감, 고독감을 느끼게 된다.

★★
05
노년기에 변화하는 가족관계의 특성은?

① 부부간의 관계가 수직적으로 변화한다.
② 현대 사회에 고부갈등은 거의 사라졌다.
③ 삼대가 같이 생활하는 대가족이 늘어났다.
④ 형제자매 간의 경쟁심과 갈등이 늘어난다.
⑤ 조부모는 손자녀의 긍정적인 자아 형성에 기여한다.

> 부모에 비해 조부모는 양육 책임이 덜해 순수한 애정으로 감싸줄 수 있어 손자녀의 긍정적인 자아 형성에 기여한다.

06

노화에 따라 얻을 수 있는 긍정적인 측면은?

① **지혜가 많이 축적된다.**
② 오랜 시간 집중할 수 있다.
③ 빠르게 판단을 내릴 수 있다.
④ 변화하는 환경에 적응하기 쉽다.
⑤ 넘치는 에너지를 쏟아부을 수 있다.

> 노인은 지혜가 많이 축적되었다는 긍정적 측면이 있다.

07

국민의 노령, 장애 또는 사망에 대하여 연금 급여를 하는 제도는?

① 국민건강보험
② **국민연금보험**
③ 노인장기요양보험
④ 산업재해보상보험
⑤ 국민기초생활보장제도

사회보험의 종류	
국민건강보험	국민의 질병, 부상에 대한 예방, 진단, 치료, 재활과 출산, 사망 및 건강 증진에 대하여 보험급여를 제공
국민연금보험	국민의 노령, 장애 또는 사망에 대하여 연금급여를 지급
노인장기요양보험	고령이나 노인성 질병 등의 사유로 일상생활을 혼자서 수행하기 어려운 노인 등에게 신체활동 또는 가사 활동 지원 등의 장기요양급여 제공
산업재해보상보험	근로자의 업무상 재해를 신속하고 공정하게 보상하며, 재해근로자의 재활 및 사회 복귀를 촉진

08

학대피해 노인을 일정기간 보호하고 심신 치유 프로그램을 제공하기 위한 전담기관은?

① 재가노인복지시설
② 노인주거복지시설
③ 노인의료복지시설
④ 노인일자리지원기관
⑤ **학대피해노인 전용쉼터**

> 학대피해노인 전용쉼터는 노인학대로 피해를 입은 노인을 일정기간 보호하고 심신 치유 프로그램을 제공하기 위한 전담기관이다.

09

노인장기요양인정 절차로 옳은 것은?

> 가. 방문조사
> 나. 장기요양인정신청
> 다. 등급판정

① 가 → 나 → 다
② 가 → 다 → 나
③ **나 → 가 → 다**
④ 나 → 다 → 가
⑤ 다 → 가 → 나

> 장기요양인정 절차 : 장기요양인정 신청 → 방문조사 → 등급판정

10

장기요양서비스 이용 절차에서 신청 대상자의 욕구평가가 이루어지는 단계는?

① 모니터링
② 서비스 제공
③ 서비스 신청 및 상담
④ 서비스 이용 계약 체결
⑤ **서비스 제공 계획 수립**

> 서비스 제공 계획 수립 단계에서 신청 대상자의 가정을 방문하여 기능상태평가와 욕구평가를 실시하고, 평가 내용을 바탕으로 서비스 제공 계획을 수립한다.

11

개인활동지원과 일상생활지원 서비스를 포함하는 요양보호사의 업무는?

① 방문목욕서비스
② 인지지원서비스
③ 신체활동지원서비스
④ 정서지원 및 의사소통 도움
⑤ **가사 및 일상생활지원서비스**

> 가사 및 일상생활지원서비스는 개인활동지원과 식사준비 및 청소 등의 일상생활지원서비스를 포함한다. 개인활동지원은 대상자의 사회생활 유지·지원과 관련된 서비스를, 일상생활지원은 대상자 개인의 일상과 관련된 서비스를 의미한다.

12 ★★

다음의 내용이 포함된 시설대상자의 기본 권리는?

> - 기저귀는 스스로 배변할 수 없는 노인에게만 사용
> - 개인적 선호와 건강상태에 따라 개별화된 식단으로 운영
> - 의학적 판정 없이 개인적으로 복용하는 약물을 금지시키지 않음

① 신체구속을 받지 않을 권리
② 사생활과 비밀보장에 대한 권리
③ 차별 및 노인학대를 받지 않을 권리
④ 안락하고 안전한 생활환경을 제공받을 권리
⑤ **건강한 생활을 위한 질 높은 생활서비스 및 보건의료서비스를 받을 권리**

> 건강한 생활을 위한 질 높은 생활서비스 및 보건의료서비스를 받을 권리에 대한 내용이다.

13

노인학대가 발생할 가능성이 가장 낮은 경우는?

① 강한 가족주의 의식이 있는 경우
② **학력수준이 높고 연령이 낮은 경우**
③ 일상생활에서의 의존성이 높은 경우
④ 노인과 부양자가 사회적으로 고립될 경우
⑤ 부양자가 무절제하고 충동적인 성격일 경우

> 학력수준이 낮고 연령이 높을수록 학대 위험이 높다.

14

다음에서 설명하고 있는 요양보호사의 기본적 인권항목은?

> 고용형태, 연령, 성별, 학력, 출신지역 및 종교 등에서 차별받지 않아야 한다.

① 경제권 ② 생명권 ③ **평등권**
④ 노동권 ⑤ 교육권

> 요양보호사의 기본적 인권항목 중 평등권에 대한 내용이다.

15 ★★

요양보호사의 직업윤리 원칙에 맞는 행동은?

① 대상자와 수직적 관계임을 인식한다.
② 대상자의 지위에 따라 대우를 달리한다.
③ 대상자에 대한 가족의 학대는 모르는 척 해준다.
④ 대상자의 사생활에 대해 동료와 이야기를 나눈다.
⑤ **대상자로부터 서비스에 대한 물질적 보상을 받지 않는다.**

> - 대상자와 수직적 관계가 아닌 상호 대등한 관계임을 인식해야 한다.
> - 대상자의 지위에 따라 차별 대우하지 않는다.
> - 대상자에 대한 가족의 학대를 발견하면 반드시 신고해야 한다.
> - 대상자의 사생활을 존중하고 업무상 알게 된 개인정보는 비밀로 유지한다.

16 ★

근골격계 손상 후 초기 치료에 대한 설명으로 옳은 것은?

① 전기광선치료를 진행한다.
② **압박붕대를 이용하여 압박한다.**
③ 빨리 움직여 병원으로 이동한다.
④ 온찜질로 손상과 부종을 감소시킨다.
⑤ 손상 부위를 심장보다 낮게 위치한다.

> 손상 부위를 압박하면 손상 부위에 축적되어 있는 부종을 조절하고, 움직임을 줄이며 통증을 줄일 수 있다.

17 ★★★

노인성 질환의 특성으로 옳은 것은?

① 초기 진단이 용이하다.
② 급성 질환이 대부분이다.
③ **원인이 불명확한 경우가 많다.**
④ 완치 후에는 쉽게 재발하지 않는다.
⑤ 젊은 사람보다 약물에 둔감하게 반응한다.

> 노인성 질환은 원인이 불명확한 만성 퇴행성 질환이 대부분이다.

18

대상자가 다음과 같은 증상을 호소할 때 의심할 수 있는 질환은?

> • 공복 시 명치의 통증
> • 식사 후 위가 무겁거나 부푼 듯한 팽만감

① **위염** ② 천식
③ 빈혈 ④ 노로 바이러스 감염
⑤ 대장암

> 식후 팽만감과 공복 시 명치의 통증, 트림, 구토는 급성 위염의 증상이다.

19 ★★

대상자에게 변비를 일으킬 수 있는 요인으로 옳은 것은?

① 식중독 ② 수분 섭취
③ 식사량 증가 ④ **운동량 감소**
⑤ 대장반사 증가

> 운동량 감소에 따른 장운동 저하로 변비가 발생할 수 있다.

20

다음에서 설명하는 질환은?

> • 기관지가 두꺼워지고 섬유화되어 산소를 흡수하는 능력이 감소한다.
> • 세균, 바이러스, 곰팡이, 화학물질에 의해 염증이 생겨 발생한다.

① **폐렴** ② 천식
③ 협심증 ④ 동맥경화증
⑤ 기관지협착증

> 폐렴은 세균, 바이러스, 곰팡이, 화학물질에 의해 폐 조직에 생긴 염증 때문에 기관지가 두꺼워지고 섬유화되어 폐로 산소를 흡수하는 능력이 감소하게 되는 질환이다.

21 ★★★

고혈압의 예방과 관리방법으로 옳은 것은?

① 염장식품을 섭취한다.
② 지방이 풍부한 식품을 섭취한다.
③ 고강도 운동을 비규칙적으로 한다.
④ 증상이 있을 때만 혈압약을 먹는다.
⑤ **표준체중이어도 복부비만은 주의하여 관리한다.**

> • 표준체중을 유지하고 체중이 정상이더라도 복부비만인 경우에는 심혈관계 질환의 위험 요인이 되므로 주의하여 관리해야 한다.
> • 저염식품, 저지방식품을 섭취하고, 심장에 무리가 가지 않는 적당한 운동을 규칙적으로 한다.
> • 혈압약은 꾸준히 복용하여 정상 혈압을 유지한다.

22

퇴행성 관절염을 가진 대상자의 통증을 완화할 수 있는 방법으로 옳은 것은?

① 체중을 늘린다.
② 온찜질과 냉찜질을 한다.
③ 도넛형 방석을 사용한다.
④ 장거리 걷기 운동을 한다.
⑤ 따뜻한 물을 마시게 한다.

> 퇴행성 관절염의 통증 완화 방법으로 온·냉요법, 마사지, 물리치료를 한다.

23

노화로 췌장 기능이 변화되어 나타날 수 있는 결과는?

① 당내성 증가
② 칼슘 흡수 저하
③ 타액 분비 증가
④ 지방 흡수력 저하
⑤ 약물 대사 능력 저하

> 췌장에서의 소화효소가 감소하여 지방의 흡수력이 저하되고, 호르몬 분비가 감소하여 당내성이 떨어져 당뇨병에 걸리기 쉽다.

24 ★★

노인에게 나타나는 우울증의 특성은?

① 자살을 생각하는 비율은 높지 않다.
② 주변인이 우울증임을 쉽게 알아챈다.
③ 신체증상 없이 우울감으로 나타난다.
④ 우울증을 자각하면 스스로 극복하기 쉽다.
⑤ 건망증 등 인지기능 문제가 생길 수 있다.

> 노인 우울증은 건망증 등 인지기능 저하 증상으로 나타날 수 있으므로 치매와 구별해야 한다.

25 ★★★

노화에 따른 내분비계의 변화로 옳은 것은?

① 기초대사율이 감소한다.
② 인슐린 분비량이 증가한다.
③ 갑상선 크기가 늘어난다.
④ 에스트로겐 분비량이 증가한다.
⑤ 뇌하수체 호르몬 분비량이 감소한다.

> 근육량이 감소하여 기초대사율이 감소한다.

26 ★

노화에 따른 시각의 변화로 옳은 것은?

① 각막반사가 증가한다.
② 수정체에 녹화현상이 일어난다.
③ 자주색, 빨간색, 주황색의 구분이 어렵다.
④ 먼 곳의 물체에 초점을 맞추는 능력이 상실된다.
⑤ 동공 지름 감소로 빛을 받아들이지 못해 밝은 곳을 좋아하게 된다.

> - 동공의 지름이 줄어들어 60세 노인은 20대보다 1/3 정도밖에 빛을 받아들이지 못하므로 밝은 것을 좋아하게 된다.
> - 노화에 따라 각막반사가 저하되고, 수정체가 노란색으로 변하는 황화현상으로 보라색, 남색, 파란색의 구분이 어렵다.
> - 가까운 곳의 물체에 초점을 맞추는 능력이 상실되는 '노안'이 된다.

27

치매의 증상에 대한 설명으로 옳은 것은?

① 일상생활에는 지장이 없다.
② 단기간에 급격히 발병한다.
③ 증상의 기복이 심한 것이 특징이다.
④ 동작이 느려지고 자세가 얼어붙는다.
⑤ 도구를 사용하는 일에 어려움을 느낀다.

> 치매 대상자는 실행능력기능이 저하되어 순서대로 해야 하는 일, 도구를 사용하는 일 등에 어려움을 느낀다.

28 ⭐

대상자의 손이 떨리고 동작이 느려지며 얼굴이 무표정할 때 의심되는 질환은?

① 독감
② 당뇨병
③ 고혈압
④ **파킨슨병**
⑤ 수근관증후군

- 파킨슨병은 안정 시 떨림, 동작 느려짐, 경직 등을 특징으로 하는 신경퇴행성 질환이다.
- 수근관증후군은 손목관절이 좁아지거나 내부 압력 증가로 신경이 자극되면서 손목에 통증이 나타나는 질환이다.

29

한국인을 위한 식생활지침으로 옳은 것은?

① **음식을 짜지 않게 먹는다.**
② 아침식사는 거르는 것이 속이 편안하다.
③ 근육 발달을 위해 고기 위주의 식단을 짠다.
④ 적절한 음주는 스트레스 해소에 도움이 된다.
⑤ 전골류는 덜지 않고 함께 먹어 앞 접시 낭비를 줄인다.

- 아침식사는 거르지 않고 꼭 먹는다.
- 매일 신선한 채소, 과일과 함께 곡류, 고기·생선·달걀·콩류·우유·유제품을 균형 있게 먹는다.
- 술은 절제하고, 음식을 먹을 때에는 각자 덜어 먹는다.

30

피부가 접히는 부위에 발생하는 붉은 변화로 마찰, 습윤 등에 의하며 감염에 의해 악화되는 질환은?

① 옴
② 욕창
③ **간찰진**
④ 대상포진
⑤ 지루성 피부염

간찰진은 유방 밑의 접히는 부분 같이 피부가 접히는 부위에 발생하는 붉은 변화로, 마찰, 열, 습윤, 짓무름, 공기순환 부족 등에 의해 생기며 감염에 의해 악화된다.

31 ⭐⭐

노화로 인한 수면양상의 변화로 옳은 것은?

① 몽유병이 생긴다.
② 아침잠이 많아진다.
③ **수면 중에 자주 깬다.**
④ 수면 시간이 늘어난다.
⑤ 밤낮으로 쉽게 잠이 든다.

노화로 인해 수면 시간이 줄어들고 수면 중에 자주 깨게 되며, 잠들기까지 오랜 시간이 걸린다.

32 ⭐⭐⭐

노인의 약물 상호작용을 예방하는 방법은?

① **약의 부작용 증상이 있는지 확인한다.**
② 약은 무조건 시원한 냉장고에 보관한다.
③ 건강기능식품은 의사와 상담 없이 먹어도 된다.
④ 복용하는 약의 이름까지는 알고 있을 필요가 없다.
⑤ 같은 증상이라면 다른 사람에게 처방된 약을 먹어도 상관없다.

노인의 약물 상호작용을 예방하려면 약물의 부작용 증상 등이 있는지 확인해야 한다.

33

고혈압약의 복용을 돕는 방법으로 옳은 것은?

① 커피와 함께 복용한다.
② **생수와 함께 복용한다.**
③ 콜라와 함께 복용한다.
④ 자몽주스와 함께 복용한다.
⑤ 홍삼음료와 함께 복용한다.

고혈압약을 자몽주스, 홍삼, 콜라, 커피, 술 등과 함께 먹으면 부작용을 일으킬 수 있으므로 물과 함께 복용한다.

★ 34

절주를 돕는 방법으로 옳은 것은?

① 술은 공복에 마시게 한다.
② 술은 하루에 한 잔씩만 마신다.
③ 음주 시 물은 되도록 마시지 않는다.
④ **술 대신 먹을 간식을 집에 비치한다.**
⑤ 절주 결심을 주변인에게 알리지 않게 한다.

> 술 대신 음료, 과일 등의 간식을 비치하여 술 대신 먹을 수 있게 한다.

★ 35

노인에게 권장되는 예방접종에 관한 설명으로 옳은 것은?

① **독감은 매년 1회 접종한다.**
② 대상포진은 매년 1회 접종한다.
③ 백일해는 5년마다 1회 접종한다.
④ 폐렴구균은 2년마다 1회 접종한다.
⑤ 노인과 함께 거주하는 성인까지 독감 예방접종을 할 필요는 없다.

> 독감 예방접종은 매년 1회 실시하고, 노인과 함께 거주하거나 노인을 돌보는 모든 성인도 예방접종해야 한다.

 실기시험

36

대상자를 대하는 원칙으로 옳은 것은?

① 사고방지를 위해 억제대를 채운다.
② 이동할 때는 무조건 휠체어를 태운다.
③ 화장실 이용보다는 간이변기를 이용한다.
④ **의자에서 일으켜 세울 때 겨드랑이를 잡아 올리지 않는다.**
⑤ 점심식사 준비 시간을 위해 아침에 일찍 깨워 식사하게 한다.

> 노인은 어깨 주변 근육과 인대가 약해서 겨드랑이를 잡아 올리면 어깨 관절이 탈구될 위험이 있다.

37

대상자의 균형 잡힌 식단으로 옳은 것은?

① 혈압이 높은 대상자는 칼륨을 섭취하지 않는다.
② **비만, 당뇨병 대상자에게 잡곡밥을 섭취하도록 한다.**
③ 우유는 소화가 잘 안되므로 섭취하지 않는 것이 좋다.
④ 노인은 물을 하루에 3잔 이하로 마시는 것을 권장한다.
⑤ 콩보다는 육류의 섭취량을 늘려 퇴행성 혈관질환을 예방한다.

> - 칼륨은 정상 혈압을 유지하는 데 도움이 된다.
> - 우유 소화가 어려울 땐 유당이 제거된 락토프리 제품을 섭취한다.
> - 노인은 하루에 6~7잔의 물과 음료를 마시는 것을 권장한다.
> - 퇴행성 혈관질환 예방을 위해서는 육류보다는 콩의 섭취량을 늘린다.

38 ★

식사 제공 시 영양부족이 발생할 가능성이 가장 높은 대상자는?

① 천식 대상자
② 백내장 대상자
③ 시각장애 대상자
④ **연하장애 대상자**
⑤ 골다공증 대상자

> 음식물을 삼키기 힘든 연하장애 대상자는 영양부족이 발생할 가능성이 있다.

39 ★★★

대상자에게 음식을 제공할 때 사레를 예방하는 방법으로 옳은 것은?

① 신맛이 강한 음식을 제공한다.
② 물기가 없는 음식을 제공한다.
③ 배 부위와 가슴을 압박하는 옷을 입힌다.
④ 상체를 높이고 턱을 든 자세를 취하게 한다.
⑤ **식사 전에 국이나 물로 먼저 목을 축이게 한다.**

> 음식을 삼키기 쉽게 국이나 물, 차 등으로 먼저 목을 축이고 음식을 먹게 한다.

40 ★★

비위관으로 영양액을 주입하던 중 대상자가 구토를 할 때 대처 방법은?

① **비위관을 잠근다.**
② 비위관을 제거한다.
③ 영양액 대신 물을 주입한다.
④ 비위관이 꼬였는지 확인한다.
⑤ 대상자의 고개를 돌려 기도를 확보한다.

> 대상자가 토하거나 청색증이 나타나면 비위관을 잠근 후 바로 시설장이나 관리책임자에게 알린다.

41 ★★

스스로 화장실을 이용할 수 있는 대상자를 돕는 방법으로 옳은 것은?

① 화장실 문 앞에 작은 매트를 깔아준다.
② 배변의 시작부터 끝까지 옆에서 도와준다.
③ 화장실 조명을 어둡게 하고 바닥에 물기가 없게 한다.
④ **변기 옆에 손잡이를 설치하여 필요시 잡을 수 있게 한다.**
⑤ 화장실 문을 열어 두어 쉽게 도움을 요청할 수 있게 한다.

> 변기 옆에 손잡이를 설치하여 필요시 대상자가 잡을 수 있게 한다.

42 ★★

기저귀가 젖었을 때 즉시 갈아주어야 하는 이유는?

① 변비 완화
② **욕창 예방**
③ 치질 예방
④ 변실금 예방
⑤ 요실금 완화

> 기저귀를 사용하면 피부손상과 욕창이 잘 생기므로 젖었을 때 즉시 갈아주어야 한다.

43

대상자의 의치 관리와 사용을 돕는 방법으로 옳은 것은?

① 의치를 표백제에 담근다.
② 의치를 뜨거운 물에 삶는다.
③ 의치는 물기가 없는 곳에 보관한다.
④ 의치를 뺄 때에는 아래쪽을 먼저 뺀다.
⑤ **칫솔에 의치세정제를 묻혀 의치를 닦는다.**

> - 칫솔이나 의치용 솔에 의치세정제를 묻혀 미온수로 의치를 닦는다.
> - 의치는 표백제에 담그거나 뜨거운 물에 삶으면 안 되며, 의치세정제나 물이 담긴 보관용기에 보관한다.
> - 의치를 뺄 때는 위쪽을 먼저 뺀 다음 아래쪽을 뺀다.

44

왼쪽 편마비 대상자에게 단추가 없는 상의를 입히는 순서로 옳은 것은?

① 오른팔 → 머리 → 왼팔
② 머리 → 오른팔 → 왼팔
③ 머리 → 왼팔 → 오른팔
④ 왼팔 → 머리 → 오른팔
⑤ 왼팔 → 오른팔 → 머리

> 마비된 쪽 팔(왼팔)부터 넣고 머리를 넣은 뒤 건강한 쪽 팔(오른팔)을 넣어 입힌다.

45

다음 그림과 같이 누워서 엉덩이를 들어 올리는 운동을 할 때의 효과는?

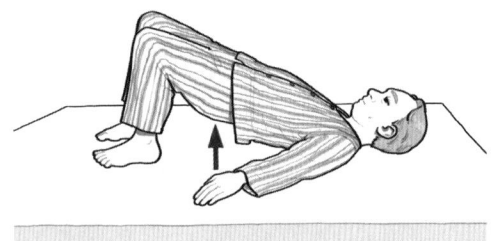

① 식욕 개선
② 체중 감소
③ 기억력 향상
④ 호흡량 증가
⑤ 보행 시 신체 안정

> 누워서 엉덩이를 들어 올리는 운동은 휴대용 변기 사용과 침대 위에서의 이동, 보행 시 신체 안정에 도움이 된다.

46

다음과 같은 체위로 장시간 있을 때 주의해야 할 점은?

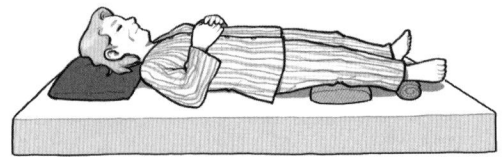

① 고관절 염증
② 무릎관절 굽힘 구축
③ 발목관절 마모
④ 어깨관절 마비
⑤ 허리관절 퇴화

> 바로 누운 자세는 휴식하거나 잠을 잘 때 자세로, 고관절(엉덩관절)과 무릎관절의 굽힘 구축을 발생할 수 있으므로 장시간 누워 있는 경우에 주의해야 한다.

47

약 보관 시 주의사항으로 옳은 것은?

① 알약은 습기가 높은 그늘진 곳에 보관한다.
② 가루약은 물기가 없는 깨끗한 숟가락을 사용한다.
③ 안약은 냉장고에 보관한다.
④ 시럽을 잘못 따른 경우 다시 병에 넣어 보관한다.
⑤ 귀약은 투약 후 입구를 생리식염수 솜으로 닦아 냉장 보관한다.

> - 가루약은 숟가락에 물기나 이물질이 있으면 쉽게 변하므로 물기가 없는 깨끗한 숟가락을 사용한다.
> - 알약은 햇빛을 피해 건조한 곳에 보관한다.
> - 안약이나 귀약은 투약 후 입구를 생리식염수 솜으로 닦아 상온의 그늘진 곳에 보관한다.
> - 시럽을 꺼냈다가 다시 병에 넣으면 약이 변질될 우려가 있으므로 잘못 따른 약은 반드시 버려야 한다.

48

대상자의 배설을 돕기 위해 사용할 이동변기로 적절한 것은?

① 팔걸이가 없는 것
② 다리에 바퀴가 있는 것
③ 본체와 변기가 일체형인 것
④ **뜨거운 물로 세척할 수 있는 것**
⑤ 대상자의 다리가 바닥에 닿지 않는 것

- 이동변기는 배설물이 남아 있거나 냄새가 나지 않도록 뜨거운 물로 세척하거나 소독약으로 소독할 수 있어야 한다.
- 이동변기는 팔걸이와 등받이가 있어야 하며, 변기통은 탈부착이 가능해야 한다.

49

대상자의 몸씻기를 돕는 방법으로 옳은 것은?

① 목욕의자에 앉으면 몸통부터 물을 적신다.
② 머리를 감을 때는 목욕의자에서 일어나게 한다.
③ 머리와 두피는 손톱으로 시원하게 마사지 해준다.
④ 헹구기를 마치면 춥지 않도록 바로 자리를 옮긴 후 물기를 닦는다.
⑤ **다 씻은 후에 물이나 우유 등으로 수분을 공급하고 휴식을 취한다.**

- 목욕의자에 앉으면 발 → 다리 → 팔 → 몸통 순으로 물을 적신다.
- 머리를 감을 때는 목욕의자에 앉아 감긴다.
- 머리와 두피는 손톱이 아닌 손가락 끝으로 마사지 후 헹군다.
- 헹구기를 마친 후 미끄러질 수 있으므로 물기를 완전히 닦기 전에는 이동하지 않는다.

50

다음과 같은 목욕 보조 용품을 선정할 때 고려할 사항은?

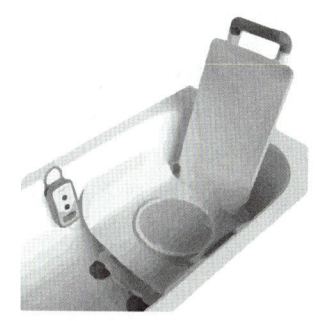

① 철제 재질이어야 한다.
② **등받이 각도가 조절되어야 한다.**
③ 높낮이가 고정되어 있어야 한다.
④ 바닥에는 바퀴가 달려있어 이동하기 편해야 한다.
⑤ 다리보다 팔이 불편한 대상자가 목욕할 때 편리하다.

- 목욕리프트는 편안한 자세로 목욕할 수 있도록 등받이 각도가 조절되어야 한다.

51

재가대상자의 가정에 정전이 발생했을 때 대처 방법은?

① 식탁 밑으로 대피한다.
② 마실 물을 받아 놓는다.
③ 두 손으로 벽을 짚으며 대피한다.
④ 정전으로 해동된 식품은 다시 냉동한다.
⑤ **가정용 산소호흡기가 중단된 경우 119에 신고한다.**

- 가정용 산소호흡기 등 전기에 의존하는 필수 의료장비가 중단된 경우 119에 신고하여 긴급후송을 준비한다.
- 정전으로 해동된 냉동식품은 다시 냉동하지 않고 버린다.

52 ⭐

대상자의 식사를 준비하기 위해 장을 볼 때 고려할 사항으로 옳은 것은?

① 식단은 요양보호사 단독으로 정한다.
② 한 번에 많은 양의 식품을 구입한다.
③ 모든 품목을 같은 장소에서 구매한다.
④ 장보기 후 경비 결산은 한 달에 한 번 한다.
⑤ **구매할 식재료는 대상자와 상의한 후 결정한다.**

> 구매할 식재료나 관련 물품의 구매목록은 대상자와 충분히 상의한 후 결정한다.

53

대상자가 연하 능력이 없고 의식장애가 있을 때 비위관을 통해 제공하는 식사는?

① 일반식
② 연하 도움식
③ 경구 유동식
④ **경관 유동식**
⑤ 저작 도움식

> 대상자가 연하 능력이 없고 의식장애가 있을 때에는 비위관을 통해 경관 유동식을 제공한다.

54 ⭐

냉장·냉동식품 보관 방법으로 옳은 것은?

① 냉장고 내부는 완전히 채워서 보관한다.
② **조리음식과 날음식은 구분하여 보관한다.**
③ 냉장고 문을 자주 열고 닫아 환기시켜 준다.
④ 오래 보관할 식품은 문 쪽에 보관하는 것이 좋다.
⑤ 뜨거운 음식을 빨리 식히기 위해 냉장고에 바로 넣는다.

> 조리음식과 날음식은 구분하여 밀폐용기에 넣거나 포장함으로 세균오염을 막는다.

55 ⭐⭐⭐

재가대상자에게 병원동행서비스를 제공할 때 지켜야 할 원칙은?

① 보호자의 차량을 이용한다.
② 이동보조기구의 사용을 제한한다.
③ 진료 결과는 아무에게도 알리지 않는다.
④ 방문시간은 요양보호사의 일정에 맞춰 조정한다.
⑤ **대상자가 이용하는 병원과 복약상태를 미리 확인한다.**

> 병원 진료 시 대상자가 항상 다니는 병원과 대상자의 건강상태, 복약상태를 보호자에게 미리 확인한다.

56 ⭐⭐

다음 대화에서 요양보호사의 반응으로 옳은 것은?

| 대 상 자 : 영감님 기일이 다가오니 생각이 많이 나고 잠도 안 오네.
| 요양보호사 : (   )

① "저는 영감님을 뵌 적이 없어요."
② "아직 주무실 시간이 되지 않아서 그러시는 거예요."
③ "영감님 기일이라고 제가 특별히 해드릴 수 있는 게 없어요."
④ "돌아가신 분을 자꾸 떠올리는 건 정신건강에 이롭지 않아요."
⑤ **"잠을 못 주무셔서 몸이 무거우시죠? 제가 따뜻한 물로 발을 씻겨 드릴게요."**

> 어르신의 손을 잡아주며 먼저 공감을 표현하고 충분히 경청한다.

57

노인 대상자의 여가활동을 돕는 방법으로 옳은 것은?

① 대상자의 성격은 고려사항이 아니다.
② 개인보다는 단체의 욕구에 맞게 프로그램을 선택한다.
③ 참여를 원하지 않더라도 강제적으로 참여시킨다.
④ 프로그램은 어렵고 흥미를 느낄 수 있는 것이어야 한다.
⑤ **대상자의 신체적 상태에 맞는 개별적인 프로그램을 지원한다.**

- 대상자의 성격, 선호 등 개인적 차이를 고려하여 지원한다.
- 대상자 개인의 욕구에 맞게 프로그램을 선택한다.
- 대상자 스스로가 적극적으로 참여할 수 있도록 동기를 부여한다.
- 프로그램은 어렵지 않고 흥미를 느낄 수 있는 것이어야 한다.

58 ★★

요양보호사가 업무 내용을 기록하는 목적은?

① 기록자의 글쓰기 실력 향상
② 보호자와의 밀착 관계 형성
③ 일반인에게 중요한 정보 제공
④ **요양보호서비스의 연속성 유지**
⑤ 서비스 질의 하향평준화에 기여

담당 요양보호사의 변경이 있을 때 그동안의 요양보호기록을 연계하여 연속성 있는 서비스를 제공할 수 있다.

59

요양서비스 기록에 관한 설명으로 옳은 것은?

① 기록지는 열람하기 쉬운 곳에 비치한다.
② 관심이 있는 사람에게 기록을 보여준다.
③ 사적인 내용은 우회적인 표현으로 기록한다.
④ 요양보호사가 느낀 점을 중심으로 기록한다.
⑤ **방문 후 가능한 한 빠른 시간 내에 작성한다.**

기록을 미루지 않고 기억이 남아 있을 때 신속하게 작성한다.

60 ★★

다음과 같은 경우에 필요한 업무보고 방식은?

- 사안이 가벼운 경우
- 상황이 급해 신속히 보고해야 할 경우

① 일일보고　　② 서면보고
③ **구두보고**　　④ 정기보고
⑤ 전산망보고

사안이 가볍거나 급한 상황인 경우 구두보고를 먼저 한 후 서면보고로 보완할 수 있다.

61 ★

임종이 임박한 환자에게서 나타나는 임종 징후는?

① 재채기　　② 두드러기
③ 어지러움　　④ **시력 감소**
⑤ 혈압 상승

임종이 임박하면 시력, 미각, 촉각 등의 감각기능이 저하된다.

62 ★★★

임종과정의 환자에게 치료효과 없이 임종과정의 기간만을 연장하는 의학적 시술은?

① 완화의료　　② **연명의료**
③ 영상시술　　④ 응급처치
⑤ 중재시술

'연명의료'란 임종과정에 있는 환자에게 하는 심폐소생술, 혈액 투석, 항암제 투여, 인공호흡기 착용 등 치료효과 없이 임종과정의 기간만을 연장하는 의학적 시술이다.

63

임종 대상자의 품위 있는 삶과 죽음의 권리에 대한 설명으로 옳은 것은?

① 임종이 임박한 상황에서는 누구를 만나지 않는 것이 좋다.
② 치료를 계속 받을지 종료할지에 대한 결정 권한은 의사에게 있다.
③ 임종을 앞둔 환자의 배변을 도울 때는 가림막을 설치하지 않아도 된다.
④ 대화를 나눌 수 없는 상태더라도 사랑하는 사람과 한 공간에 있게 한다.
⑤ 대상자의 사적 비밀이지만 가족들이 알고 있어야 한다고 판단하여 알린다.

> 사랑하는 사람과 작별인사를 나누는 것은 대상자가 좋은 죽음을 구성하는 매우 중요한 요소이므로 대화를 나눌 수 없는 상태더라도 사랑하는 사람과 한 공간에서 마지막 시간을 보내는 경험은 존중되어야 한다.

64

치매 대상자의 가족들이 가장 많은 어려움을 느끼는 단계는?

① 지지 자원 물색 단계
② 진단 받기 전 초기 단계
③ 치매 증상 수용 노력 단계
④ 섭식이 곤란한 치매 말기 단계
⑤ 장기요양시설 입소를 결정하게 되는 단계

> 치매 대상자의 가족들이 가장 많은 어려움을 느끼는 단계는 정신행동증상 같은 행동상의 문제가 나타나는 단계, 실금이 나타나는 단계, 장기요양시설 입소를 결정하게 되는 단계이다.

65 ★★

치매 대상자가 식탁에 앉아 멍하니 음식을 바라보고만 있을 때 대처 방법은?

① 식사를 해야 건강에 좋다고 설명한다.
② 식사하는 방법을 순서대로 가르쳐준다.
③ 옆에 앉아서 어떻게 하는지 지켜만 본다.
④ 정해둔 시간 내에 밥을 먹지 않으면 치운다.
⑤ 좋아하는 TV 프로그램을 틀어주고 먹여준다.

> 치매 대상자는 식사하는 것을 잊어버릴 수 있으므로 식사에 대한 감독과 보호가 필요하다.

66 ★★★

변비가 있는 치매 대상자를 돕는 방법은?

① 하루에 한 번 관장을 해 준다.
② 손바닥으로 명치를 마사지한다.
③ 약국에 가서 변비약을 구입해온다.
④ 낮 시간 동안 침대에 누워 있게 한다.
⑤ 하루에 1,500cc 이상의 물을 마시게 한다.

> 치매 대상자가 변비인 경우 섬유질이 많은 음식과 충분한 수분(하루 1,500~2,000cc)을 섭취하게 한다.

67 ★

재가 치매 대상자의 생활공간을 안전하게 조성하는 방법은?

① 난간은 어두운 색으로 칠한다.
② 화장실 전등은 밤에도 켜둔다.
③ 욕실 타일은 매끄러운 것으로 한다.
④ 대상자의 방은 화장실과 먼 곳으로 한다.
⑤ 아기자기한 과일 자석을 냉장고에 붙인다.

> 밤에 자다가 깨서 화장실을 갈 수 있으므로 화장실 전등은 밤에도 켜둔다.

68 ★★★

치매 대상자가 계속 휴지를 찾아다니면서 주머니에 모을 때 대처 방법은?

① 모은 휴지를 뺏는다.
② 수면제를 먹여 재운다.
③ **옛날 사진앨범을 보여준다.**
④ 휴지를 또 모으면 밥을 안준다고 한다.
⑤ 말을 해도 행동이 멈추지 않으면 포기한다.

> 치매 대상자가 계속 휴지를 찾아다니면서 주머니에 모으는 등 반복적 행동을 할 때에는 과거의 경험을 돌아보게 하여 반복 행동에 대한 관심을 다른 곳으로 돌린다.

69 ★★

밤낮이 바뀐 치매 대상자의 수면을 돕는 방법으로 옳은 것은?

① 낮에 졸면 누워 자게 한다.
② 포만감이 있는 간식을 준다.
③ 낮잠을 잘 때 커튼을 쳐준다.
④ **낮에 산책 같은 야외활동을 한다.**
⑤ 늦은 오후에 간식과 홍차를 제공한다.

> 낮에 산책 등 야외활동을 하게 하여 낮잠을 방지한다.

70 ★★

입맛을 다시며 시설을 배회하는 치매 대상자를 돕는 방법은?

① 낮잠을 자게 한다.
② **좋아하는 간식을 권한다.**
③ 방 안 조명을 밝게 한다.
④ 배회하는 이유를 물어본다.
⑤ 창문을 열고 찬 바람을 쐰다.

> 치매 대상자는 원하는 바를 적절히 표현하지 못하여 배회할 수 있으므로 대상자의 신체적 욕구를 먼저 해결해준다.

71 ★★

치매 대상자가 다른 사람이 자기 물건을 훔쳐가려 한다며 장롱 밑에 물건을 숨겨놓을 때 대처 방법은?

① 왜 장롱 밑에 숨겨 두는 건지 물어본다.
② 요양보호사가 자주 들여다보고 확인한다.
③ 물건을 숨겨 두면 안 된다고 가르쳐준다.
④ 먼지가 많아 폐에 안 좋으므로 치워버린다.
⑤ **대상자의 말에 아니라고 부정하거나 다투지 않는다.**

> 치매 대상자가 보고 들은 것에 대해 아니라고 부정하거나 다투지 않는다.

72 ★

치매 대상자가 요양보호사를 주먹으로 치고 꼬집을 때 대처 방법은?

① **천천히 안정된 태도로 움직인다.**
② 두 손을 붙잡고 단호한 말투로 타이른다.
③ 박자가 빠르고 경쾌한 음악을 틀어 준다.
④ 행동이 진정된 후에 왜 그랬는지 질문한다.
⑤ 똑같이 주먹으로 치고 꼬집어 타인의 입장을 생각하게 한다.

> 갑자기 움직여 대상자를 놀라게 하지 말고 천천히 안정된 태도로 움직인다.

73

자꾸 사타구니를 긁으며 바지를 벗으려 하는 치매 대상자를 돕는 방법은?

① **편안한 바지로 갈아입힌다.**
② 옷을 벗으면 안 된다고 화낸다.
③ 스스로 옷을 입을 때까지 기다린다.
④ 또 그러면 간식을 주지 않겠다고 한다.
⑤ 멈추지 않으면 독방에 보내겠다고 말한다.

> 옷이 불편해서 벗으려 하는 경우 편한 옷으로 갈아입힌다.

74 ✯✯✯

치매 대상자와 의사소통할 때 유의해야 하는 기본원칙으로 옳은 것은?

① 명령하거나 지시하는 말투를 사용한다.
② 자신의 생각이나 감정은 표현하지 않는다.
③ 같은 상황에는 항상 같은 방법으로 접근한다.
④ 낮은 목소리로 천천히 반응을 보며 이야기한다.
⑤ 의사소통의 효과가 없으면 다시 시도하지 않는다.

- 치매 대상자는 동작이 느린 경우가 많기 때문에 그 속도에 맞추어 낮은 음조로 천천히 반응을 보며 이야기한다.
- 명령하거나 지시하는 말투는 피하고, 대상자를 존중하는 태도와 관심을 가지고 긍정적으로 말한다.
- 같은 대상자라도 기분이나 상황에 따라 효과적인 의사소통 방법이 달라질 수 있다. 즉, 항상 같은 방법이 통하지 않을 수 있다.
- 의사소통이 어려울 경우에는 일시적으로 중단한 후, 나중에 다른 방법으로 시도한다.

75 ✯

치매 대상자가 머리가 짧은 요양보호사만 보면 "여보, 같이 가."라고 하며 따라다니고 손을 잡으려 할 때 반응으로 옳은 것은?

① "많이 그리우신가 보네요."
② "네, 여보. 마음대로 부르세요."
③ "마음대로 남의 손 잡지 마세요."
④ "저 아니에요. 사람 잘못 보셨어요."
⑤ "약 안 드셨어요? 증상이 더 심해지셨네요."

대상자의 감정에 공감하는 반응을 보여준다.

76

대상자가 약 복용을 잊었을 경우 복용방법으로 옳은 것은?

① 다음 복용 시에는 2배 용량으로 복용한다.
② 약은 반드시 냉장보관한 후 복용하도록 한다.
③ 비슷한 약을 먹는 대상자가 있다면 같이 복용한다.
④ 약 복용을 잊은 경우에는 다음날 오전에 복용한다.
⑤ 다음 복용시간이 더 가까울 때에는 다음 복용시간에 복용한다.

대상자가 약 복용을 잊었을 경우 다음 복용시간이 더 가까울 때에는 다음 복용시간에 복용하고, 절대로 2배 용량을 복용해서는 안 된다.

77

스마트 장기요양 서비스를 시작하는 순서로 옳은 것은?

① 로그인 → 태그 인식 → 급여종류 선택 → 서비스 시작 확인 → 서비스 시작 전송
② 로그인 → 급여종류 선택 → 서비스 시작 확인 → 태그 인식 → 서비스 시작 전송
③ 로그인 → 서비스 시작 전송 → 태그 인식 → 급여종류 선택 → 서비스 시작 확인
④ 서비스 시작 전송 → 로그인 → 태그 인식 → 급여종류 선택 → 서비스 시작 확인
⑤ 서비스 시작 전송 → 급여종류 선택 → 서비스 시작 확인 → 로그인 → 태그 인식

스마트 장기요양 서비스를 시작하는 순서
로그인 → 태그 인식 → 급여종류 선택 → 서비스 시작 확인 → 서비스 시작 전송

78 ***

대상자에게 심폐소생술을 할 때 가슴압박 방법으로 옳은 것은?

①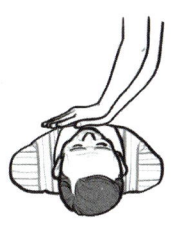
②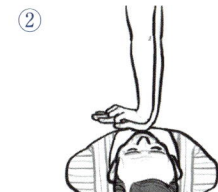
③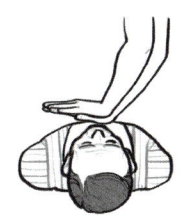
④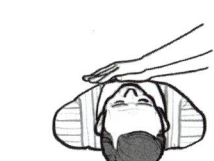
⑤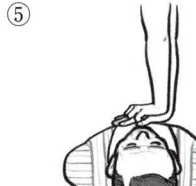

> 가슴압박 시 환자를 바닥이 단단하고 평평한 곳에 등을 대고 눕힌 뒤 가슴뼈의 아래쪽 절반 부위에 깍지 낀 두 손의 손바닥 뒤꿈치를 대고, 양팔을 쭉 편 상태로 체중을 실어 환자의 몸과 수직이 되도록 가슴을 압박한다. 이때 손가락이 가슴에 닿지 않도록 주의한다.

79 **

질식 증상을 보이는 대상자에 대한 응급처치로 옳은 것은?

① 손가락을 넣어 구토를 유발한다.
② 대상자의 등을 두드려 이물질이 밑으로 내려가게 한다.
③ **이물질이 눈에 보이는 경우 큰기침을 하여 뱉어내게 한다.**
④ 물을 먹도록 하여 편안하게 해준다.
⑤ 하임리히법을 반복하여 시행하면 위험할 수 있다.

> 이물질이 눈에 보이는 경우 손가락을 넣어 이물질을 빼내려 하거나 무리하게 구토를 유발하는 행동을 해서는 안 되고, 큰기침을 하여 뱉어내게 한다.

80 **

외출했던 대상자가 넘어져 손목 골절이 의심될 때 대처 방법은?

① 손목을 붙잡고 병원으로 간다.
② **반지와 팔찌 등을 제거해 준다.**
③ 따뜻한 수건으로 온찜질을 해 준다.
④ 손목을 돌려 보게 해서 상태를 확인한다.
⑤ 손목을 심장 위치보다 낮게 내리게 한다.

> 손목 골절이 의심될 경우 붓기 전에 손상 부위의 반지나 팔찌 등은 제거한다.

Chapter 02 제2회 합격모의고사

요양보호론(필기시험)

01 ★★
노화에 따라 발전되는 긍정적인 측면은?

① 역동적인 변화에 익숙해진다.
② 새로운 기술을 쉽게 받아들인다.
③ **의사결정이 조심스러워 실수가 적다.**
④ 젊은이보다 사고력이 월등히 뛰어나다.
⑤ 신체적, 경제적으로 독립성이 증가한다.

> 노인은 의사결정이 신중하고 조심스러워져 실수가 적다.

02
노년기에 회복능력 저하가 원인이 되어 발생할 수 있는 일은?

① 신체의 잔존능력이 저하된다.
② 전신이 마르고 주름이 많아진다.
③ 뼈와 근육이 위축되어 키가 줄어든다.
④ 일상생활에 필요한 능력이 부족해진다.
⑤ **사소한 원인으로 합병증이 생길 수 있다.**

> 노인은 회복능력이 저하되어 만성질환이 쉽게 치료되지 못하고 다른 합병증이 쉽게 올 수 있다.

03 ★★★
노년기에 보이는 일반적 특성은?

① 도전적인 일을 즐긴다.
② 과거보다 미래를 생각한다.
③ 사고의 융통성이 좋아진다.
④ 사회적 유대관계가 확대된다.
⑤ **타인에게 신체적으로 의존한다.**

> 신체 기능이 저하되면서 타인에게 신체적으로 의존하게 된다.

04 ★
노인 부부간의 관계가 동반자로 전환되는 큰 요인은?

① **정년퇴직** ② 황혼이혼
③ 질환 발병 ④ 지인 사망
⑤ 성적 관심 증대

> 노인은 직장에서의 퇴직으로 인해 배우자 역할이 사회에서 가정으로 돌아오면서 부부간의 관계가 동반자로 전환된다.

05 ★★
노년기의 바람직한 가족관계로 옳은 것은?

① 자식 부부에게 생활을 의존한다.
② 부부간의 성적 관심은 자제한다.
③ 부부간에 여가시간은 따로 보낸다.
④ 손자, 손녀의 양육은 자식에게 일임한다.
⑤ **형제자매 간 어린 시절 추억을 공유한다.**

> 일반적으로 노년기에는 형제자매 간 경쟁심과 갈등이 줄어들고, 어린 시절의 경험을 공유하며 심리적 안정감을 공유한다.

06 ★

건강하게 노화하기 위한 방법으로 옳은 것은?

① 익숙한 사람 위주로 소통한다.
② 빠르고 격렬한 운동을 실시한다.
③ 건강보조식품은 섭취하지 않는다.
④ **다양한 활동으로 뇌에 자극을 준다.**
⑤ 고지방·고탄수화물 위주로 식사한다.

> 지속적으로 뇌에 자극을 주어 기억력과 인지력을 유지한다.

07 ★★

노인의 자율, 보호를 높이는 사회·법률적 서비스를 이용할 수 있어야 한다는 노인복지 원칙은?

① **보호의 원칙** ② 참여의 원칙
③ 존엄의 원칙   ④ 독립의 원칙
⑤ 자아실현의 원칙

> 노인을 위한 유엔의 원칙 5가지 중 보호의 원칙에 해당한다.

08 ★★

노인 저시력의 예방교육·상담·재활 사업 내용을 포함하는 노인복지사업은?

① 치매안심센터
② 노인 건강진단
③ **노인실명 예방사업**
④ 치매공공후견사업
⑤ 노인 무릎인공관절 수술 지원

> 노인실명 예방사업은 저소득층 노인 등에 대한 정밀 눈 검진을 하여 눈 질환을 조기에 발견하고 적기에 치료함으로써 노인들의 실명을 예방하고 일상생활이 가능한 시력을 유지하도록 지원하는 사업이다.

09 ★★

장기요양인정 신청에 대한 설명으로 옳은 것은?

① 본인 또는 가족만 신청 가능하다.
② 한의사가 발급하는 소견서는 제출이 불가능하다.
③ 대리인이 신청할 경우에는 신청자의 신분증만 있으면 된다.
④ 60세 이상 노인 또는 60세 미만 노인성 질환 대상자가 신청한다.
⑤ **치매안심센터의 장이 대리 신청하는 경우 본인 또는 가족 동의가 필요하다.**

> • 사회복지전담공무원 또는 치매안심센터의 장이 대리 신청하는 경우에는 본인 또는 가족의 동의를 받아야 한다.
> • 65세 이상 노인 또는 65세 미만 노인성 질환 대상자가 공단에 의사 또는 한의사가 발급하는 소견서를 첨부하여 장기요양인정 신청서를 제출한다.

10

장기요양인정서에 포함되는 내용은?

① 장기요양 욕구
② 장기요양 목표
③ 장기요양 필요내용
④ 장기요양 이용계획 및 비용
⑤ **장기요양등급판정위원회 의견**

> ①, ②, ③, ④는 개인별장기요양이용계획서에 포함되는 내용이다.

11

학대받는 노인을 신고하지 않았을 때 부과되는 과태료는 얼마인가?

① 100만원 이하   ② 200만원 이하
③ 300만원 이하   ④ 400만원 이하
⑤ **500만원 이하**

> 누구든지 학대받는 노인을 보면 노인보호전문기관이나 수사기관에 신고해야 하며, 신고하지 않으면 500만원 이하의 과태료가 부과 된다.

12

다음에서 설명하고 있는 시설 생활노인의 권리는?

- 폭언이나 부당한 요구를 하지 않는다.
- 다른 대상자에게 맞은 사실에 대해 요양보호사가 적극적으로 개입하여 해결하였다.

① 신체구속을 받지 않을 권리
② **존엄한 존재로 대우받을 권리**
③ 사생활과 비밀보장에 대한 권리
④ 차별 및 노인학대를 받지 않을 권리
⑤ 안락하고 안전한 생활환경을 제공받을 권리

> 존엄한 존재로 대우받을 권리에 해당한다. 요양보호사는 노인을 인간으로서의 권리와 가치가 손상되지 않도록 대하여야 하고, 노인의 권리가 침해될 우려가 있거나 침해된 경우에는 이의 회복과 구제에 적극적으로 조치하여야 한다.

13

노인장기요양보험 표준서비스 분류 중 요양보호사의 업무에서 제외되는 것은?

① 방문목욕서비스
② 인지지원서비스
③ **기능회복훈련서비스**
④ 정서지원 및 의사소통 도움
⑤ 가사 및 일상생활지원서비스

> 노인장기요양보험 표준서비스 중 기능회복훈련서비스, 간호처치서비스 등은 전문적인 교육과 훈련을 받고 자격을 갖춘 자가 제공해야 하므로 요양보호사의 업무에서 제외된다.

14

요양보호사의 근로계약서에 명시해야 할 사항은?

① 근로기준법
② **취업규칙 내용**
③ 가족 인적사항
④ 산업재해보상보험법
⑤ 비밀유지에 관한 사항

> 「근로기준법」에 따르면 근로계약서에는 임금 및 근로시간, 취업의 장소와 종사하여야 할 업무에 관한 사항, 취업규칙 내용, 종사자가 기숙하는 경우에는 기숙사 규칙에 정한 사항 등을 명시해야 한다.

15

요양보호사의 윤리적 태도로 옳은 것은?

① 우울해보이는 대상자에게 자신의 종교를 권유한다.
② 대상자와 친밀감을 형성하기 위해 반말을 사용한다.
③ 간호사와는 협조할 필요 없이 본인의 의지대로 행한다.
④ **직무를 수행하는 데 필요한 전문적 지식과 기술을 갖춘다.**
⑤ 요양보호 업무가 자신과 맞지 않는다고 생각하면 즉시 그만둔다.

> 요양보호사는 요양보호 업무 수행에 필요한 교육훈련 프로그램에 적극적으로 참여하는 등 지속적으로 학습하고 자신을 계발해야 한다.

16

2주 이상의 기침과 가래, 호흡곤란, 발열, 식욕부진이 나타날 때 의심되는 감염성 질환은?

① 폐렴
② **결핵**
③ 대상포진
④ 노로바이러스
⑤ 독감(인플루엔자)

> 결핵의 의심증상이다. 결핵이 의심되는 대상자를 돌볼 경우 마스크, 장갑 등을 착용해야 한다.

17

노인성 질환의 특성으로 옳은 것은?

① 급성 감염성 질환이 대부분이다.
② 정상적인 노화과정과 구분하기 쉽다.
③ 기능 이상으로만 나타나는 질병이 흔하다.
④ 합병증 없이 단독으로 발병하는 경우가 많다.
⑤ 큰 질환이 아니면 의식장애의 발생은 드물다.

> 뚜렷한 증상 없이 기능 이상으로만 증상이 나타나는 경우가 흔하므로 단순 식욕부진이나 전신 허약감에도 주의해야 한다.

18

헬리코박터균에 의한 감염으로 발생할 수 있는 질환은?

① 결핵
② 폐렴
③ 빈혈
④ 대장암
⑤ 위궤양

> 위궤양의 발생요인으로 위 내 헬리코박터균에 의한 감염이 있는데, 악화를 막기 위해 반드시 금연해야 한다.

19

변비가 있는 대상자를 돕는 방법은?

① 직접 관장을 해 준다.
② 일주일간 매일 하제를 사용한다.
③ 시계방향으로 복부를 마사지한다.
④ 식사량을 늘리고 수분 섭취량을 줄인다.
⑤ 변이 나올 때까지 화장실에 앉아 있도록 한다.

> • 복부 마사지를 하여 장 운동을 촉진하고 배변을 돕는다.
> • 하제를 자주 사용하면 변비를 악화시킬 수 있으므로 처방에 따라 사용한다.

20

대상자가 숨을 내쉴 때 쌕쌕거리며 기침을 할 경우 의심되는 질환은?

① 천식
② 기흉
③ 축농증
④ 고혈압
⑤ 기관지 협착

> 천식의 대표적인 증상으로 기침, 숨을 내쉴 때 쌕쌕거리는 호흡음, 호흡 곤란 등이 있다.

21

혈관 내에 지방이 축적되어 혈관 내부가 좁아지거나 막혀 혈액 흐름에 장애가 생기는 질환은?

① 빈혈
② 심부전
③ 대상포진
④ 동맥경화증
⑤ 파킨슨병

> 동맥경화증에 대한 설명으로, 동맥경화증을 치료 및 예방하기 위해서는 금연을 하고 혈압·혈당을 관리하며, 저염·저지방식이를 한다.

22

골다공증을 예방할 수 있는 방법은?

① 온찜질을 한다.
② 유동식을 제공한다.
③ 수분을 충분히 섭취한다.
④ 철분을 충분히 섭취한다.
⑤ 아침저녁으로 자외선을 쐰다.

> 자외선이 강렬한 시간(오전 10시~오후 2시)을 피해, 그 전후 시간에 30분~1시간 정도 자외선을 쐬면 체내에서 비타민 D가 합성될 수 있다.

23 ★★★

누워 지내는 대상자의 욕창 예방을 위한 방법은?

① 한두 시간마다 자세를 바꾸어 준다.
② 천골 부위에 도넛 모양 베개를 대어 준다.
③ 붉게 변한 부위가 있는지 주마다 확인한다.
④ 혈액순환을 위해 몸에 꽉 끼는 옷을 입힌다.
⑤ 옷자락이나 시트를 끌어 대상자를 이동시킨다.

- 특정 부위에 압력이 집중되지 않도록 침대에서는 적어도 두 시간마다, 의자나 휠체어에서는 한 시간마다 자세를 바꾸어 준다.
- 도넛베개는 압박 부위의 순환을 막을 수 있으므로 사용하지 않는다.
- 붉게 변한 부위가 있는지 매일 확인하고, 몸에 꽉 끼는 옷은 입지 않는다.

24

노화로 인한 감각기계의 변화로 옳은 것은?

① 구강이 건조해진다.
② 후각이 민감해진다.
③ 짠맛을 잘 느끼게 된다.
④ 단맛을 잘 느끼게 된다.
⑤ 미뢰의 개수가 늘어난다.

침 분비량이 줄어들어 구강이 건조해진다.

25 ★★★

노화로 인한 내분비계의 변화로 옳은 것은?

① 기초대사율이 증가한다.
② 갑상선의 크기가 커진다.
③ 공복혈당 수치가 상승한다.
④ 포도당 대사능력이 증가한다.
⑤ 인슐린에 대한 민감성이 증가한다.

노화로 인해 공복혈당이 상승하고 포도당 대사능력과 인슐린 민감성이 감소한다.

26 ★★

우울증이 있는 대상자를 돕는 방법은?

① 분노 감정 표현을 자제시킨다.
② 다 괜찮을 것이라고 위로한다.
③ 모임 등 사회활동을 늘리게 한다.
④ 혼자서 이겨낼 수 있도록 응원한다.
⑤ 병원에 가지 않고 저절로 낫도록 한다.

모임 등 사회적 활동을 늘려 우울증의 위험을 낮춘다.

27 ★★

뇌졸중에 대한 설명으로 옳은 것은?

① 뇌혈관이 터진 것은 뇌경색이다.
② 좌뇌가 손상되면 실어증이 발생한다.
③ 우뇌가 손상되면 우반신이 마비된다.
④ 골다공증이 있는 사람에게 발생하기 쉽다.
⑤ 뇌에 비정상적인 세포 덩어리가 생겨 발생한다.

- 언어중추가 있는 좌뇌가 손상되면 우측마비와 함께 실어증 등 언어장애가 발생한다.
- 뇌졸중은 뇌에 혈액을 공급하는 혈관이 막히거나 터지면서 뇌의 손상으로 발생하는 것으로, 뇌혈관이 막힌 뇌경색과 뇌혈관이 터진 뇌출혈로 구분된다.

28 ★

파킨슨병의 증상 중 운동증상에 해당하는 것은?

① 불면증
② 근육 경직
③ 우울함과 불안함
④ 기립성 저혈압
⑤ 기억력 저하

①, ③, ④, ⑤는 파킨슨병의 비운동증상에 해당한다.

29

건강한 식생활로 옳은 것은?

① 육류는 그릴이나 숯불에 구워 먹는다.
② 소금에 절인 발효음식을 많이 섭취한다.
③ 햄, 소시지 등 육가공품을 많이 섭취한다.
④ **식초, 후추, 양파 등을 사용해 짜지 않게 조리한다.**
⑤ 콩과 육류는 피하고 채소와 곡류 위주로만 섭취한다.

> 식초, 후추, 양파, 참깨 등을 사용하여 염분 섭취를 줄인다.

30

노인의 신체적 변화 중 운동을 어렵게 하는 요인은?

① **시력이 감퇴된다.**
② 심장 근육의 두께가 감소한다.
③ 폐조직의 탄력이 증가한다.
④ 심장근의 수축력이 강해진다.
⑤ 관절이 움직이는 범위가 늘어난다.

> 시력이 감퇴되어 걸려 넘어질 위험 때문에 운동을 꺼리게 된다.

31

대상자의 건강한 수면을 돕는 방법은?

① **편한 잠옷을 입게 한다.**
② 저녁식사의 양을 늘린다.
③ 오후에 홍차를 제공한다.
④ 수면제를 장기간 복용하게 한다.
⑤ 잠자리에 들기 전 와인 한 잔을 마시게 한다.

> - 잠들기 쉽도록 편한 잠옷을 입게 한다.
> - 저녁에는 과식을 하지 않고, 카페인이 함유된 음료는 오후에는 줄이거나 금한다.
> - 수면제나 진정제를 장기 복용하지 않는다.
> - 금주, 금연을 한다.

32

노인의 약물 복용 방법으로 옳은 것은?

① 여러 처방약 중 한 가지만 복용한다.
② 처방약과 건강기능식품을 함께 먹는다.
③ 약 복용 후 속이 쓰리면 복용량을 줄인다.
④ **새 처방을 받으면 이전 처방약은 먹지 않는다.**
⑤ 코팅된 약을 먹기 힘들 때는 쪼개서 복용한다.

> - 진료를 받고 새로 처방약을 받은 경우 질병 상태에 맞추어 약을 조절했을 가능성이 높으므로 반드시 가장 최근의 처방약을 복용해야 한다.
> - 임의로 조절하여 정해진 양보다 적게 복용하거나 많이 복용해서는 안 된다.
> - 분할선이 있는 약만 쪼개서 복용할 수 있다.

33

철분제의 복용을 돕는 방법으로 옳은 것은?

① 녹차와 함께 복용한다.
② 우유와 함께 복용한다.
③ 홍삼음료와 함께 복용한다.
④ 탄산음료와 함께 복용한다.
⑤ **오렌지주스와 함께 복용한다.**

> 철분제는 오렌지주스 등 비타민 C와 함께 복용하면 흡수가 잘 된다.

34

음주를 하는 대상자의 절주를 돕는 방법은?

① 집 안 장식장에 술을 전시해 두게 한다.
② 스트레스를 받을 때만 술을 마시게 한다.
③ 알코올 도수가 높은 술로 조금씩 먹게 한다.
④ **가족, 친구, 동료에게 절주선언을 하도록 한다.**
⑤ '오늘까지만 마시자'는 마음가짐을 갖게 한다.

> 가족, 친구, 동료 등 주변 사람에게 절주선언을 하여 지속적으로 도움을 받도록 한다.

35

여름철 생활안전수칙으로 옳은 것은?

① 두꺼운 담요를 덮는다.
② 수분 섭취량을 늘린다.
③ 얼음물에 통목욕을 한다.
④ 실내보다 실외에서 운동한다.
⑤ 두통이 있으면 뜨거운 차를 마신다.

> 여름철에는 체온조절과 탈수방지를 위해 물을 평소보다 자주 마신다.

 실기시험

36

영양부족을 일으키는 요인인 것은?

① 흡연　　② 비만
③ 불면　　④ 오심
⑤ 피로

> '오심(토할 것 같은 느낌)'은 영양부족의 위험 요인이다.

37

왼쪽 편마비 대상자의 식사를 돕는 방법으로 옳은 것은?

① 왼쪽을 밑으로 하여 눕힌다.
② 입안 왼쪽으로 음식을 넣어 준다.
③ 국을 한 숟가락 먹인 후 밥을 준다.
④ 오른쪽을 베개나 쿠션으로 받쳐 준다.
⑤ 식후에 찌꺼기가 남기 쉬운 입안 오른쪽을 확인한다.

> • 건강한 쪽(오른쪽)을 밑으로 하여 약간 옆으로 누운 자세를 취하고, 마비된 쪽(왼쪽)을 베개나 쿠션으로 받쳐 준다.
> • 음식은 건강한 쪽(오른쪽)에서 넣어 준다.
> • 식후에 마비된 쪽(왼쪽)의 뺨 부위에 음식 찌꺼기가 남기 쉬우므로 입안 왼쪽을 확인한다.

38

경관영양을 하는 대상자의 비위관이 샐 때 요양보호사의 행동으로 옳은 것은?

① 비위관을 완전히 뺀다.
② 비위관이 빠져도 상관없다.
③ 비위관을 조금씩 밀어 넣는다.
④ 비위관을 잠그고 시설장에게 알린다.
⑤ 빠진 상태 그대로 두고 관리책임자에게 연락한다.

> 비위관이 새거나 영양액이 역류하면 비위관을 잠그고 시설장 등에게 알린다.

39

대상자의 배설을 돕기 위한 기본원칙으로 옳은 것은?

① 배설물을 치울 때 표정을 찡그린다.
② 배설할 때는 배설하는 모습이 보이게 한다.
③ **배설물은 오래 두지 말고 바로 깨끗이 치운다.**
④ 대상자가 할 수 있는 부분도 요양보호사가 도와준다.
⑤ 항문은 뒤에서 앞으로 닦아야 요로계 감염을 예방할 수 있다.

> 배설물은 오래 두지 말고 바로 깨끗이 치우며, 대변이나 소변이 묻어 피부가 헐 수 있으므로 피부상태도 살펴본다.

40

대상자의 칫솔질을 돕는 방법으로 옳은 것은?

① 잇몸을 강하게 문지른다.
② 머리를 뒤로 젖히고 칫솔질한다.
③ **잇몸에서 치아 쪽으로 칫솔질한다.**
④ 칫솔을 90° 각도로 치아에 대고 닦는다.
⑤ 앉을 수 없는 경우, 건강한 쪽이 위로 향하고 옆으로 누운 자세로 칫솔질한다.

> 치약을 묻힌 칫솔을 45° 각도로 치아에 대고 잇몸에서 치아 쪽으로 3분간 세심하게 닦는다.

41

엉덩이를 들 수 없는 대상자의 하의를 벗기는 방법으로 옳은 것은?

① 침상머리를 높여 앉힌 후 벗긴다.
② 똑바로 누운 상태에서 잡아당긴다.
③ 다리를 모아 무릎을 세운 후 벗긴다.
④ **좌우로 체위를 변경하며 한쪽씩 벗긴다.**
⑤ 한 손으로 대상자의 허리를 지지한 후 스스로 벗게 한다.

> 엉덩이를 들 수 없는 경우 좌우로 체위를 변경하며 한쪽씩 벗긴다.

42

오른쪽 편마비 대상자에게 단추가 없는 상의를 입히는 순서로 옳은 것은?

> 가. 오른쪽 팔을 소매에 넣는다.
> 나. 왼쪽 팔을 소매에 넣게 한다.
> 다. 상의의 머리 부분을 크게 벌려 머리 쪽을 입힌다.

① 가 → 나 → 다
② **가 → 다 → 나**
③ 나 → 다 → 가
④ 다 → 가 → 나
⑤ 다 → 나 → 가

> 대상자의 마비된 쪽(오른쪽) 손을 잡고 대상자의 마비된 쪽(오른쪽) 손부터 상의를 입히고, 머리 쪽을 입힌 뒤, 대상자가 건강한 쪽(왼쪽) 팔을 스스로 소매에 넣을 수 있도록 도와준다.

43

침상에 누워 있는 대상자의 머리를 감기는 방법으로 옳은 것은?

① 눈과 귀에 수건을 올려 덮는다.
② 공복이나 식후에 머리를 감긴다.
③ **침대모서리에 머리가 오게 한다.**
④ 방수포를 머리 밑에서 목까지 깐다.
⑤ 수건으로 가슴부터 허리까지 감싼다.

> - 베개를 치우고 침대모서리에 머리가 오도록 몸을 비스듬히 한다.
> - 눈에 수건을 올려 덮고, 솜으로 귀를 막는다.
> - 머리를 감기 전에 대소변을 보게 하고, 공복과 식후는 피한다.
> - 방수포는 어깨 밑까지 깔고, 방수포 위에 수건을 깔아 어깨를 감싼다.

44

왼쪽 편마비 대상자를 오른쪽으로 돌려 눕히는 방법으로 옳은 것은?

① 대상자의 양팔을 몸에 평행하게 둔다.
② 대상자의 머리를 잡고 왼쪽으로 돌린다.
③ 오른발을 왼발 위에 올려놓고 몸통을 돌린다.
④ 돌려 눕힌 후 엉덩이를 앞으로 이동시켜 준다.
⑤ 왼쪽 어깨와 엉덩이를 잡고 옆으로 돌려 눕힌다.

> 왼쪽 편마비 대상자를 오른쪽으로 돌려 눕히려면 왼쪽 어깨와 엉덩이를 잡고 옆으로 돌려 눕힌다.

45

대상자가 숨이 찰 때 취하게 할 자세는?

①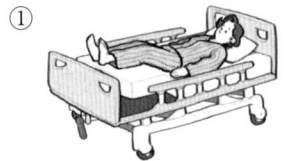
②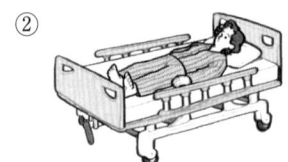
③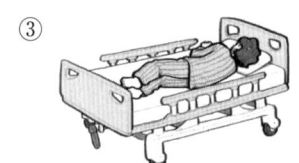
④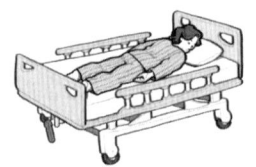
⑤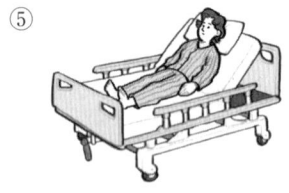

> 숨이 찰 때 취하는 자세는 반 앉은 자세(반좌위)로, 천장을 보며 누운 상태에서 침상머리를 45° 정도 올린 자세이다.

46

두 사람이 대상자를 휠체어에서 침대로 옮길 때의 방법으로 옳은 것은?

① 대상자의 팔을 일자로 뻗게 한다.
② 휠체어는 침대에 직각으로 붙여놓고 잠금장치를 잠근다.
③ 힘센 사람이 대상자 앞쪽에 서고, 다른 한 사람은 대상자 다리 뒤쪽에 선다.
④ 다리 쪽에 선 사람은 한 손은 대상자의 종아리 아래, 다른 한 손은 대퇴 아래에 넣는다.
⑤ 뒤쪽에 선 사람은 대상자의 양쪽 겨드랑이 위로 팔을 둘러 대상자의 팔을 바깥쪽에서 안쪽으로 잡는다.

> • 다리 쪽에 선 사람은 한 손은 대상자의 종아리 아래, 다른 한 손은 대퇴 아래에 넣고 안정된 자세를 취한다.
> • 대상자의 두 팔은 가슴 앞에 모으게 한다.
> • 휠체어는 침대와 평행이 되도록 붙여놓고 잠금장치를 잠근다.
> • 힘센 사람이 대상자 뒤쪽에 서고, 다른 한 사람은 대상자 다리 바깥쪽에 선다.
> • 뒤쪽에 선 사람은 대상자의 겨드랑이 아래로 팔을 집어넣어 대상자의 팔을 안쪽에서 바깥쪽으로 잡는다.

47

대상자를 침대에서 휠체어로 이동하는 방법으로 옳은 것은?

① 양팔을 벌리게 한다.
② 바퀴를 고정하고 발 받침대는 접지 않는다.
③ 건강한 손으로 침대 바닥을 지지하게 한다.
④ 침대에 걸터앉았을 때 발이 바닥에 닿지 않아야 한다.
⑤ 휠체어는 대상자의 건강하지 않은 쪽에 비스듬히 놓는다.

> • 요양보호사는 대상자가 건강한 손으로 침대 바닥을 지지하도록 한다.
> • 양팔은 앞으로 모으도록 유도한다.
> • 휠체어를 대상자의 건강한 쪽에 비스듬히 놓은 후 바퀴를 고정하고 발 받침대를 접는다.
> • 침대에 걸터앉았을 때 발이 바닥에 닿을 수 있도록 한다.

48 ⭐⭐

자세변환용 쿠션을 선택할 때 고려해야 하는 사항은?

① 촉감이 딱딱해야 한다.
② 지퍼는 드러나 있어야 한다.
③ **변색되지 않는 것이어야 한다.**
④ 커버와 충전재를 분리할 수 없어야 한다.
⑤ 내부 충전재가 커버 밖으로 나와 있어야 한다.

> 자세변환용 쿠션은 변색되지 않는 것이어야 한다.

49

태풍이 발생했을 때 대처 방법으로 옳은 것은?

① 가스는 항상 열어둔다.
② 차량 이동 중이라면 속도를 높인다.
③ 침수가 우려되는 경우 지하에 머문다.
④ **응급약, 손전등, 비상식량 등을 챙긴다.**
⑤ 하천변, 산길, 공사장, 전신주 근처, 방파제 옆으로 이동한다.

> 만일을 대비하여 응급약, 손전등, 비상식량, 휴대전화 충전기 등을 챙긴다.

50 ⭐

의복관리의 기본원칙으로 옳은 것은?

① **속옷은 매일 갈아입는다.**
② 새로 구입한 의류는 바로 입는다.
③ 의류를 버릴 때에는 요양보호사의 판단에 따른다.
④ 얼룩이나 더러움이 심한 것은 모아두었다가 세탁한다.
⑤ 감염이 의심되는 대상자의 의류는 다른 사람의 의류와 함께 세탁한다.

> 신체 청결을 유지하기 위해 속옷은 매일 갈아입는 것이 좋다.

51 ⭐⭐

노인을 위한 식사관리의 기본원칙으로 옳은 것은?

① 조리하기 쉬운 가공식품을 이용한다.
② 유지·당류를 매일 골고루 먹게 한다.
③ 식사 사이에 간식을 제공하지 않는다.
④ **규칙적인 세 끼 식사가 가장 중요하다.**
⑤ 노인은 짠맛과 단맛에 둔감하므로 자극적인 음식을 제공한다.

> 규칙적인 세 끼 식사가 가장 중요하다.

52 ⭐

식기 및 주방의 위생관리 방법으로 옳은 것은?

① 찬장은 항상 닫아 둔다.
② 수세미는 스펀지형이 그물형보다 위생적이다.
③ 냉장고는 1년에 2~3번 청소하는 것으로도 충분하다.
④ 앞치마는 조리용과 청소용을 구분하지 않고 사용한다.
⑤ **냉장고 선반은 꺼내서 따뜻한 비눗물로 세척하여 깨끗하고 마른 천으로 닦는다.**

> - 분리가능한 서랍, 선반 등은 꺼내서 따뜻한 비눗물로 세척한 후 깨끗하고 마른 천으로 건조시킨다.
> - 찬장은 자주 환기한다.
> - 수세미는 스펀지형보다 그물형이 위생적이다.
> - 냉장고는 적어도 한 달에 1번 청소한다.
> - 앞치마는 조리용과 청소용을 구분하여 사용하고, 사용 후에는 세척 후 건조하여 보관한다.

53

수용성 성분의 용출이 적고 비타민의 파괴도 적은 조리 방법은?

① 찜 ② **볶기** ③ 삶기
④ 무침 ⑤ 튀기기

> 볶기는 고온에서 단시간에 조리하므로 수용성 성분의 용출이 적으며 비타민의 파괴도 적은 조리법이다.

54

다음 대화에서 요양보호사의 반응으로 옳은 것은?

대 상 자 : 아직 열이 나긴 하는데 나가서 떡을 좀 사오고 싶어.
요양보호사 : ( )

① "아까 떡국 드셨잖아요. 그만 드세요."
② "저는 떡을 좋아하지 않아요. 죄송합니다."
③ "오늘은 피곤하고 떡집이 너무 멀어서 못가요."
④ "집에 있는 빵을 다 드셔야 떡을 살 수 있어요."
⑤ **"송편 좋아하시죠? 열이 있으시니까 제가 대신 사오는 게 좋겠어요."**

> 대상자가 무리한 요구를 한다고 해서 바로 거절하지 않고, 좋아하는 것을 이야기하여 관심을 표현하고, 대신 사오겠다고 전함으로써 어르신의 뜻을 존중하고 안심과 신뢰감을 줄 수 있다.

55

장기요양 대상자의 주거환경에 대한 설명으로 옳은 것은?

① 격리된 공간이어야 한다.
② 주거환경이 행동양식에 영향을 주지는 않는다.
③ 주거환경은 장기요양 대상자에게만 영향을 준다.
④ **신체적 특성과 앞으로의 변화를 고려한 공간이어야 한다.**
⑤ 우선적으로 요양보호사가 서비스를 제공하기 편리한 공간이어야 한다.

> 장기요양 대상자에게 주거환경은 신체적 특성과 앞으로의 변화를 고려하여 보다 안전하고 편리하며 쾌적한 공간이어야 한다.

56

재가대상자와 외출할 때 동행하는 방법으로 옳은 것은?

① 함께 걸을 때 보폭을 넓게 하여 이동한다.
② 최대한 빠르게 이동한 후 힘들어 하면 쉬게 한다.
③ 차량을 이용할 때는 대상자 스스로 탑승하게 한다.
④ 외출 후에는 만족 정도를 보호자를 통해 확인한다.
⑤ **대상자의 건강상태를 고려하여 외출계획을 조정한다.**

> 외출동행 시 대상자의 건강상태를 고려하여 계획을 조정한다.

57

요양보호사가 업무 내용을 기록하는 목적은?

① **요양보호서비스의 질을 높이기 위하여**
② 대상자의 개인정보를 공유하기 위하여
③ 요양보호사의 감상을 기록하기 위하여
④ 장기요양서비스 제공시간 단축을 위하여
⑤ 기관 중심의 서비스 계획 수립을 위하여

> 요양보호 업무 내용을 기록하여 제공된 서비스를 점검하고 그 효과를 구체적으로 평가하여 서비스의 질을 높일 수 있다.

58

다음과 같은 방법으로 의사소통해야 하는 대상자는?

- 어깨를 다독이면서 이야기를 시작한다.
- 대상자의 눈을 보며 정면에서 이야기한다.
- 입 모양으로 이야기를 알 수 있도록 입을 크게 벌려 정확하게 말한다.

① 이해력장애　　② 판단력장애
③ 지남력장애　　④ **노인성 난청**
⑤ 주의력결핍장애

> 노인성 난청 대상자와 이야기하는 방법에 해당한다.

59

요양보호사가 행하는 업무보고의 중요성으로 옳은 것은?

① 대상자와 친밀감을 형성할 수 있다.
② 요양서비스 비용을 절감할 수 있다.
③ 사고 시 대응 책임을 전가할 수 있다.
④ 대상자의 건강 상태를 호전시킬 수 있다.
⑤ 다음 요양보호서비스 제공 시 반영할 수 있다.

> 대상자의 변화를 기록하고 보고하여 그에 맞는 더 나은 서비스를 제공할 수 있다. 또한 사고 발생 시 신속한 대응이 가능하고 피해를 최소화할 수 있다.

60 ★★

보고내용이 복잡하거나 숫자나 지표가 필요한 경우에 하는 업무보고 형식은?

① 대면보고
② 구두보고
③ 서면보고
④ 전산망보고
⑤ 비대면보고

> 보고내용이 복잡하거나 숫자나 지표가 필요한 경우, 정확히 보고할 필요가 있거나 자료를 보존할 필요가 있을 때에는 서면보고를 한다.

61

말기환자가 사전연명의료의향서에 대해 물어볼 때 요양보호사의 반응으로 옳은 것은?

① "한번 작성하면 철회가 불가능합니다."
② "자녀의 동의가 있어야 작성할 수 있어요."
③ "제가 대신 작성하려면 인감도장이 필요해요."
④ "의사한테 작성해달라고 부탁하는 게 좋겠네요."
⑤ "대한민국 거주 19세 이상은 누구나 작성 가능해요."

> 사전연명의료의향서는 대한민국에 거주하는 19세 이상의 사람이면 누구나 작성 가능하다. 단, 법적 효력을 인정받으려면 등록기관을 통해 작성·등록해야 한다.

62 ★★

다음과 같은 임종기 대상자의 임종 적응 단계는?

> "나는 나름대로 잘 살아온 것 같아. 재산도 다 정리했고, 이제 가족들과 함께 좋은 시간을 보내고 싶어."

① 우울
② 타협
③ 분노
④ 부정
⑤ 수용

> 수용 단계의 대상자는 평화로운 마음으로 재산, 상속 등의 마지막 정리의 시간을 갖고, 가족들과 함께하는 마지막 시간을 보낸다.

63 ★

임종 대상자가 무호흡과 깊고 빠른 호흡이 교대로 나타날 때 대처 방법은?

① 가만히 둔다.
② 진통제를 투여한다.
③ 공기를 건조하게 유지한다.
④ 코 주변에 윤활제를 발라준다.
⑤ 상체와 머리를 높이고 손을 잡아준다.

> 숨 쉬는 것을 돕기 위해 상체와 머리를 높여주고 대상자의 손을 잡아주는 것이 도움이 된다.

64

치매약 복용량을 늘린 뒤 대상자가 손을 떨 때 돕는 방법은?

① 그 자리에 바로 눕힌다.
② 따뜻한 물을 많이 마시게 한다.
③ 119에 전화하여 구급차를 부른다.
④ 약물 용량을 이전처럼 줄여서 제공한다.
⑤ 증상을 메모하여 병원 방문 시 전달한다.

> 약물을 바꾸거나 용량을 늘렸을 때는 어지럼증, 손 떨림, 초조 등의 부작용이 나타날 수 있으므로 이를 면밀히 관찰하고 메모하여 병원에 가져가야 한다.

65

치매 대상자의 식사를 돕는 방법은?

① 사발보다는 접시가 이용하기에 편리하다.
② 빨대컵은 위험하므로 절대로 사용하지 않는다.
③ 기능 유지를 위해 컵에 물을 직접 따르도록 한다.
④ 대상자가 좋아하는 음식보다는 건강한 식단으로 제공한다.
⑤ **대상자가 졸려하거나 초조해할 때는 식사를 제공하지 않는다.**

- 치매 대상자가 졸려하거나 초조해하는 경우 식사를 제공하지 않는다.
- 접시보다는 사발을 사용하여 덜 흘리게 한다.
- 물을 마시면서 흘릴 경우에는 빨대컵을 사용한다.
- 컵에 물을 얼마나 따를지 판단하지 못하는 대상자에게는 요양보호사가 적당히 물을 따라 준다.
- 대상자의 식사 습관이나 선호하는 음식을 최대한 반영한다.

66

재가 치매 대상자의 화장실을 안전하게 관리하는 방법은?

① 밤에는 화장실 등을 어둡게 한다.
② **대상자의 눈높이에 '화장실' 표시를 해둔다.**
③ 펌프식의 손 세정제보다 고체비누를 이용하도록 한다.
④ 화장실을 표시하기 위해 문 앞에 화분을 둔다.
⑤ 화장실 문은 안에서만 열 수 있는 것으로 설치한다.

화장실이라는 것을 쉽게 알아볼 수 있도록 대상자의 눈높이에 맞춰 '화장실' 표시를 한다.

67

치매 대상자가 실금을 했을 때 돕는 방법은?

① 수분섭취를 제한한다.
② 옷은 천천히 갈아입힌다.
③ 항상 기저귀를 차고 있도록 한다.
④ **젖은 부위를 씻기고 말려 피부를 깨끗이 한다.**
⑤ 민망할 수도 있으니 모르는 척하고 가만히 둔다.

실금을 한 경우 가능한 한 빠르게 옷을 갈아입히고 실금으로 젖은 신체부위는 씻기고 말려서 피부를 깨끗하게 유지해준다.

68

치매 대상자가 아무 때나 밥을 달라고 할 때 대처 방법은?

① "오늘 벌써 세 번째 식사에요."
② "자꾸 그러시면 저 집에 갈게요."
③ "아니, 방금 드셨는데 무슨 말씀이세요?"
④ "식사를 너무 많이 하시면 살쪄서 안돼요."
⑤ **"지금 준비하고 있으니 조금만 기다려주세요."**

치매 대상자의 말을 부정하면 혼란스러워하므로, "지금 준비하고 있으니 조금만 기다려주세요."라고 친절하게 말한다.

69

치매 대상자가 최근 며칠간 밤에 잠을 자지 않을 때 대처 방법은?

① 실내온도를 높게 유지한다.
② 오후에 커피 한 잔을 제공한다.
③ 자기 전에 라디오를 틀어 준다.
④ **하루 동안의 수면상태를 관찰한다.**
⑤ 낮 활동 시간에 TV를 보도록 한다.

수면상태를 관찰하여 원인을 파악하고 침실의 온도를 적정하게 유지하는 등 수면에 좋은 환경을 만든다.

70 ★★★

밤에 일어나 두리번거리며 배회하는 치매 대상자를 돕는 방법은?

① 따뜻한 녹차를 제공한다.
② 실내 조명을 어둡게 한다.
③ 창문을 열어 환기를 한다.
④ 라디오를 크게 틀어 놓는다.
⑤ **집 안 보행로를 따라 걷게 한다.**

> 집 안에서 배회하는 경우 배회코스를 만들어 둔다.

71 ★★

다른 대상자가 자신의 물건을 훔쳐가려 한다며 방에서 보따리를 싸서 지키고 있는 치매 대상자를 돕는 방법은?

① 방의 조명을 환하게 바꿔 준다.
② 보따리를 가져와 아예 없애버린다.
③ **방 안에 있도록 한동안 내버려둔다.**
④ 아무도 훔쳐가지 않는다고 설명한다.
⑤ 활동 시간에는 억지로라도 끌어낸다.

> 도둑망상으로 대상자가 방 안에만 있기를 고집하면 위험하지 않은 범위 내에서 허용해 준다.

72 ★★

해 질 녘만 되면 방을 서성이며 불안해하는 치매 대상자를 돕는 방법은?

① 의자에 강제로 앉힌다.
② 불안해하는 이유를 물어 본다.
③ 혼자 쉴 수 있는 방에 들여보낸다.
④ 소음이 없는 조용한 공간을 조성한다.
⑤ **낮 시간 동안 움직이거나 활동하게 한다.**

> 치매 대상자가 해 질 녘이 되면 더욱 혼란해지고 불안정하게 의심 및 우울 증상을 보이는 것을 석양증후군이라 하며, 낮 시간 동안 움직이거나 활동하게 하면 도움이 된다.

73 ★★★

치매 대상자가 프로그램 중 옆에 앉은 대상자의 몸을 자꾸 만지려고 할 때 대처 방법은?

① 앞으로 프로그램에 참석시키지 않는다.
② 다른 대상자에게 이해해 달라고 말한다.
③ 큰 소리로 야단을 쳐서 행동을 멈추도록 한다.
④ 자꾸 만지면 보호자에게 연락하겠다고 말한다.
⑤ **프로그램 진행 시 좌석 간 거리를 두어 배치한다.**

> 문제 행동이 일어날 요인을 제한하는 것이 도움이 된다.

74 ★★★

치매 대상자와 의사소통하는 바람직한 방법은?

① 부정형 문장을 주로 사용한다.
② 큰 목소리와 높은 톤을 사용한다.
③ **말하는 동안 표정을 유심히 살핀다.**
④ 대상자의 뒤에서 다가가서 말을 건다.
⑤ 누워있는 대상자에게 서서 말을 건다.

> 대상자의 비언어적 표현을 관찰하여 의사소통한다.

75

네잎클로버 종이접기 활동 프로그램에 참여한 치매 대상자가 설명을 이해하지 못하고 종이를 쥐고만 있을 때 돕는 방법은?

① 종이를 뺏어서 대신 접어준다.
② **천천히 시범을 보이며 함께 만든다.**
③ 알아듣고 만들 때까지 계속 설명한다.
④ 얼른 말해준 대로 해 보라며 채근한다.
⑤ 스스로 만들 때까지 조용히 지켜보기만 한다.

> 대신 해 주거나 채근하기보다 인내심을 갖고 시범을 보이며 스스로 따라할 수 있게 한다.

76

대상자를 만질 때의 태도로 옳은 것은?

① 신속하게 행동한다.
② 힘을 주어 붙잡는다.
③ 손가락으로만 잡는다.
④ 대상자의 피부와 좁은 면적이 닿게 만진다.
⑤ 감싸듯 하여 존중하고 도와주는 느낌을 준다.

> 천천히 감싸듯 하여 대상자의 피부와 넓은 면적이 닿도록 만져 존중하고 도와주는 느낌을 준다.

77

연하곤란이 있는 대상자에게 식사를 제공하는 동안 주의 깊게 관찰해야 하는 증상은?

① 탈수
② 염좌
③ 부종
④ 구역질
⑤ 가려움증

> 연하곤란이 있는 경우 질식의 위험이 있으므로 식사 중 구역질 증상이 있는지 주의하여 관찰한다.

78

의학적 위기상황에서 요양보호사의 대처 방법으로 옳은 것은?

① 가장 먼저 가족 또는 기관장에게 보고한다.
② 위기상황을 인지한 시간과 상황을 잘 기억해 둔다.
③ 응급처치는 119 구급대원이 도착할 때까지 실시하지 않는다.
④ 상황이 잘 종료되면 상태기록지나 사고보고서를 작성할 필요가 없다.
⑤ 의식을 잃은 대상자를 흔들어 깨워 무슨 일이 일어났는지 직접 듣는다.

> 위기상황을 인지한 현재의 시간과 발생한 상황들을 잘 기억해 둔다.

79

대상자에게 심폐소생술을 할 때 가슴을 압박하는 방법으로 옳은 것은?

① 매 압박마다 다른 위치를 압박한다.
② 분당 100~120회의 속도로 압박한다.
③ 가슴뼈의 위쪽 절반 부위에 손바닥을 댄다.
④ 바닥이 단단한 곳보다는 푹신한 곳에서 시행한다.
⑤ 최대 3cm 정도의 깊이로 가슴이 눌리게 압박한다.

> 가슴압박 시 바닥이 단단하고 평평한 곳에 눕힌 뒤 가슴뼈 아래쪽 절반 부위에 손을 대고 100~120회/분의 속도로 대상자의 가슴이 약 5cm 눌릴 수 있게 체중을 실어 깊고 강하게 압박한다. 이때 매 압박 시 위치가 달라지지 않게 한다.

80

다음 중 심폐소생술을 하는 자세로 옳은 것은?

①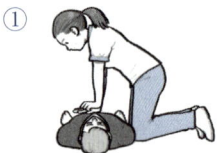
②
③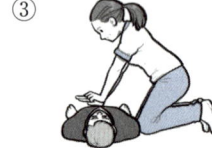
④
⑤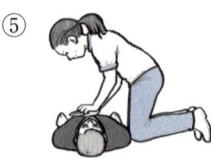

> 구조자의 체중을 이용하여 압박하기 위해, 양팔의 팔꿈치를 곧게 펴서 어깨와 일직선을 이루게 하고 구조자의 어깨와 대상자의 가슴이 수직이 되게 한다.

03 제3회 합격모의고사

요양보호론(필기시험)

01 ★★

노화의 긍정적인 측면으로 옳은 것은?

① 빠르게 의사결정을 내릴 수 있다.
② 신체 능력을 최대한으로 활용할 수 있다.
③ 넘치는 에너지를 자기계발에 쏟을 수 있다.
④ 외부 사회와 활발한 상호작용을 할 수 있다.
⑤ 수많은 정보 중 중요한 정보를 추출해 낼 수 있다.

> 노인은 축적된 경험과 연륜으로 수많은 정보 중 중요한 정보를 추출해 낼 수 있다.

02 ★★★

다음에서 설명하는 노년기의 심리적 특성은?

- 결론을 내리는 데까지 시간이 걸린다.
- 명확한 의견을 내기보다 중립을 지키곤 한다.

① 활동성 증가
② 조심성 증가
③ 경직성 증가
④ 우울감 증가
⑤ 의존성 증가

> 노인은 조심성이 증가하여 결단이나 행동이 느려지고 매사에 신중해진다.

03 ★★★

노년기의 사회적 특성으로 옳은 것은?

① 유대감 확대
② 경제적 풍요
③ 여가시간 감소
④ 가족구성원 증가
⑤ 사회적 관계 위축

> 노인은 신체 기능이 쇠퇴하여 만성 질환을 갖게 되고, 이는 노인의 사회적 관계에 부정적인 영향을 끼치게 된다.

04

노인 부모가 자녀와 근거리에 살면서 자녀의 보살핌을 받는 가족형태는?

① 핵가족
② 조손가족
③ 노인가족
④ 수정핵가족
⑤ 수정확대가족

> 수정확대가족은 노인 부모가 자녀와 근거리에 살면서 자녀의 보살핌을 받는 가족형태를 말한다.

05 ★★★

노년기에 일반적으로 보이는 심리적 특성은?

① 익숙한 습관과 태도를 고수한다.
② 타인을 향해 에너지를 발산한다.
③ 과거보다 현재 상황에 집중한다.
④ 자신의 흔적을 지우고 싶어한다.
⑤ 주변에 대한 독립심이 증가한다.

> 노년기에는 경직성이 증가하여 익숙한 습관, 태도, 방법을 고수한다.

06 ★★

현대 사회에서 나타나는 노인부양 문제의 특징으로 옳은 것은?

① 재정적 지원만 필요하다.
② 개인적 문제이지 사회적 문제는 아니다.
③ 사회가 부양해야 한다는 인식이 감소하였다.
④ 가족이 부양해야 한다는 인식이 증가하였다.
⑤ **노인문제는 어느 사회에서나 누구나 당면하는 문제이다.**

> 노인문제는 어느 사회에서나 누구나 당면하고 복합적으로 연결되어 있다.

07 ★

다음에서 설명하고 있는 것은?

> 생활이 어려운 사람에게 필요한 급여를 제공하여 이들의 최저생활을 보장하고 자활을 돕는 것을 목적으로 하므로, 대상자가 부양의무자로부터 부양을 받지 못하고 최저생활을 유지하기 어려울 때 도움을 받을 수 있는 공공부조제도

① 국민건강보험
② 국민연금보험
③ 노인장기요양보험
④ 사회서비스
⑤ **국민기초생활보장제도**

> 인간이 살면서 겪는 여러 가지 욕구, 사회문제, 위험을 해결하여 더 높은 삶의 질을 도모하려는 전문적 노력과 관련된 사회제도를 사회복지라고 하는데, 이 중에서 국민기초생활보장제도에 대한 설명이다.

08

노인 건강진단 지원을 받을 수 있는 나이는 몇 세 이상인가?

① 만 60세   ② 만 61세
③ 만 63세   ④ 만 64세
⑤ **만 65세**

> 만 65세 이상 의료급여 수급권자 중 노인 건강진단 희망자와 보건소장이 필요하다고 인정한 사람은 노인 건강진단 지원을 받을 수 있으며, 사업주체는 시군구 보건소이다.

09 ★★

일상생활을 혼자서 수행하기 어려운 노인에게 장기요양급여를 제공하는 것은?

① 국민연금보험   ② 노인주거복지시설
③ 노인맞춤돌봄서비스   ④ **노인장기요양보험제도**
⑤ 국민기초생활보장제도

> 노인장기요양보험제도는 고령이나 노인성 질병 등의 사유로 일상생활을 혼자서 수행하기 어려운 노인에게 신체활동 또는 가사활동 지원 등의 장기요양급여를 제공하는 것이다.

10

장기요양 일반 대상자에게 해당하는 의사소견서 발급비용 중 본인부담금의 비율은?

① 장기요양급여비용의 8%
② 장기요양급여비용의 10%
③ 장기요양급여비용의 12%
④ 장기요양급여비용의 15%
⑤ **장기요양급여비용의 20%**

> 의사소견서 발급비용의 본인부담금 비율은 일반 대상자는 20%이고, 40% 감경대상자와 60% 감경대상자는 10%이다.

11

매슬로의 욕구단계 중 타인에게 지위, 명예 등을 인정받고 싶어 하는 단계는?

① 안전의 욕구
② 인정의 욕구
③ 생리적 욕구
④ **존경의 욕구**
⑤ 자아실현의 욕구

> 매슬로의 욕구단계 중 4단계 존경의 욕구는 타인에게 지위, 명예 등을 인정받고 싶어 하는 단계이다.

12 ★★

노인의 자기결정권에 해당하는 것은?

① **사생활보호 및 비밀보장의 권리**
② 외출 및 이동서비스를 받을 권리
③ 가족과의 교류 및 협력에 대한 권리
④ 개인 재산과 금품을 스스로 관리할 권리
⑤ 자유로운 정치적 의사표현을 보장받을 권리

> ②는 건강권, ③은 교류·소통권, ④는 인간 존엄권 및 경제·노동권, ⑤는 정치·종교·문화생활권에 해당한다.

13 ★

노인보호 전문기관의 사업내용으로 옳은 것은?

① **노인인권 보호사업**
② 경로식당 무료급식
③ 응급상황 자동신고
④ 무료급식사업자 예산 지원
⑤ 대상자 활동 및 상태정보전송

> 노인보호 전문기관의 사업대상은 모든 노인이며, 사업내용으로 노인인권 보호사업, 노인학대 예방사업, 노인인식 개선교육, 노인자살 예방 교육, 시설 내 노인권리 보호 및 기타 노인의 권익 보호를 위한 사업 등이 있다.

14

산재근로자 보호의 주요 내용에 해당하는 것은?

① **보험급여는 세금을 떼지 않는다.**
② 보험급여는 양도 또는 압류가 가능하다.
③ 산재를 이유로 해고하는 것은 정당하다.
④ 보험급여를 받을 권리는 퇴직 여부와 상관이 있다.
⑤ 산재로 요양 중일 때 사업장이 폐업하면 휴업급여는 지급되지 않는다.

> 보험급여는 조세 및 기타 공과금 부과가 면제되어 세금을 떼지 않으며, 산재를 당했다는 이유로 해고할 수 없다.

15 ★★

다음과 같은 사례에서 올바른 대처 방법은?

> 요양보호사 A씨가 70대 할아버지의 옷을 갈아입히고 있는데, 갑자기 할아버지가 A씨의 허리를 잡고 쓰다듬었다.

① 바로 경찰에 신고한다.
② 싫어하는 티를 내지 않기 위해 참는다.
③ 그만하지 않으면 신고하겠다고 협박한다.
④ 소리치면서 할아버지를 밀치고 도망친다.
⑤ **단호하게 거부한 후 대상자의 가족과 시설장에게 알리겠다고 말한다.**

> 대상자가 성적인 농담이나 신체접촉을 할 때에는 단호하게 거부한 후 대상자의 가족과 관리책임자 혹은 시설장에게 이러한 사실을 알리겠다고 대상자에게 말한다.

16 ✶

감염 예방을 위해 요양보호사가 할 일은?

① **손을 자주 씻는다.**
② 적절한 보호장구를 지급한다.
③ 감염 예방에 대한 교육을 한다.
④ 정기적으로 건강검진을 받도록 한다.
⑤ 반드시 인플루엔자 등 예방접종을 한다.

> ②, ③, ④, ⑤는 감염 예방을 위해 기관 차원에서 할 일이다.

17 ✶✶✶

노화에 따른 소화기계 변화로 옳은 것은?

① 위액의 산도가 증가한다.
② 타액의 분비가 증가한다.
③ 췌장 호르몬 분비가 증가한다.
④ 항문 괄약근의 긴장도가 커진다.
⑤ **가스가 차거나 변비가 생기기 쉽다.**

> - 소화능력의 저하로 가스가 차고, 변비, 설사, 구토 등이 생긴다.
> - 타액과 위액분비 및 위액의 산도가 저하되고, 췌장 호르몬 분비가 감소한다.
> - 항문 괄약근의 긴장도가 떨어져 변실금이 발생할 수 있다.

18 ✶✶

대장암 대상자의 식이요법으로 옳은 것은?

① 수분 섭취를 줄인다.
② 간식을 자주 제공한다.
③ **식물성 지방을 섭취한다.**
④ 한 끼의 식사량을 늘린다.
⑤ 가공된 동물성 식품을 제공한다.

> - 동물성 식품의 섭취를 줄이고, 식물성 지방을 섭취하며, 가공식품, 인스턴트식품, 훈연식품을 피한다.
> - 하루에 6~8잔 정도의 물을 마신다.
> - 잦은 간식은 피하고, 식사는 소량씩 규칙적으로 섭취한다.

19 ✶✶✶

노화에 따른 호흡기계 변화로 옳은 것은?

① **기침반사 저하**
② 폐포의 탄력성 증가
③ 공기 흡입의 효율 증가
④ 기관지 내 분비물 감소
⑤ 폐 순환량 증가

> - 기침반사와 섬모운동이 저하되어 미세 물질을 효과적으로 걸러내기 어렵다.
> - 폐포의 탄력성과 폐 순환량이 감소하여 폐활량이 줄고, 숨이 쉽게 찬다.
> - 콧속의 점막이 건조해져 공기 흡입의 효율이 감소한다.
> - 기관지 내 분비물이 증가한다.

20

천식을 앓는 대상자의 증상을 악화시킬 수 있는 요인은?

① 금연
② 잦은 샤워
③ 자외선 노출
④ **집먼지진드기**
⑤ 노로바이러스

> 꽃가루, 집먼지진드기, 동물의 털 및 배설물, 곰팡이, 미세먼지 등은 천식의 증상을 악화시킬 수 있다.

21

헤모글로빈 부족으로 몸에 산소를 충분히 공급하지 못할 때 나타날 수 있는 증상은?

① **현기증**
② 가려움증
③ 시력 감소
④ 전신성 수포
⑤ 발작성 기침

> 적혈구나 헤모글로빈이 부족하여 산소를 충분히 공급하지 못하는 질환은 빈혈이며, 대표적인 증상은 현기증이다.

22 ★★

노화에 따른 여성 생식기계 변화로 옳은 것은?

① 질벽이 두꺼워진다.
② 성적 욕구가 감소한다.
③ 질 분비물 발생이 증가한다.
④ 여성 호르몬 분비량이 증가한다.
⑤ 난소의 크기가 감소하고 기능도 감퇴한다.

> 노화에 따라 여성 호르몬이 감소하면서 난소가 작아지고 기능도 점차 감퇴한다.

23

피부 건조증을 예방하는 방법으로 옳은 것은?

① 물을 자주 마신다.
② 때를 자주 밀어준다.
③ 실내 온도를 30℃로 유지한다.
④ 샤워를 자주 하여 청결을 유지한다.
⑤ 각질 제거 기능이 좋은 비누를 사용한다.

> • 피부 건조를 예방하기 위해 수분을 충분히 섭취한다.
> • 자주 샤워하거나 때를 미는 것은 피부를 더욱 건조하게 할 수 있으므로 삼간다.

24 ★

안압의 상승으로 시신경이 손상되어 시력이 점차 약해지는 질환은?

① 섬망
② 백내장
③ 녹내장
④ 결막염
⑤ 안구건조증

> 녹내장은 안압의 상승으로 시신경이 손상되어 시력이 점차 약해지는 질환이다.

25 ★★

당뇨병에 대한 증상으로 옳은 것은?

① 원시가 생긴다.
② 체중이 증가한다.
③ 말이 어눌해진다.
④ 관절 모양이 변형된다.
⑤ 상처 치유가 지연된다.

> 혈액순환에 이상이 생겨 상처 치유가 지연된다.

26 ★★★

섬망(A)과 치매(B)의 특징을 바르게 비교한 것은?

	A	B
①	갑자기 나타남	서서히 나타남
②	지남력 장애 없음	지남력 장애 있음
③	신체적 변화 적음	신체적 변화 심함
④	주의집중 변화 적음	주의집중 급격히 저하
⑤	대부분 만성으로 진행	대체로 회복됨

> 섬망은 갑자기 나타나서 일정 기간 지속되다가 대체로 회복되는 경향이 있다. 반면, 치매는 서서히 나타나서 대부분 만성으로 진행된다.

27 ★

다음 증상이 있을 때 의심할 수 있는 질환은?

> • 비틀거리고 한쪽으로 넘어진다.
> • 발음이 어눌해지고 입 모양이 비대칭이다.

① 섬망
② 뇌졸중
③ 류마티스
④ 파킨슨병
⑤ 알츠하이머병

> 뇌졸중으로 소뇌가 손상될 경우 한쪽으로 쓰러지는 운동 실조증을 보이며, 좌뇌의 언어 중추가 손상될 경우 언어장애가 생긴다.

28

나이가 들면서 다양하고 복잡한 문제들이 생기며 특히 허약한 노인에게서 흔하고, 그 원인이 다양하여 치료와 돌봄이 중요한 증상이나 소견을 무엇이라고 하는가?

① 치매
② 뇌졸중
③ 파킨슨병
④ 노인증후군
⑤ 행동심리증상

> 노인증후군에 대한 설명이다.

29

노인에게 영양문제가 발생할 수 있는 요인은?

① 침 분비 증가
② 고독감과 외로움
③ 갈증에 대한 반응 증가
④ 포만감을 느끼기 어려움
⑤ 미각과 후각이 예민해짐

> 사회적 고립이나 가까운 사람의 사망 등으로 고독감, 외로움, 우울 등을 느끼면 심리적 이유로 식욕이 감소하고, 이로 인해 영양결핍이 초래될 수 있다.

30

대상자의 건강 증진을 위한 운동 관리법은?

① 실내운동 시 준비운동을 생략한다.
② 고강도에서 저강도 순으로 운동한다.
③ 추운 날씨에는 야외운동 위주로 운동한다.
④ 현재 복용 중인 약물을 확인 후 운동한다.
⑤ 태권도, 농구, 스쿼시, 테니스 등이 적절하다.

> • 현재 질환과 투약 상황을 확인하여 그에 맞는 운동을 한다.
> • 태권도, 농구, 탁구, 배드민턴, 스쿼시, 테니스 등 빠르게 방향을 바꾸어야 하는 운동은 금한다.

31

시설 대상자의 숙면을 돕는 방법으로 옳은 것은?

① 밤잠이 부족하면 낮잠을 자게 한다.
② 잠들기 전에 고강도 운동을 하게 한다.
③ 잠이 올 때까지 텔레비전을 보게 한다.
④ 아침에 저절로 깰 때까지 깨우지 않는다.
⑤ 코를 고는 사람과 다른 방에서 자게 한다.

> 함께 자는 사람이 코골이, 뒤척임 등으로 수면을 방해한다면 다른 방을 사용하게 한다.

32

대상자의 약물 복용 관리 방법은?

① 알약을 삼키기 힘든 경우 쪼개서 준다.
② 모든 약물은 식후 30분에 복용하게 한다.
③ 물을 충분히 제공하여 약을 잘 삼키게 한다.
④ 증상이 비슷한 다른 사람의 약을 복용시킨다.
⑤ 복용 시간을 놓치면 그 다음 복용 시 2배로 복용한다.

> 충분한 물은 약을 삼키기 쉽게 해준다.

33

흡연에 대한 설명으로 옳은 것은?

① 흡연이 중독성 질환은 아니다.
② 자궁경부암 발생과는 관련이 없다.
③ 간접흡연은 건강에 영향을 주지 않는다.
④ 본인 의지만으로 충분히 금연할 수 있다.
⑤ 동맥경화증과 같은 심혈관질환의 원인이다.

> • 흡연은 중독성 질환이며, 폐암, 위암, 자궁경부암 등 여러 암 발생과 동맥경화증과 같은 심혈관질환의 원인이다.
> • 간접흡연도 해로우며 본인 의지로만 금연할 가능성이 매우 낮아 약물치료나 금연상담을 받는 것이 좋다.

34

적정 음주를 위한 방법은?

① 작은 잔에 마시기
② 안주와 물은 피하기
③ 매일 한 병만 마시기
④ 여러 술을 섞어 마시기
⑤ 알코올 도수가 높은 종류부터 마시기

- 술을 작은 잔에 마시면 전체 음주량을 줄일 수 있다.
- 술자리에서 안주나 물을 함께 먹고, 알코올 도수가 낮은 종류를 선택하여 마신다.

35

폭염에 대응하는 안전수칙으로 옳은 것은?

① 수분 섭취량을 줄인다.
② 챙이 넓은 모자를 쓴다.
③ 커튼을 걷고 창문을 닫는다.
④ 뜨거운 물로 통목욕을 한다.
⑤ 음료를 마실 때는 빠르게 마신다.

폭염에 부득이 외출 시에는 헐렁한 옷차림에 챙이 넓은 모자를 써 햇빛을 가린다.

실기시험

36

영양부족을 확인할 수 있는 지표로 옳은 것은?

① 키
② 나이
③ 연하장애
④ 배변 양상 변화
⑤ 사회적 고립과 빈곤

영양부족을 확인할 수 있는 지표
체중 감소, 신체 기능 저하, 마르고 약해 보임, 배변 양상 변화, 피로, 무감동, 상처회복 지연, 탈수 등

37

노인의 영양관리에 대한 설명으로 옳은 것은?

① 노인의 하루 활동량은 줄고, 에너지 소모량은 증가한다.
② 먹고 싶어 할 때마다 원하는 식사를 자유롭게 제공한다.
③ 좋아하고 익숙한 음식 위주로 주는 것이 영양 균형에 좋다.
④ 1일 단위로 6군의 기초식품을 골고루 넣은 식단을 구성한다.
⑤ 하루에 섭취해야 하는 에너지, 단백질, 비타민 등의 1일 필요량은 줄어든다.

- 1일 단위로 6군의 기초식품을 골고루 넣은 식단을 구성하여 영양 균형을 맞춘다.
- 노인은 하루 활동량의 감소로 에너지 소모량이 줄어드나, 하루에 섭취해야 하는 에너지, 단백질, 비타민 등의 1일 필요량은 줄어들지 않는다.
- 노인은 좋아하거나 익숙한 음식만 먹으려는 경향이 있으므로, 영양 균형을 고려한 식단 관리가 필요하다.

38

나트륨 섭취가 늘어날 때 위험성이 높아지는 질환은?

① 비만
② 충치
③ 골다공증
④ 대사증후군
⑤ 저밀도 콜레스테롤 수치 증가

> 나트륨 섭취가 늘어나면 골다공증, 고혈압, 위염, 심장-뇌혈관질환의 위험이 높아지므로 절제한다.

39

침상 배설을 돕는 방법으로 옳은 것은?

① 배설 시 조용한 상태를 유지시켜 준다.
② 대상자가 변의를 호소하면 5분 뒤에 도와준다.
③ 대상자가 참지 못하고 실수하는 경우 다그친다.
④ 사생활 보호를 위해 배변 시 커튼으로 가려준다.
⑤ 배변 후 뒤처리를 할 때에는 뒤에서 앞으로 닦는다.

> 사생활 보호를 위해 배변 시 불필요한 노출을 방지하고 가려주며 편안한 상태에서 배설하게 한다.

40

침상 목욕을 돕는 방법으로 옳은 것은?

① 얼굴은 입 주위부터 닦는다.
② 유방은 위에서 아래로 닦는다.
③ 양쪽 상지는 팔 쪽에서 손목 쪽으로 닦는다.
④ 양쪽 하지는 발끝에서 허벅지 쪽으로 닦는다.
⑤ 복부는 배꼽을 중심으로 시계 반대 방향으로 닦는다.

> • 양쪽 하지는 무릎을 세워서 발꿈치나 무릎 뒤를 손으로 지지하여 발끝에서 허벅지 쪽으로 닦는다.
> • 양쪽 상지는 손끝에서 겨드랑이 쪽으로 닦는다.

41

대상자를 옆으로 눕히는 방법으로 옳은 것은?

① 대상자의 손의 위치는 상관이 없다.
② 베개를 등 부위에 받치는 것은 위험하다.
③ 돌려 눕히려고 하는 쪽의 반대로 머리를 돌린다.
④ 요양보호사는 돌려 눕히려는 쪽의 반대편에 선다.
⑤ 반대쪽 어깨와 엉덩이에 손을 대고 옆으로 돌려 눕힌다.

> • 대상자의 손은 위로 올리거나 양손을 가슴에 포개어 팔이 눌리지 않게 한다.
> • 필요한 경우 베개를 등 부위에 받쳐준다.
> • 돌려 눕히려는 쪽으로 머리를 돌리고, 요양보호사는 돌려 눕히려고 하는 쪽에 선다.

42

왼쪽 편마비 대상자가 그림과 같이 계단을 올라가고자 할 때 이동 순서로 옳은 것은?

① 왼쪽 다리 → 지팡이 → 오른쪽 다리
② 오른쪽 다리 → 왼쪽 다리 → 지팡이
③ 오른쪽 다리 → 지팡이 → 왼쪽 다리
④ 지팡이 → 오른쪽 다리 → 왼쪽 다리
⑤ 지팡이 → 왼쪽 다리 → 오른쪽 다리

> 편마비 대상자가 지팡이를 이용해 계단을 올라갈 경우 '지팡이 → 건강한 다리(오른쪽 다리) → 마비된 다리(왼쪽 다리)' 순으로 이동한다.

43 ★★

대상자가 타고 있는 휠체어를 지그재그로 이동해야 하는 경우는?

① 엘리베이터를 탈 때
② 도로 턱을 내려갈 때
③ 도로 턱을 올라갈 때
④ 울퉁불퉁한 길을 갈 때
⑤ **가파른 내리막길을 갈 때**

> 대상자의 체중이 많이 나가거나 경사도가 큰 경우에 휠체어를 지그재그로 이동한다.

44

거동이 불편한 대상자가 자주 가는 장소에 다음과 같은 안전손잡이를 설치해야 하는 이유는?

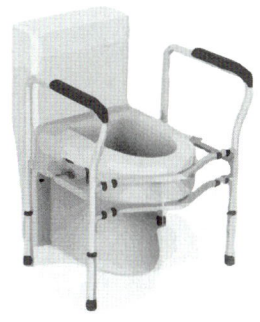

① 변비 해소
② 운동량 증진
③ **자립성 증가**
④ 심장기능 향상
⑤ 보행패턴 교정

> 안전손잡이는 거동이 불편한 대상자의 자립성을 높여주는 도구이다.

45 ★★

왼쪽 편마비 대상자를 휠체어에서 침대로 옮기는 순서는?

> 가. 휠체어의 잠금장치를 잠그고 발 받침대를 올림
> 나. 휠체어의 오른쪽을 침대 옆에 45도 각도로 놓음
> 다. 대상자의 오른쪽 손으로 침대를 지지하게 함
> 라. 대상자의 발을 바닥에 붙이고, 둔부를 앞쪽으로 이동시킴
> 마. 무릎을 구부려 침대에 걸터앉게 함

① 가 → 나 → 다 → 라 → 마
② 가 → 나 → 라 → 다 → 마
③ 가 → 다 → 나 → 라 → 마
④ **나 → 가 → 라 → 다 → 마**
⑤ 나 → 다 → 가 → 라 → 마

> 나. 대상자의 건강한 쪽(오른쪽)이 침대와 평행 또는 30~45° 각도가 되도록 휠체어를 놓는다.
> 가. 휠체어의 잠금장치를 잠그고 발 받침대를 올린다.
> 라. 대상자의 발을 바닥에 붙이고, 둔부를 휠체어 의자 앞쪽으로 이동시킨다.
> 다. 대상자의 건강한 쪽(오른쪽) 손으로 침대를 지지하게 한다.
> 마. 무릎을 구부려 침대에 걸터앉게 한다.

46 ★

목욕의자 선정 시 고려 사항으로 옳은 것은?

① 팔걸이가 없는 것이 좋다.
② 등받이가 낮게 되어 있어야 한다.
③ 목욕의자의 앉는 면이 높은 것이 좋다.
④ 구멍이 있거나 홈이 파여 있으면 안 된다.
⑤ **소재는 금속 또는 목재로 된 것을 선택한다.**

> 소재는 금속 또는 목재로 하여 대상자의 무게를 충분히 견딜 수 있도록 튼튼하게 만들어야 한다.

47 ★

배회감지기에 대한 설명으로 옳은 것은?

① 대상자가 실종된 후 찾기 위한 장치이다.
② 매트형 배회감지기는 위치추적 서비스이다.
③ GPS형 배회감지기는 물에 젖어도 상관없다.
④ **매트형 배회감지기는 침대 또는 바닥에 설치한다.**
⑤ GPS형 배회감지기는 밀리거나 걸려서 넘어지지 않게 주의한다.

> 매트형 배회감지기는 침대 또는 바닥에 설치하여 대상자가 영역을 벗어날 경우 가족이나 보호자에게 알림을 보내는 장치이다.

48 ★★

지진발생 시 대처 방법으로 옳은 것은?

① 창문 근처에서 웅크린 채로 대기한다.
② 집이 흔들리는 동안에도 대피를 시도한다.
③ **운동장이나 공원 등 넓은 공간으로 대피한다.**
④ 엘리베이터를 이용하여 빨리 나가는 것이 안전하다.
⑤ 집이 흔들리기 시작할 때 탁자 아래로 들어가는 것은 위험하다.

> 떨어지는 물건에 유의하며 신속하게 운동장이나 공원 등 넓은 공간으로 대피한다.

49 ★

조리방법에 대한 설명으로 옳은 것은?

① 찜은 모양유지가 안 된다.
② 삶기는 기름기가 증가한다.
③ 볶기는 저온에서 장시간 조리한다.
④ 튀기기는 기름을 최대한 많이 사용한다.
⑤ **굽기는 기름이나 물을 사용하지 않는다.**

> 굽기는 기름이나 물을 사용하지 않고 높은 열로 빠른 시간 내에 조리한다.

50

다음은 식사구성안을 이용한 식사계획 원칙이다. 해당하는 영양소와 바르게 연결된 것은?

> 가. 곡류는 매일 2~4회 섭취하여 에너지를 공급한다.
> 나. 고기·생선·달걀·콩류는 매일 3~4회 섭취하여 근육량과 면역력을 증진한다.
> 다. 우유·유제품류는 매일 1~2잔을 섭취하여 뼈와 치아를 튼튼하게 한다.

	가	나	다
①	탄수화물	비타민	칼슘
②	**탄수화물**	**단백질**	**칼슘**
③	탄수화물	단백질	무기질
④	단백질	탄수화물	비타민
⑤	단백질	무기질	비타민

> 가. 곡류 – 탄수화물
> 나. 고기·생선·달걀·콩류 – 단백질
> 다. 우유·유제품류 – 칼슘

51 ★★

음식물을 삼키는 데에 어려움이 있는 대상자의 식사를 돕는 방법으로 옳은 것은?

① 식사 후 바로 눕게 한다.
② 국수류는 자르지 않고 먹는다.
③ 유제품류는 마시는 형태를 제공한다.
④ 수시로 말을 걸어 음식을 천천히 삼키게 한다.
⑤ **머리는 정면을 보고 턱은 몸쪽으로 약간 당기게 한다.**

> 바른 식사자세로 앉아 머리는 정면을 보고 턱은 몸쪽으로 약간 당긴다.

★ 52

식중독 예방 방법으로 옳은 것은?

① 물은 수돗물을 받아 마신다.
② 조리된 음식은 실온에 보관한다.
③ 손은 흐르는 물로 10초 정도 씻는다.
④ 생육과 조리된 음식을 함께 보관한다.
⑤ 칼, 도마 등의 조리기구를 구분하여 사용한다.

> 칼이나 도마 등의 조리기구는 육류용, 어류용, 채소·과일용 등으로 구분하여 따로 사용한다.

★★ 53

다음 대화에서 요양보호사의 반응으로 옳은 것은?

| 대 상 자 : 요즘 TV에 볼 것도 없고 무기력하네.
| 요양보호사 : (   ) |

① "그럼 들어가서 주무세요."
② "요새 저도 우울하고 무기력해요."
③ "저는 재밌기만 한데 이상하시네요."
④ "햇살도 좋은데 밖에 나가서 걸어보실래요?"
⑤ "불평만 하지 마시고 긍정적인 말만 하세요."

> 어르신이 평소와 달리 의욕이 없고 무기력할 때에는 날씨와 같이 편안한 주제로 이야기를 시작해 본다.

★★★ 54

대상자가 진료를 받기 위해 병원을 방문하고자 할 때 동행하는 방법으로 옳은 것은?

① 보호자가 꼭 동행하여야 한다.
② 보호자의 자가용을 운전하여 이동한다.
③ 약 복용법에 대해서는 본인만 잘 숙지한다.
④ 병원진료 시 필요한 신분증과 진료비를 준비한다.
⑤ 외출 전에 하루 용량의 약을 한꺼번에 복용시킨다.

> 병원진료 시 신분증과 진료비 등을 준비하고, 다니던 병원과 대상자의 건강상태 및 복용상태를 보호자에게 확인한다.

★★ 55

정전 및 전기사고에 대한 대처 방법으로 옳은 것은?

① 손전등은 위험하므로 사용하지 않는다.
② 긴급한 상황일 때는 누전차단기를 살펴본다.
③ 하나의 콘센트에 여러 개의 전기코드를 꽂는다.
④ 녹아버린 냉동식품은 다시 냉동하지 않고 버린다.
⑤ 전기쇼크를 입은 사람에게 바로 심폐소생술을 실시한다.

> - 정전으로 인해 냉장고에서 녹아버린 냉동식품은 재냉동하지 않고 버린다.
> - 손전등이나 휴대폰을 이용해 주변을 밝힌다.
> - 긴급한 상황이 아니라면 누전차단기의 이상 유무를 확인하고 정전의 원인을 살펴본다.
> - 하나의 콘센트에 여러 개의 전기코드를 꽂지 않는다.
> - 전기쇼크를 입은 사람이 있다면 전류가 완전히 차단될 때까지 접촉해서는 안 된다.

56

노인의 의복과 신발을 선택할 때 주의할 사항은?

① 장식이 화려할수록 좋다.
② 유행하는 디자인을 고른다.
③ 어두운 색상의 옷을 선택한다.
④ 신발은 뒤가 뚫려 있는 것으로 선택한다.
⑤ 미끄럼방지 처리가 되어 있는 양말을 선택한다.

> - 실내에서도 미끄러질 위험이 있으므로 미끄럼방지 처리가 되어 있는 양말을 선택한다.
> - 의복은 움직이는 데 불편하지 않도록 장식이 과하지 않아야 하고, 체형에 맞는 디자인을 고른다.
> - 신발은 뒤가 막혀 있는 것으로 선택한다.

57

노인성 난청 대상자와 이야기하는 방법으로 옳은 것은?

① 어둡고 좁은 방에서 대화한다.
② 입을 작게 벌리며 정확하게 말한다.
③ 눈짓으로 신호를 주면서 이야기를 시작한다.
④ 말을 알아듣기 쉽도록 빠르고 차분하게 이야기한다.
⑤ 보청기를 착용할 때는 입력은 낮게, 출력은 크게 조절한다.

- 어깨를 다독이거나 눈짓으로 신호를 주면서 이야기를 시작한다.
- 보청기를 착용할 때는 입력은 크게, 출력은 낮게 조절한다.

58

요양보호 기록의 종류와 내용이 바르게 연결된 것은?

① 상태기록지 - 상담내용 및 결과
② 장기요양급여 제공계획서 - 대상자 상태평가
③ 사고보고서 - 사고내용과 대응 결과
④ 욕구사정지 - 사례회의 검토내용 및 결과
⑤ 장기요양급여 제공기록지 - 대상자의 욕구사정

사고보고서는 사고가 발생한 시점에서 시간의 흐름에 따라 사고의 내용, 진행 경과, 대응 결과를 기록한다.

59

요양보호사의 업무보고 방법으로 옳은 것은?

① 상황이 급할 때는 서면보고를 한다.
② 요양보호사의 감상을 함께 보고한다.
③ 강조할 내용은 여러 번 중복 보고한다.
④ 새로운 업무방법을 찾았을 때 보고한다.
⑤ 사고 발생 시 처리가 끝난 후 보고한다.

요양서비스 제공 과정에서 새로운 요양보호 방법을 찾았을 때 혼자 적용하지 않고 먼저 보고한다.

60

장기요양기관에서 사례회의를 하는 목적은?

① 서비스 횟수와 비용의 결정
② 대상자와 요양보호사의 연결
③ 가족에게 서비스 제공 계획 설명
④ 서비스 제공 계획의 타당성 검토
⑤ 업무와 관련된 교육과 훈련 실시

사례회의를 통해 제공되고 있는 서비스를 점검하고 앞으로의 서비스 제공 계획의 타당성을 검토하여 내용을 조정한다.

61

임종기 대상자 상담기술로 옳은 것은?

① 죽음에 대한 이야기는 무조건 피한다.
② 종교 지도자와의 면담은 추천하지 않는다.
③ 대상자와 가족들이 만나서 대화하는 시간을 줄인다.
④ 가까운 사람의 임종 경험은 상담지원에 도움이 되지 않는다.
⑤ 자신의 감정을 있는 그대로 솔직하게 표현할 수 있게 격려한다.

자신의 감정을 있는 그대로 솔직하게 표현하는 것을 통해 임종과정에서 마주하는 두려움과 걱정에 잘 대처할 수 있다.

62 ⭐⭐

임종기 대상자가 다음과 같이 말할 때의 임종 적응 단계는?

> "그래, 누구나 한 번 죽기는 죽지. 그래도 손주 얼굴 볼 때까지만이라도 더 살고 싶어."

① 타협
② 우울
③ 수용
④ 분노
⑤ 부정

> 타협 단계의 임종기 대상자는 죽음을 부인할 수 없다는 것을 깨닫고 삶이 얼마간이라도 연장되기를 바란다.

63 ⭐⭐

신장병으로 장기 입원 중인 대상자가 사전연명의료의향서를 작성하면 치료가 어떻게 되는지 물을 때 요양보호사의 반응으로 옳은 것은?

① "혈액 투석은 계속하게 됩니다."
② "주사 대신 경구투약으로 변경됩니다."
③ "위급상황 시 심폐소생술은 시행됩니다."
④ "통증완화를 위한 의료행위는 계속 제공됩니다."
⑤ "자가호흡이 불가능하면 인공호흡기가 착용됩니다."

> 연명의료 중에도 통증완화를 위한 진통제 투여나 영양분, 물, 산소 공급 등 기본적 돌봄에 해당하는 의료행위는 계속 제공된다.

64

시설에 입소한 치매 대상자의 일상생활을 돕는 방법으로 옳은 것은?

① 안정을 위해 침상에 누워 있도록 한다.
② 수분 섭취를 줄여 배변 횟수를 줄인다.
③ 혼자서 절대 아무 일도 하지 못하게 한다.
④ 대상자에게 익숙한 소지품을 가져다 둔다.
⑤ 기본적으로 기저귀를 차고 생활하도록 한다.

> 치매 대상자의 생활을 소중히 여기고 환경을 바꾸지 않는다.

65 ⭐⭐⭐

치매 대상자의 식사를 돕는 방법으로 옳은 것은?

① 음식을 모두 섞어 제공한다.
② 숟가락은 가벼운 것으로 준비한다.
③ 고등어 가시는 직접 제거하게 한다.
④ 텔레비전을 끄고 조용한 음악을 튼다.
⑤ 음식을 자꾸 흘릴 때에는 사발보다는 접시가 좋다.

> 식사 중에는 텔레비전을 끄고 조용한 음악을 틀어 식사에 집중할 수 있는 안정된 분위기를 조성한다.

66 ⭐

치매 대상자의 옷을 입히는 방법으로 옳은 것은?

① 몸에 딱 맞는 옷을 입힌다.
② 알록달록한 원색 옷을 입힌다.
③ 지퍼나 단추가 없는 옷을 입힌다.
④ 서 있는 상태에서 옷을 입게 한다.
⑤ 입는 순서를 헷갈려 하면 겉옷부터 정리해 놓아준다.

> 단추를 제대로 채우지 못하는 경우에는 단추 대신 부착용 접착천으로 여미는 옷을 이용한다.

67 ⭐

재가 치매 대상자의 부엌을 안전하게 관리하는 방법은?

① 가스 밸브는 항상 열어둔다.
② 물을 바로 먹을 수 있게 식탁 위에 유리잔을 올려둔다.
③ **칼과 가위는 서랍에 넣고 잠가둔다.**
④ 싱크대 근처에 음식물 쓰레기를 둔다.
⑤ 주의사항이 적힌 메모를 냉장고에 과일모양 자석으로 붙여둔다.

> 깨지기 쉽거나 위험한 물건은 보관장에 넣고 자물쇠로 채워둔다.

68 ⭐⭐

치매 대상자가 휴지를 뜯어서 먹고 있을 때 대처 방법은?

① **김을 주며 휴지 대신 먹도록 한다.**
② 입에 손가락을 넣어 토하게 만든다.
③ 손가락을 넣어 입에서 휴지를 빼낸다.
④ 휴지는 먹는 것이 아니라고 화를 낸다.
⑤ 대상자의 뒤에 서서 하임리히법을 시행한다.

> 치매 대상자가 좋아하는 대체 식품을 이용하여 문제행동을 지속하지 않도록 한다.

69 ⭐⭐⭐

치매 대상자의 수면을 돕는 방법은?

① 실내 기온을 12℃로 유지한다.
② 취침 직전에 운동을 하게 한다.
③ 저녁식사 후 바로 잠자리에 들게 한다.
④ 밤잠이 부족한 경우 낮잠을 충분히 재운다.
⑤ **라디오, TV 등을 끄고 조용한 환경을 만든다.**

> 소음을 최대한 없애 수면에 집중할 수 있는 조용한 환경을 만든다.

70

치매 대상자가 "우리 어머니 오실 때가 됐는데."라고 하며 밖으로 나가려 할 때 대처 방법은?

① 조용한 방에 혼자 있게 한다.
② 진정될 때까지 조용히 기다린다.
③ 어머니를 기다리는 이유를 물어본다.
④ **어머니와의 옛날 추억에 대해 대화한다.**
⑤ 어머니는 이미 돌아가셨다는 것을 알려준다.

> 옛날 추억에 대한 대화를 나누어 관심을 다른 곳으로 돌리고 정서 불안을 해소한다.

71 ⭐⭐

다음 상황에서 치매 대상자를 돕는 방법은?

> 치매 대상자가 목걸이를 잃어버렸다며 주위 사람을 의심하고 있다.

① 요양보호사가 목걸이를 찾아 들고 온다.
② 똑같은 목걸이를 사 주겠다며 다독인다.
③ **대상자의 서랍으로 데려가 함께 찾아본다.**
④ 목걸이를 왜 제대로 간수하지 못했냐며 다그친다.
⑤ 누가 목걸이를 가져갔다고 생각하는지 말하라고 한다.

> 의심을 부정하거나 설득하지 말고 잃어버린 물건을 함께 찾아본다.

72

유순하던 치매 대상자가 해 질 녘만 되면 바닥을 뒹굴고 발버둥칠 때 요양보호사의 대처 방법은?

① 큰 소리로 문제행동을 제지한다.
② 어두운 조명으로 마음을 안정시킨다.
③ 복잡한 일거리를 주어 관심을 돌린다.
④ 움직이지 못하도록 침대에 고정시킨다.
⑤ **애완동물과 함께 즐거운 시간을 갖게 한다.**

> 치매 대상자는 인형, 애완동물, 익숙한 소리를 듣거나 좋아하는 일을 하는 것에서 위안을 받을 수 있으므로, 대상자가 좋아하는 소일거리를 주거나 애완동물과 함께 즐거운 시간을 갖게 한다.

73

식사 중인 치매 대상자가 갑자기 자위행위를 할 때 대처 방법은?

① 행동을 끝낼 때까지 자리를 피한다.
② 손을 묶고 식사를 마저 끝내게 한다.
③ 화를 내면서 경범죄로 신고한다고 협박한다.
④ **멈추지 않으면 좋아하는 반찬을 가져가겠다고 한다.**
⑤ 보호자에게 또 이런 일이 있으면 그만두겠다고 말한다.

> 즉각 멈추지 않으면 좋아하는 것을 가져간다고 경고하는 행동교정이 때때로 도움이 된다.

74

치매 당사자와 바람직하게 의사소통한 것은?

① "우리 언니 밥 맛있게 먹었어?"
② **"저녁 6시입니다. 저녁 식사하세요."**
③ "(화를 내며) 아니, 색연필을 막 던지면 어떡해요!"
④ "할아버지 저 킹받게 하지 마시고 알잘딱깔센 하시죠."
⑤ "과일 다 드시면 손 씻고 와서 약 드시고 주무실게요."

> 일상생활을 할 때 항상 현재 상황을 알려준다.

75

책을 읽으면서 숫자와 '음'이 같은 글자가 나오면 손가락으로 숫자를 나타내는 활동으로 향상될 수 있는 주요 인지기능은?

① 기억력
② 독립성
③ 사회성
④ 계산력
⑤ **주의집중력**

> 해당 활동으로 주의집중력과 억제력, 소근육이 향상될 수 있다.

76

치매의 진행을 완화하기 위한 방법 중 환자나 가족들이 함께 참여할 수 있는 치료 방법은?

① 항우울제
② 항경련제
③ 항정신병 약물
④ **현실인지 치료**
⑤ 인지기능개선제

> 치매의 진행을 완화하기 위한 방법으로 약물요법과 비약물요법이 있는데, 환자나 가족들이 함께 참여할 수 있는 것은 비약물요법이고 현실인지 치료는 이에 해당한다.

77

산책하던 대상자가 넘어져 발목 골절이 의심될 때 응급처치 방법으로 옳은 것은?

① 다리를 움직여보게 한다.
② 튀어나온 뼈를 직접 압박한다.
③ 잘 부축하여 병원으로 데려간다.
④ 발목을 따뜻한 물수건으로 온찜질해 준다.
⑤ **대상자를 절대로 스스로 움직이게 해서는 안 된다.**

> 대상자의 발목 골절이 의심되는 경우에는 대상자를 안정시키고 절대로 스스로 움직이게 해서는 안 된다.

78

음식을 먹다가 질식한 대상자가 의식이 있는 경우 돕는 방법은?

①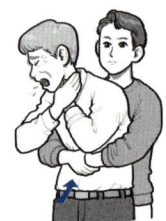
②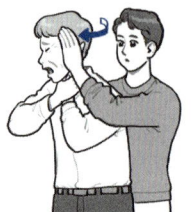
③
④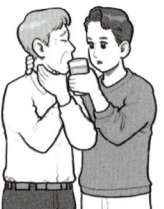
⑤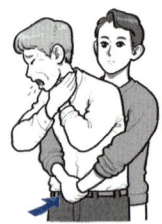

> 대상자의 뒤에 서서 대상자의 배꼽과 명치 중간에 주먹 쥔 손의 엄지손가락이 배에 닿도록 놓고 다른 한쪽 손으로는 주먹 쥔 손을 감싼 다음 양손으로 복부의 윗부분을 후상방으로 힘차게 밀어 올린다.

79

자동심장충격기를 사용하여 심폐소생술을 하는 방법으로 옳은 것은?

① **충격이 전달된 즉시 가슴압박을 시작한다.**
② 심장충격 버튼을 누른 후 대상자에게 손을 댄다.
③ 반드시 가슴압박을 시행한 후 패드를 부착한다.
④ '분석 중…'이라는 음성 지시가 나오면, 가슴압박을 한다.
⑤ 오른쪽 패드는 왼쪽 빗장뼈 밑에, 왼쪽 패드는 오른쪽 중간 겨드랑선에 부착한다.

> - 자동심장충격기의 충격이 전달된 즉시 가슴압박을 시작한다.
> - 전원을 켠 후 두 개의 패드를 부착한다. 이때 오른쪽 패드는 오른쪽 빗장뼈 밑에, 왼쪽 패드는 왼쪽 젖꼭지 아래 중간 겨드랑선에 부착한다.
> - '분석 중…'이라는 음성 지시가 나오면 심폐소생술을 멈추고 대상자에게서 손을 뗀다.

80

심폐소생술을 하는 일차적인 목적으로 옳은 것은?

① 과다출혈 방지
② **뇌 손상의 지연**
③ 면역기능 향상
④ 인지기능 회복
⑤ 근골격 손상 예방

> 심폐소생술은 심장이 마비된 상태에서도 혈액을 순환시켜, 뇌의 손상을 지연시키고 심장이 마비 상태로부터 회복하는 데 결정적인 도움을 준다.

Chapter 04 제4회 합격모의고사

요양보호론(필기시험)

01 ★★
건강하게 노화하기 위한 방법은?

① 독서활동으로 뇌에 자극을 준다.
② 외출 대신 TV로 여가시간을 보낸다.
③ 운동을 금지하여 부상 위험을 줄인다.
④ 대인관계는 가까운 한 사람에게 집중한다.
⑤ 어지러워도 소식을 위해 하루 한 끼 식사를 한다.

> 독서활동, 인지훈련 등으로 뇌에 자극을 주어 기억력과 인지력을 유지한다.

02 ★★★
다음 요인에 따라 나타나는 노년기의 특성은?

- 신체기능이 저하된다.
- 중추신경조직이 퇴화된다.
- 임금 노동자로서의 역할을 상실한다.

① 회복력의 증가
② 내향성의 증가
③ 의존성의 증가
④ 존엄성의 증가
⑤ 유대감의 증가

> 신체기능 저하, 중추신경조직 퇴화, 경제활동 감소로 신체적·정신적·경제적 의존성이 증가한다.

03 ★★
다음 중 노인이 겪는 역할 상실의 주원인은?

① 자녀가 태어난다.
② 직장을 은퇴한다.
③ 취업에 실패한다.
④ 친구가 사망한다.
⑤ 학위를 수료한다.

> 노인이 겪는 사회적 역할 상실의 주원인은 은퇴이다.

04
수정확대가족의 특징으로 옳은 것은?

① 조부모와 손자녀로 구성된다.
② 재혼한 부부와 각각의 자녀로 구성된다.
③ 부모 중 한 명이 미성년 자녀를 양육한다.
④ 자녀가 노부모와 근거리에 살며 부양한다.
⑤ 조부모, 부모, 자녀 세대가 함께 거주한다.

> 수정확대가족은 자녀가 노인 부모와 근거리에 살며 부양하는 형태로, 부모와 따로 살지만 자주 상호작용하면서 각자의 사생활을 지킬 수 있다는 장점이 있다.

05 ★
노인부양 문제를 개선하기 위한 방법은?

① 사적 부양을 강조한다.
② 시설 입소를 우선시한다.
③ 세대 간 분리를 조장한다.
④ 노인돌봄제도를 강화한다.
⑤ 노인의 개인적 대처를 지양한다.

> 국가와 사회는 노인돌봄제도 등 노인복지정책을 강화해야 한다.

06 ★★★

노년기에 보이는 사회적 특성으로 옳은 것은?

① 연금 등으로 경제적 여유가 생긴다.
② 주변 사람들과의 유대감이 강화된다.
③ 집단 내에서 사회적 역할이 고착된다.
④ 자녀가 독립하여 심리적 안정감이 증가한다.
⑤ **신체적 어려움이 사회적 관계에 부정적 영향을 미친다.**

> 신체적 노화로 만성질환을 갖게 되고, 이것이 사회적 관계에 부정적으로 작용하기도 한다.

07 ★

노인을 위한 유엔의 원칙 5가지에 해당하는 것은?

① 교육의 원칙
② 복지의 원칙
③ **독립의 원칙**
④ 통합의 원칙
⑤ 자기만족의 원칙

> 노인을 위한 유엔의 원칙 5가지
> • 독립의 원칙
> • 참여의 원칙
> • 보호의 원칙
> • 자아실현의 원칙
> • 존엄의 원칙

08 ★

노인성 질환을 겪는 노인에게 급식·요양을 제공하는 입소자 10인 이상의 노인복지시설은?

① 양로시설
② **노인요양시설**
③ 노인복지주택
④ 노인요양공동생활가정
⑤ 중앙노인보호전문기관

> 노인요양시설은 치매·중풍 등 노인성 질환 등으로 심신에 상당한 장애가 발생하여 도움을 필요로 하는 노인을 입소시켜 급식·요양과 그 밖에 일상생활에 필요한 편의를 제공함을 목적으로 하는 시설(입소자 10인 이상)이다.

09

노인장기요양보험의 보험자는 누구인가?

① 국민
② 보건복지부
③ 시군구 보건소
④ **국민건강보험공단**
⑤ 노인의료나눔재단

> 노인장기요양보험의 보험자는 국민건강보험공단이다.

10 ★★

시설급여에 대한 설명으로 옳은 것은?

① 개인 중심의 생활이 가능하다.
② 의료서비스는 제공받을 수 없다.
③ **노인요양공동생활가정이 포함된다.**
④ 가족, 형제, 이웃과 함께 지낼 수 있다.
⑤ 가정에서 생활하며 서비스를 제공받는다.

> • 시설급여는 장기요양기관에 장기간 입소한 수급자에게 신체활동 지원 및 심신기능의 유지·향상을 위한 교육·훈련 등을 제공하는 장기요양급여로, 종류로는 노인요양시설과 노인요양공동생활가정이 있다.
> • 시설급여는 의료·간호·요양서비스를 종합적으로 제공받을 수 있으나, 가족, 형제, 이웃과 떨어져 지내야 하며, 개인 중심의 생활이 어렵다는 단점이 있다.

11 ★

요양보호사의 기본적 인권에 해당하는 것은?

① 경제권
② **평등권**
③ 요양보호권
④ 평생교육권
⑤ 문화생활권

> 요양보호사의 기본적 인권항목에는 평등권, 노동 관련 권리, 자유권이 있다.

12

사람이 사람답게 살기 위해 필요한 것으로서 당연히 인정된 기본적 권리는?

① 인권
② 생명권
③ 평등권
④ 자유권
⑤ 건강권

> '인권'이란 사람이 사람답게 살기 위해 필요한 것으로서 당연히 인정된 기본적 권리 또는 인간이 자연인으로 누려야 할 당연한 권리이다.

13 ★

중앙노인보호전문기관의 활동내용으로 옳은 것은?

① 노인학대 의심사례에 대한 현장조사
② 피해노인 및 노인학대자에 대한 상담
③ 노인학대 신고전화의 운영 및 사례접수
④ 노인인권 보호를 위한 연구와 프로그램 개발
⑤ 노인학대행위자를 대상으로 한 재발방지교육

> ①, ②, ③, ⑤는 지역노인보호전문기관의 활동내용이다.

14 ★★

거동할 수 있는 대상자가 세면 장소까지 걸어가기를 거부할 때 대처 방안은?

① 포기하고 세면을 하지 않는다.
② 세면을 한다고 할 때까지 기다린다.
③ 대상자를 업어서 세면 장소까지 이동한다.
④ 세면을 하지 않으면 밥을 먹을 수 없다고 말한다.
⑤ 날씨, 생활 등에 대한 이야기로 기분을 전환시키고 세면 장소까지 가도록 설득한다.

> 대상자의 잔존기능을 살리려는 의지를 가지고 설득하여 세면 장소까지 가도록 돕는다.

15 ★★

요양보호사에게 근골격계 질환이 발생되는 환경인 것은?

① 부적절한 높이의 계단을 오르내리는 경우
② 평평한 바닥에서 휠체어를 이동하는 경우
③ 밤 근무 시 밝은 조명에서 움직이는 경우
④ 정비가 된 보행로에서 물건을 옮기는 경우
⑤ 물건을 몸에서 가까이 놓고 들어 올리는 경우

> 적절하지 않은 계단 높이, 평평하지 않은 바닥, 밤 근무 시 어두운 조명, 정비되지 않은 보행로 등이 근골격계 질환이 발생되는 환경이다.

16 ★

머릿니 질환과 관련된 설명으로 옳은 것은?

① 일년 중 겨울에만 발생한다.
② 살충성분이 있는 샴푸제제로 치료한다.
③ 머리빗은 감염자와 같이 사용해도 된다.
④ 침구류에 떨어진 이는 24시간까지만 살아남는다.
⑤ 감염된 대상자가 앉았던 바닥은 빗자루를 이용하여 청소한다.

> • 머릿니는 일년 중 언제나 발생 가능하다.
> • 머릿니는 침구류나 머리빗 등의 공동 사용으로 감염될 수 있다.
> • 감염된 대상자가 앉거나 누운 바닥은 진공청소기를 이용하여 청소한다.

17 ★★★

겨울철에 유행하는 급성 호흡기 질환은?

① 옴
② 천식
③ 독감
④ 장티푸스
⑤ 세균성 이질

> 독감은 인플루엔자 바이러스에 의한 급성 호흡기 질환으로 겨울철에 유행하며 고열과 함께 기침 등 호흡기 증상을 일으킨다.

18 ⋆⋆

설사를 하는 대상자를 돕는 방법은?

① 진통제를 먹게 한다.
② **물을 충분히 마시게 한다.**
③ 카페인 음료를 먹게 한다.
④ 고섬유소 식단을 제공한다.
⑤ 음식을 충분히 먹도록 한다.

> 설사를 하는 경우 음식 섭취량을 줄이되 물을 충분히 마시게 해 탈수를 예방하고 섬유소가 많은 음식을 제한한다.

19 ⋆

노화에 따른 소화기계 변화로 옳은 것은?

① **타액분비 감소**
② 위액분비 증가
③ 후각 기능 향상
④ 지방 흡수력 증가
⑤ 약물 대사 능력 증가

> 타액(침)의 분비가 감소되어 소화능력이 떨어진다.

20 ⋆⋆⋆

노화에 따른 심혈관계 변화로 옳은 것은?

① 혈액순환 증가
② 심박동수 증가
③ 심장 탄력 증가
④ 최대 심박출량 증가
⑤ **심장 근육 두께 증가**

> - 심장은 나이가 들면서 근육이 두꺼워져 탄력성이 떨어진다.
> - 혈액순환과 심박동수, 최대 심박출량은 감소한다.

21 ⋆⋆⋆

노화에 따른 근골격계 변화로 옳은 것은?

① 하악골의 강화
② 근긴장도 상승
③ **전체 골격의 축소**
④ 인대 탄력성 증가
⑤ 엉덩이 피하지방 감소

> - 뼈의 질량 감소로 골격이 작아지고 약해진다.
> - 하악골이 약화되어 치아가 상실된다.
> - 근긴장도와 근육량, 인대 탄력성은 저하된다.
> - 엉덩이와 허리의 피하지방은 증가하고 팔, 다리의 지방은 감소한다.

22 ⋆

전립선비대증 대상자에게 나타날 수 있는 증상은?

① 배뇨 횟수가 감소한다.
② 재채기할 때 소변이 샌다.
③ 소변이 마려운 느낌이 없다.
④ 소변을 보는 주기가 길어진다.
⑤ **소변이 마려울 때 참기 힘들다.**

> 전립선비대증의 증상으로 소변이 마려울 때 참기 힘든 긴박뇨가 있다.

23 ⋆

수두 바이러스에 의하여 피부와 신경에 염증이 생기는 질환은?

① 독감
② 폐결핵
③ 결막염
④ **대상포진**
⑤ 알츠하이머병

> 대상포진은 과거에 수두를 앓았던 사람에게 주로 발생하는데, 수두 바이러스가 신경세포에 잠복해 있다가 신체 저항력이 약해지면 갑자기 증식하며 피부와 신경에 염증을 일으킨다.

24

백내장에 대한 설명으로 옳은 것은?

① 망막이 혼탁해져 발생한다.
② 통증과 함께 시력이 저하된다.
③ 색 구별 능력은 저하되지 않는다.
④ 발병 요인에는 당뇨병, 고혈압이 있다.
⑤ 약물치료는 효과가 없으므로 수술해야 한다.

- 당뇨병, 고혈압의 합병증으로 백내장이 발생할 수 있다.
- 통증이 없으면서 시력이 점차 흐려지며, 색 구별 능력이 저하된다.
- 초기에는 약물치료로 진행 속도를 늦출 수 있으나 증상이 심해지면 인공수정체로 바꾸어 주는 수술을 한다.

25 ★★★

당뇨병을 관리하는 방법으로 옳은 것은?

① 염분을 충분히 섭취한다.
② 고콜레스테롤 식이를 섭취한다.
③ 하루 세 번 규칙적으로 식사한다.
④ 설탕 대신 꿀을 넣은 간식을 제공한다.
⑤ 활동량이 많은 날은 고혈당에 주의한다.

하루 세 번 규칙적으로 식사하여 혈당의 급격한 변화를 막는다.

26 ★★

초기 경증 치매에 해당하는 증상은?

① 보행장애가 생긴다.
② 배회행동을 보인다.
③ 새로 외우는 것이 어렵다.
④ 위생 상태를 유지하지 못한다.
⑤ 가까운 가족의 이름을 잊어버린다.

초기 경증 치매의 경우 새로운 것을 외우는 것을 어려워한다.

27 ★★★

뇌졸중을 의심할 수 있는 전구증상은?

① 입안이 건조하고 갈증이 난다.
② 몸통에 물집이 잡히고 가렵다.
③ 운동 시 심한 호흡곤란이 온다.
④ 주위가 빙빙 도는 것처럼 어지럽다.
⑤ 새벽에 명치 부위가 아프고 속이 쓰리다.

뇌졸중의 전구증상으로 주위가 빙빙 도는 것처럼 어지럽고, 말이 어눌해질 수 있다.

28 ★★

노인에게 발생하는 영양문제의 원인으로 옳은 것은?

① 체수분량이 증가하고 갈증을 자주 느낀다.
② 침의 분비가 늘어 음식을 금방 삼킨다.
③ 만성질환 또는 약물복용으로 식욕이 증가한다.
④ 시력 저하로 상한 음식을 먹는다.
⑤ 미각의 저하로 음식을 싱겁게 먹게 된다.

시력과 후각 등 감각기능이 저하되어 상한 음식을 먹을 수 있다.

29

심장의 수축력이 저하되어 신체조직에 필요한 만큼의 충분한 혈액을 내보내지 못하는 질환은?

① 심부전
② 고혈압
③ 당뇨병
④ 대장암
⑤ 동맥경화증

심부전이란 심장의 수축력이 저하되어 신체조직에 필요한 만큼의 충분한 혈액을 내보내지 못하는 질환을 말한다.

30 ★★

노인의 운동 관리 방법으로 옳은 것은?

① 준비운동은 5분 이내로 끝낸다.
② **운동 강도와 빈도를 서서히 늘린다.**
③ 방향을 빠르게 전환하는 운동을 한다.
④ 운동을 다 끝내기 전에는 휴식하지 않는다.
⑤ 바람이 잘 통하지 않는 옷을 입어 땀을 낸다.

> 운동 강도와 빈도를 급격히 올리면 몸에 무리가 갈 수도 있으므로 서서히 늘린다.

31 ★

뇌졸중 노인의 성생활을 돕는 방법은?

① 완치 후에 성생활을 하게 한다.
② 성생활 전에 알코올을 섭취하게 한다.
③ 성생활 전에 강심제를 복용하게 한다.
④ **체위 변화를 주는 기구를 사용하게 한다.**
⑤ 복용하는 약을 끊고 성생활을 하게 한다.

> 뇌졸중 노인도 체위 변화에 도움을 주는 기구 등으로 취약점을 보완하여 성생활을 할 수 있다.

32 ★★

대상자가 약효가 빨리 나타나지 않는다며 처방약을 쪼개서 복용할 때 대처 방법은?

① 약을 두 배로 복용하게 한다.
② 가루로 빻아서 복용하게 한다.
③ 물 대신 우유와 복용하게 한다.
④ 약 복용을 중단시키고 다른 약을 추천한다.
⑤ **분할선이 있는 경우에만 쪼개서 복용하게 한다.**

> 분할선이 있는 약만 쪼개거나 분쇄하여 복용할 수 있다.

33

금연으로 기대할 수 있는 변화는?

① **혈액순환이 개선된다.**
② 혈압에는 변화가 없다.
③ 후각과 미각이 무뎌진다.
④ 기대수명은 변하지 않는다.
⑤ 폐 기능은 호전되지 않는다.

> 금연 후 폐 기능이 회복되고, 혈액순환이 좋아진다.

34 ★

인플루엔자의 예방접종 주기는?

① 6개월   ② **1년**
③ 2년   ④ 5년
⑤ 10년

> 인플루엔자(독감) 예방접종은 매년 1회 받아야 한다.

35 ★

한랭질환 예방수칙으로 옳은 것은?

① 실내운동을 삼가고 실외운동을 한다.
② 외출 시에는 두꺼운 옷 한 벌만 입는다.
③ 가급적 야외활동을 하여 추위에 적응한다.
④ **기모가 있는 방한화를 착용한다.**
⑤ 마스크는 답답할 수 있으므로 착용하지 않는다.

> 기모가 있는 방한화나 부츠를 착용하거나 덧신을 신어 발을 따뜻하게 한다.

실기시험

36

대상자에게 말하는 방법으로 옳은 것은?

① 항상 의문형 문장으로 이야기한다.
② 대상자에게 최대한 빠르게 여러 번 이야기한다.
③ **이야기를 한 후 최소 3초 이상 기다려줘야 한다.**
④ 아무 말도 안 하는 대상자에게는 말을 걸지 않는다.
⑤ 대상자가 아직 잠에서 덜 깨었을 때에도 말을 시작한다.

- 요양보호사의 말을 이해하고 행동으로 옮기기까지 시간이 필요하므로 이야기를 한 후 3초 이상 기다려준다.
- 항상 긍정형 문장을 사용하고, 천천히 또박또박 이야기한다.
- 아무 말도 안 하는 대상자에게도 말을 건다.
- 대상자가 아직 잠에서 덜 깬 경우에는 침대판을 가볍게 두드려 반응을 살핀 뒤, 대답이 없으면 약 3초간 기다렸다가 다시 한 번 두드려 깨운 후 말을 시작한다.

37

식탁에서 의자에 앉아 식사하는 동안 대상자를 돕는 방법으로 옳은 것은?

① 의자 앞쪽 끝부분에 걸터앉게 한다.
② 식탁에 팔꿈치를 올리지 못하게 한다.
③ 팔받침이나 등받이가 없는 의자가 좋다.
④ 대상자의 발바닥이 바닥에 닿지 않게 한다.
⑤ **식탁의 윗부분이 대상자의 가슴과 배꼽 사이에 오게 한다.**

식탁의 높이는 대상자가 의자에 앉았을 때 식탁의 윗부분이 대상자의 가슴과 배꼽 사이에 오는 것이 가장 적절하다.

38

치아가 적어 씹기 어렵지만, 삼키는 데 문제가 없는 대상자에게 적합한 식이의 종류는?

① 일반식
② 경구 유동식
③ 경관 유동식
④ **저작 도움식**
⑤ 연하 도움식

치아가 적어 씹기 어렵지만, 삼키는 데 문제가 없는 대상자에게 적합한 것은 저작 도움식으로, 치아 상태에 따라 잘게 썰어 제공한다.

39

서거나 앉는 것은 가능하지만 화장실까지 걷기는 어려운 대상자의 배설을 돕기 위해 사용하는 것은?

① 기저귀
② **이동변기**
③ 간이변기
④ 요실금팬티
⑤ 유치도뇨관

서거나 앉는 것은 가능하나 화장실까지 걷기는 어려운 대상자의 배설을 도울 때는 이동변기를 사용한다.

40

대상자의 칫솔질을 도울 때 주의할 점으로 옳은 것은?

① 칫솔질은 무조건 스스로 하게 한다.
② **잇몸에서 치아 쪽으로 부드럽게 쓸어내린다.**
③ 치실은 모든 대상자에게 필수적으로 사용한다.
④ 치약의 양은 칫솔 위로 두툼하게 올라와야 한다.
⑤ 칫솔질을 싫어하는 대상자는 잠자기 전에만 하도록 한다.

칫솔질 방향이 잘못되면 잇몸을 손상시킬 수 있으므로 잇몸에서 치아 쪽으로 부드럽게 회전하면서 쓸어내린다.

41

배설이 어려울 때 미지근한 물을 항문이나 요도에 흘려주는 이유는?

① 청결하게 하기 위해서
② 냄새를 제거하기 위해서
③ 수치심을 줄이기 위해서
④ 배변 후 닦기 쉽게 하기 위해서
⑤ 괄약근을 이완시켜 변의를 자극하기 위해서

> 배설이 어려울 때 미지근한 물을 항문이나 요도에 흘려주면 괄약근을 이완시켜 변의를 자극한다.

42

대상자의 머리 손질을 돕는 방법으로 옳은 것은?

① 손톱으로 두피를 마사지한다.
② 빗질은 두피에서 모발 끝 쪽으로 한다.
③ 머리 손질 시 안경은 제거하지 않는다.
④ 대상자에게 거울을 제공할 필요는 없다.
⑤ 머리카락이 엉킨 부분은 가위로 잘라낸다.

> 머리를 손질할 때는 한 손은 모발을 잡고 다른 한 손으로 두피에서부터 모발 끝 쪽으로 빗는다.

43

대상자의 목욕을 도울 때 따뜻한 물을 자주 뿌려 주는 이유는?

① 흥미 유발
② 체온 유지
③ 혈압 감소
④ 체중 감량
⑤ 소독 및 살균

> 체온이 떨어지지 않도록 목욕 중에는 따뜻한 물을 자주 뿌려 준다.

44

당뇨병 대상자의 혈당 관리에 도움이 되는 당지수(GI)가 낮은 식품은?

① 수박
② 우유
③ 쌀밥
④ 흰식빵
⑤ 찐감자

> - 당지수가 높은 식품(70 이상) : 쌀밥, 떡, 찐감자, 흰식빵, 수박 등
> - 당지수가 낮은 식품(55 이하) : 보리밥, 우유, 요거트, 고구마, 사과 등

45

체중을 지지하고 균형을 잡아주기 때문에 지팡이보다 안정적이지만 뒤로 잘 넘어지거나 반신마비인 사람은 신중히 사용해야 하는 보행용 복지용구는?

① 보행차
② 실버카
③ 휠체어
④ 겨드랑목발
⑤ 안전손잡이

> 보행차에 해당한다.

46

기본 체위의 형태와 상황을 연결한 것으로 옳은 것은?

① 엎드린 자세 : 휴식할 때
② 엎드린 자세 : 관장할 때
③ 반 앉은 자세 : 잠을 잘 때
④ 바로 누운 자세 : 등 근육을 쉬게 해줄 때
⑤ 옆으로 누운 자세 : 둔부의 압력을 피할 때

> - 옆으로 누운 자세(측위) : 둔부의 압력을 피하거나 관장할 때
> - 엎드린 자세(복위) : 등에 상처가 있거나 등 근육을 쉬게 해줄 때
> - 반 앉은 자세(반좌위) : 숨차거나 얼굴 씻을 때, 식사 또는 위관 영양을 할 때
> - 바로 누운 자세(앙와위) : 휴식하거나 잠을 잘 때

47

휠체어를 사용할 때 주의할 점으로 옳은 것은?

① 타이어는 적정 공기압을 유지한다.
② 휠체어를 탈 때는 잠금장치를 푼다.
③ 수시로 사용해야 하므로 펼쳐 놓는다.
④ 비를 맞아도 휠체어 수명에는 영향을 주지 않는다.
⑤ 발판 높낮이를 조절해야 하므로 볼트는 헐겁게 해 놓는다.

- 대상자가 휠체어를 타거나 내릴 때에는 잠금장치가 잠겨 있는지를 반드시 확인한다.
- 휠체어는 사용하지 않을 때 접어서 보관한다.
- 비를 맞으면 녹이 슬거나 휠체어 수명이 단축될 수 있으므로 비를 맞지 않게 한다.
- 각종 볼트가 헐거워지지 않았는지 수시로 확인한다.

48

휠체어의 잠금장치가 고정되지 않을 때 점검해야 하는 위치는?

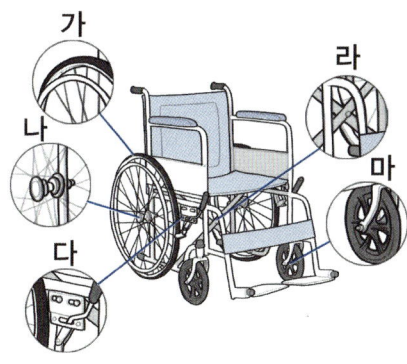

① 가 - 다
② 가 - 라
③ 나 - 라
④ 나 - 마
⑤ 다 - 마

잠금장치가 고정되지 않을 때는 타이어 공기압을 확인하고 공기압이 정상이라면 휠체어 뒤 주머니에 있는 스패너로 잠금장치 고정 볼트를 조절한 후 고정하여 준다.

49

양쪽 다리가 모두 약한 대상자가 보행보조차로 이동할 때 주의사항으로 옳은 것은?

① 요양보호사는 대상자의 앞쪽에 서서 걷는다.
② 순서는 가장 먼저 보행보조차를 앞으로 옮긴다.
③ 신발을 신을 땐 미끄럼방지 양말은 신을 필요가 없다.
④ 팔꿈치는 90도로 구부러지도록 손잡이 위치를 조절한다.
⑤ 순서는 가장 먼저 오른발과 보행보조차를 함께 앞으로 옮긴다.

- 양쪽 다리가 모두 약한 경우 가장 먼저 보행보조차를 앞으로 한 걸음 옮기고 보행보조차 쪽으로 오른발을 옮긴 다음 그 지점까지 왼발을 옮긴다.
- 요양보호사는 대상자 가까이에 위치한다.
- 미끄럼방지 양말과 신발을 신도록 한다.
- 팔꿈치는 30도로 구부러지도록 손잡이 위치를 조절한다.

50

대상자를 침대에 걸터앉히는 과정 중 괄호 안에 들어갈 내용으로 옳은 것은?

> 앉히고자 하는 쪽에서 대상자를 향하여 선다. → 돌려 눕힌다. → ( ) → 다리를 침대 아래로 내리면서 어깨쪽 팔에 힘을 주어 일으켜 앉힌다.

① 양쪽 무릎을 굽혀 세운다.
② 두 팔을 가슴 위로 포갠다.
③ 머리에 베개를 받쳐 편안한 자세를 취하게 한다.
④ 양쪽 발이 바닥에 닿도록 지지하여 자세가 안정되게 한다.
⑤ 목 아래로 팔을 깊숙이 넣고 다른 한 손은 다리를 지지한다.

대상자의 목 아래로 팔을 깊숙이 넣고 다른 한 손은 다리를 지지하는 과정이 필요하다.

51

약간의 국물이 있는 조리법을 선택해야 하는 이유와 관련 있는 노인의 특성은?

① **침 분비 감소**
② 소화능력 감소
③ 감각기능 저하
④ 장 운동성 감소
⑤ 에너지 요구량 감소

> 침 분비가 감소하므로 재료가 촉촉하도록 약간의 국물이 있는 조리법을 선택한다.

52

세탁 후 관리 방법으로 옳은 것은?

① 다림질 후 습기가 남아 있게 한다.
② 종류가 다른 방충제를 함께 넣는다.
③ **의복은 2시간 이상 직사광선을 쏘인다.**
④ 눅눅한 침구는 비가 막 그친 맑은 날 햇볕에서 바람을 쏘인다.
⑤ 다리미가 앞으로 나갈 때는 앞에 힘을 주고 뒤로 보낼 때는 뒤에 힘을 준다.

> 의복은 해충의 피해나 곰팡이에 의해 손상되고 보관 중 변질, 변색될 수 있으므로 2시간 이상 직사광선을 쏘인다.

53

안전한 주거환경을 조성하는 방법으로 옳은 것은?

① 식탁보는 더러움이 잘 보이도록 짙은 색으로 한다.
② 대상자의 방은 햇빛을 피해 북향이 좋다.
③ 거실 바닥에는 자주 사용하는 물품을 둔다.
④ **현관문의 문고리는 막대형으로 설치한다.**
⑤ 욕실 앞에 문턱을 만들어 경계를 구분한다.

> 막대형 문고리는 현관문을 열고 닫기가 용이하다.

54

대상자의 침상 청결 및 관리 방법으로 옳은 것은?

① 매트리스는 푹신할수록 좋다.
② 전기코드는 침상 위에 둔다.
③ 이불은 두껍고 무거운 것을 선택한다.
④ 양모, 오리털 등의 이불은 햇볕에서 말린다.
⑤ **베개는 척추와 머리가 수평이 되는 높이가 좋다.**

> - 매트리스는 단단하고 탄력성과 지지력이 뛰어난 것이 좋다.
> - 전기코드 등 발에 걸리는 물건은 치운다.
> - 이불은 두껍고 무거운 것은 피한다.
> - 양모, 오리털 등의 이불은 그늘에서 말린다.

55

대상자와 비언어적 의사소통을 하는 방법으로 옳은 것은?

① 팔짱을 끼고 선다.
② 헛기침을 자주 한다.
③ 손을 계속해서 움직인다.
④ 눈썹을 치켜올리며 대답한다.
⑤ **대상자를 향해 몸을 기울인다.**

> 대상자를 향해 몸을 약간 기울여 관심을 보이며 편안한 자세를 한다.

56

대상자와 말벗하는 방법으로 옳은 것은?

① 대상자를 아이처럼 대한다.
② **대상자의 신체적 특성을 이해한다.**
③ 친밀하다는 이유로 반말을 사용한다.
④ 대상자와 과도한 의존관계를 형성한다.
⑤ 대상자의 삶을 '옳고 그름'이나 '좋고 싫음'으로 판단한다.

> 대상자의 신체적, 심리적, 사회적 특성을 이해한다.

57

장기요양 대상자의 여가활동 유형과 내용으로 옳은 것은?

① 운동 활동 : 종이접기, 퍼즐놀이
② 가족중심 활동 : 교회, 성당 가기
③ 소일 활동 : 연극, 음악회, 전시회
④ 사교오락 활동 : 신문 보기, 텔레비전 시청
⑤ **자기계발 활동 : 서예교실, 시낭송, 악기연주**

> 자기계발 활동에는 서예교실, 시낭송, 악기연주, 백일장, 민요교실, 창작활동 등이 포함된다.

58 ★★★

요양보호 기록의 원칙으로 옳은 것은?

① 주관적인 판단을 같이 기록한다.
② **공식적으로 정해진 용어를 사용한다.**
③ 요양보호사마다 다른 용어를 사용한다.
④ 한 달에 한 번 모아서 한꺼번에 기록한다.
⑤ 사소한 내용까지 최대한 세세하게 기록한다.

> 의미가 분명하게 전달되도록 공식화된 용어를 사용한다.

59 ★★

관리책임자에게 신속하게 보고해야 하는 상황은?

① 서랍장이 낡아서 삐걱거린다.
② 대상자가 컵을 놓쳐서 깨뜨렸다.
③ 도시가스 체납 고지서를 발견하였다.
④ 근처에 사는 자녀가 자택에 방문하였다.
⑤ **대상자를 돌려눕히다가 침대에서 떨어뜨렸다.**

> 대상자에게 서비스를 제공하는 동안 예기치 못한 사고가 발생했을 때는 관리책임자에게 신속히 보고해야 한다.

60 ★

장기요양기관에서 사례회의를 하는 목적으로 옳은 것은?

① 기관의 신규사업 홍보
② **대상자에 대한 정보 교환**
③ 직원 간의 업무 인수인계
④ 요양보호사의 근무실적 평가
⑤ 기관 중심의 서비스 계획 수립

> 사례회의를 통해 대상자에 대한 정보를 교환하고 대응책을 점검하여 서비스의 질을 높일 수 있다.

61 ★

사전연명의료의향서를 등록한 말기환자가 받을 수 있는 처치는?

① 혈액 투석   ② 심폐소생술
③ **영양분 공급**   ④ 항암제 투여
⑤ 인공심폐기(에크모)

> 사전연명의료의향서를 작성하여 연명의료를 중단하여도 진통제 투여나 영양분, 물, 산소 공급 등 기본적 돌봄에 해당하는 의료행위는 중단되지 않는다.

62 ★★

임종 적응 단계 중 '우울'에 해당하는 증상은?

① 다시 회복될 수 있다고 믿고 싶어 한다.
② 어디에서나 불만스러운 면을 찾으려고 한다.
③ 죽는다는 사실을 받아들이고 마지막 정리를 한다.
④ **자기와 같이 느끼고 슬퍼해 줄 사람을 필요로 한다.**
⑤ 죽음을 부정하지 않지만 삶이 조금이라도 연장되길 바란다.

> 우울 단계의 임종기 대상자는 자신이 더 이상 회복 가능성이 없다고 느끼면서 침울해지며, 자기와 같이 느끼고 슬퍼하고 자기 곁에 있어 줄 사람을 필요로 한다.

63 ★

임종 후 요양보호의 내용으로 옳은 것은?

① 가족들이 도착하는 동안 먼저 사후처리를 진행한다.
② 의사가 없는 곳에서의 사망선언은 요양보호사가 수행한다.
③ 가족들이 없는 상황에서 임종을 발견하면 즉시 119에 신고한다.
④ 대상자의 임종을 확인하고 놀라서 가족들이 도착하기 전에 피한다.
⑤ **의사가 없는 곳에서의 임종인 경우 가족들이 직접 사후처리를 할 수 있도록 안내한다.**

- 의사가 없는 장소에서 임종을 맞이한 경우에는 가족들이 직접 사후처리를 할 수 있도록 안내한다.
- 사망선언과 사후처리 과정은 가족들이 있는 자리에서 의료기관 소속 의사와 간호사가 수행한다.
- 가족들이 없는 상황에서 임종을 발견한 경우, 즉시 가족이나 기관장에게 사실을 알리고, 이들이 도착할 때까지 대상자의 곁을 떠나서는 안 된다.

64 ★

시설 입소 치매 대상자가 자신의 방을 청소하겠다고 할 때 요양보호사의 반응으로 옳은 것은?

① **"평소에 하던 대로 청소해 보실래요?"**
② "안돼요. 시설에서는 저만 청소할 수 있어요."
③ "청소 대신 차라리 앉아서 텔레비전을 보세요."
④ "청소기 드릴 테니 옆방이랑 거실도 다 청소해 주세요."
⑤ "아무 것도 하지 말고 누워서 쉬는 게 도와주는 거에요."

습관적으로 해 오던 일은 스스로 하도록 한다.

65 ★★

물이나 음식을 흘리면서 식사하는 치매 대상자를 돕는 방법은?

① 손 닿는 곳에 양념통을 세워둔다.
② **턱받이보다는 앞치마를 입혀준다.**
③ 숟가락은 가벼운 것으로 제공한다.
④ 그릇은 사발보다는 접시를 사용한다.
⑤ 빨대컵은 위험하므로 물을 마실 때 사용하지 않는다.

턱받이보다는 앞치마를 입혀 옷을 깨끗이 유지한다.

66 ★★

치매 대상자의 운동을 돕는 방법은?

① **운동량을 서서히 늘린다.**
② 운동 시간을 매일 다르게 한다.
③ 매일 새로운 산책로를 걷게 한다.
④ 테니스, 축구 등의 운동을 하게 한다.
⑤ 되도록 앉은 자세에서 운동하게 한다.

- 규칙적으로 운동하고 운동량을 서서히 늘리는 것이 좋다.
- 균형을 유지할 수 있다면, 앉은 자세보다 선 자세에서 운동하는 것이 더 효과적이다.

67 ★

치매 대상자의 생활환경을 안전하게 조성하는 방법은?

① **거울에 덮개를 씌운다.**
② 침대에 전기장판을 깔아둔다.
③ 계단 윗부분에는 문턱을 단다.
④ 온수기 최고 온도는 50℃ 이상이 되도록 한다.
⑤ 온수파이프는 주방용 랩으로 감싼다.

거울을 보고 놀랄 수 있으므로 없애거나 덮개를 씌운다.

68

치매 대상자가 치약을 짜 먹고 있을 때 요양보호사의 반응으로 옳은 것은?

① "치약은 먹으면 안 돼요."라며 설득한다.
② "건강에 안 좋아요."라며 치약을 바로 뺏는다.
③ "왜 치약을 먹어요!"라며 놀라서 소리를 지른다.
④ "불소 성분 때문에 토할 수도 있어요."라며 자세히 설명한다.
⑤ "이거랑 바꿔 먹어요."라며 대상자가 좋아하는 양갱과 교환한다.

> 위험한 물건은 좋아하는 다른 간식과 교환한다.

69

치매 대상자가 안절부절못하며 밖으로 나가려 할 때 대처 방법은?

① 체온을 잰다.
② 방에 데려가 문을 잠근다.
③ 산책을 함께 다녀오자고 한다.
④ 텔레비전을 크게 틀어 놓는다.
⑤ 나가면 안 된다고 단호하게 말한다.

> 치매 대상자가 배회 시 산책 등 밖에 나가거나 쇼핑을 하는 것은 활력제가 된다.

70

다음 상황에서 요양보호사의 반응으로 적절한 것은?

| 치매 대상자 : 누가 날 죽이려고 음식에 농약을 탔어. 안 먹을 거야. |
| 요양보호사 : (   ) |

① "그럴 일은 절대로 없어요."
② "누가 그랬을지 지목해보세요."
③ "경찰에 신고해서 알아볼게요."
④ "자꾸 그러시면 밥 안 드릴 거예요."
⑤ "제가 먼저 먹어 볼 테니 같이 드세요."

> 치매 대상자가 의심하는 경우 치매 대상자의 의심을 부정하지 않고, 도와주려는 행동을 보인다.

71

프로그램에 참여하던 치매 대상자가 연필을 휘두르며 고함을 지를 때 대처 방법은?

① 손을 꽉 잡아 제지한다.
② 손을 잡고 연필을 뺏는다.
③ 부드러운 말로 진정시킨다.
④ 화가 풀릴 때까지 내버려둔다.
⑤ 빠르게 제어하여 밖으로 데려간다.

> 치매 대상자가 파괴적 행동을 하는 경우 안정된 태도로 온화하게 얘기하여 진정시킨다. 이때 불필요한 신체적 구속은 피한다.

72

다음 사례에서 요양보호사의 대처로 적절한 것은?

> 낮 동안 잘 지내던 재가 치매 대상자가 해 질 녘이 되면 "일이 끝났으니 저는 돌아가 볼게요."라고 하며 집을 나가려고 한다.

① 주무시라고 침대에 눕힌다.
② 여기가 어디라고 생각하는지 물어본다.
③ **같이 나가서 산책을 하고 다시 돌아온다.**
④ 아직 일이 끝나지 않아 갈 수 없다고 말한다.
⑤ 피자와 콜라를 제공하여 포만감을 느끼게 한다.

> 대상자를 밖으로 데려가 산책을 하며 진정시킨다.

73

다른 치매 대상자와 얘기를 나누던 치매 대상자가 바지를 벗고 성기를 노출할 때 대처 방법은?

① 상하의가 붙은 옷으로 갈아입힌다.
② **자연스럽게 다가가 옷을 입혀준다.**
③ 벗으면 안 된다고 큰 소리로 말한다.
④ 다른 대상자에게 사과하라고 말한다.
⑤ 대상자는 그대로 두고 다른 대상자를 데려간다.

> 당황하지 말고 자연스럽게 다가가 옷을 다시 입혀준다.

74

치매 대상자에게 신체적 언어를 사용하는 태도로 옳은 것은?

① 팔짱을 끼고 이야기한다.
② 먼 곳을 바라보며 이야기한다.
③ **앞쪽 방향에서 눈을 보며 다가간다.**
④ 위에서 아래로 내려다보며 이야기한다.
⑤ 엄격한 표정으로 주먹을 쥐며 이야기한다.

> 치매 대상자에게 접근할 때 뒤에서 다가가면 대상자가 놀랄 수 있으므로 앞에서 다가간다.

75

인지기능 자극을 위한 '뇌 건강 일기쓰기' 프로그램에 대한 설명으로 옳은 것은?

① 그림 없이 글만 쓰도록 한다.
② 중증 치매 대상자에게 적용한다.
③ 대화보다는 쓰는 것에 집중한다.
④ **일기를 쓰고 그 내용에 대해 대화한다.**
⑤ 대상자에게 생소한 내용을 주제로 한다.

> • 일기를 쓰고 그 내용에 대해 대화하며 인지기능이 자극되도록 한다.
> • 대상자가 흥미를 느끼는 방향으로 진행한다.

76

급성 저혈압 환자에 대한 응급처치로 옳은 것은?

① 따뜻한 물을 마시게 한다.
② 엎드린 자세가 도움이 된다.
③ **침착하고 편안하게 숨을 쉬도록 한다.**
④ 다리를 높인 자세는 절대로 취하면 안 된다.
⑤ 119에 신고할 상황은 아니므로 안정될 때까지 기다린다.

> 상황이 종료될 때까지 침착하고 편안하게 숨을 쉬도록 안내한다.

77

하임리히법에 관한 설명으로 옳은 것은?

① 천천히 규칙적으로 심호흡을 하도록 한다.
② 등 두드리기와 복부 밀어내기를 30 : 2로 한다.
③ 머리를 뒤로 완전히 젖히고 턱을 들어 올리게 한다.
④ 음식물이 안 보이는 경우 손가락을 넣어 음식물을 찾는다.
⑤ 양손으로 대상자를 뒤에서 안아 복부의 윗부분을 후상방으로 밀어 올린다.

대상자의 뒤에 서서 대상자의 배꼽과 명치 중간에 주먹 쥔 손의 엄지손가락이 배에 닿도록 놓고 다른 한쪽 손으로는 주먹 쥔 손을 감싼 다음 양손으로 복부의 윗부분을 후상방으로 힘차게 밀어 올린다.

78

의식을 잃고 쓰러진 대상자에게 심폐소생술을 시행하는 단계로 옳은 것은?

① 반응 확인 → 가슴 압박 → 도움 요청 → 회복자세 → 호흡 확인
② 반응 확인 → 도움 요청 → 호흡 확인 → 가슴 압박 → 회복자세
③ 반응 확인 → 가슴 압박 → 호흡 확인 → 도움 요청 → 회복자세
④ 반응 확인 → 도움 요청 → 회복자세 → 가슴 압박 → 호흡 확인
⑤ 반응 확인 → 호흡 확인 → 가슴 압박 → 도움 요청 → 회복자세

심폐소생술은 '반응 확인 → 도움 요청 → 호흡 확인 → 가슴 압박 → 회복자세' 순으로 진행한다.

79

심장의 심실에서 이상 신호가 발생하여 심실의 각 부분이 무질서하게 불규칙적으로 수축하는 상태를 뜻하는 것은?

① 질식
② 심정지
③ 뇌경색
④ 심실세동
⑤ 급성 저혈압

심실세동에 대한 설명으로, 심실세동이 나타나면 수축과 이완이 정상적으로 작용하지 못해 심장이 정지한 것과 같은 상태가 된다. 따라서 가슴압박과 빠른 심장 충격이 매우 중요하다.

80

자동심장충격기를 사용할 때 패드를 붙이는 위치로 옳은 것은?

①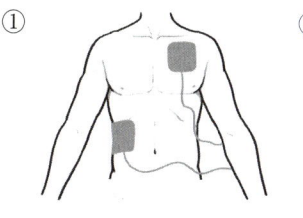
②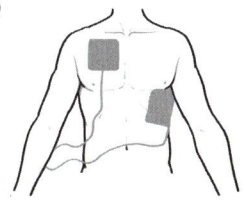
③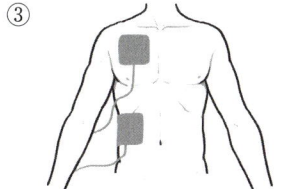
④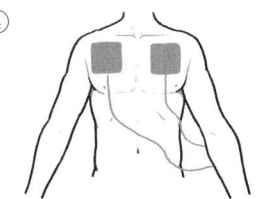
⑤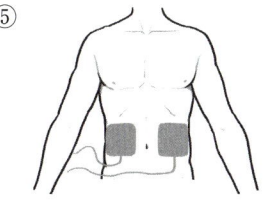

두 개의 패드 부착 시 오른쪽 패드는 오른쪽 빗장뼈 아래에, 왼쪽 패드는 왼쪽 젖꼭지 아래 중간 겨드랑선에 붙인다.

제5회 합격모의고사

요양보호론(필기시험)

01

노년기의 바람직한 가족관계로 옳은 것은?

① 자녀들에게 전적으로 의존한다.
② 가족관계는 소원한 상태를 유지한다.
③ 형제자매와 경쟁적 관계를 유지한다.
④ 성적 욕구의 표현은 자제하는 것이 좋다.
⑤ 손자녀의 긍정적인 자아 형성에 기여한다.

> 손자녀는 노년기에 활기를 제공하며, 노인은 손자녀에게 아낌없는 사랑을 쏟음으로써 손자녀의 긍정적인 자아 형성에 기여할 수 있다.

02

다음 사례에서 노인이 부부관계의 변화에서 적응하려 하는 것은?

> 노인 : 내가 회사 다닐 때는 주말이면 꼼짝도 안 했는데, 은퇴하고 나니 집안일이 얼마나 할 것이 많고 복잡한지 알겠더라고. 요즘은 아내랑 집안일도 나눠 하고, 취미생활도 같이 해.

① 성적 적응
② 신기술에 대한 적응
③ 직종 변화에 대한 적응
④ 역할 변화에 대한 적응
⑤ 사회적 위치 변화에 대한 적응

> 은퇴 등으로 부부간 역할에 변화가 생기므로, 가사일을 분담하며 역할 변화에 적응해야 한다. 또한 공통의 취미생활을 만들면 더욱 긍정적인 관계를 유지하는 데 도움이 된다.

03

노년기에 나타나는 일반적인 특성은?

① 삶의 흔적을 후세에 남기려고 한다.
② 주위 환경에 대한 독립심이 증대된다.
③ 내향성이 감소하여 매사에 신중해진다.
④ 사회적 관계망과 인간관계가 확대된다.
⑤ 일을 처리할 때 새로운 방식을 선호한다.

> 노인은 죽음의 필연성을 인식하고 자신의 흔적을 후세에 남기려는 경향을 보인다.

04

건강한 노화를 위한 방법은?

① 여가활동을 점차 줄인다.
② 부부간 애정표현을 줄인다.
③ 혼자 보내는 시간을 늘린다.
④ 자신의 질병에 맞는 운동을 한다.
⑤ 영양보조식품을 중심으로 식사한다.

> 자신의 질병 유무를 확인하고 신체 기능에 적합한 운동을 지속한다.

05

노인문제에 대한 설명으로 옳은 것은?

① 노인부양 문제는 개인과 가족 내의 문제이다.
② 노인의 개인보험은 이용하지 않는 것이 좋다.
③ 사적 부양 대신 공적 부양으로 해결해야 한다.
④ 자녀가 부모의 생활비를 제공하는 경우가 늘어났다.
⑤ 노인에게는 빈곤, 질병, 고독, 무위가 나타날 수 있다.

> 노인에게는 빈곤, 질병, 고독, 무위의 4고(苦)가 나타날 수 있다.

06

현대 사회에서 노인 거주 형태의 변화로 옳은 것은?

① 대가족 형태가 가장 많다.
② 4인 가족 형태가 가장 많다.
③ 3세대가 같이 사는 형태가 늘어났다.
④ 기혼 자녀와 동거하는 세대가 늘어났다.
⑤ 혼자 살거나 노부부만 사는 세대가 가장 많다.

> 현대 사회에서 노인과 기혼 자녀의 동거가 줄어든 반면 혼자 살거나 노부부만 사는 세대가 늘어나는 추세이다.

07

독거노인 고독사·자살 예방 및 공동체 형성을 목적으로 하는 노인돌봄 지원서비스는?

① 노인보호전문기관
② 노인맞춤돌봄서비스
③ 장애인 응급안전안심서비스
④ 독거노인 공동생활홈 서비스
⑤ 결식 우려 노인 무료급식 지원

> 독거노인 공동생활홈 서비스는 공동생활공간 운영을 통한 독거노인 고독사·자살 예방 및 공동체 형성을 목적으로 하는 사업이다.

08

재가노인복지시설의 서비스 내용에 해당하는 것은?

① 방문목욕   ② 취업 알선
③ 장기간 보호   ④ 일자리 지원
⑤ 공동작업장 운영

> 재가노인복지시설의 서비스에는 방문요양, 방문목욕, 주·야간 보호, 단기 보호, 재가노인지원, 방문간호, 복지용구지원 등이 있다.

09

장기요양서비스 이용 절차 중 괄호 안에 들어갈 단계에서 실시하는 서비스 내용은?

> 서비스 신청 및 상담 → ( ) → 서비스 이용 계약 체결 → 서비스 제공 → 모니터링 → 서비스 종료

① 계약서 서명
② 기능상태평가
③ 장기요양기관 방문
④ 장기요양인정서 작성
⑤ 서비스 제공 계획 수립

> '서비스 제공 계획 수립' 단계에서는 기능상태평가와 욕구평가가 이루어진다.

10

요양보호사가 준수하여야 할 사항으로 옳은 것은?

① 모든 서비스는 대상자에게만 제공한다.
② 대상자의 자유로운 의사표현은 금지한다.
③ 대상자의 개인정보는 시설장과 공유한다.
④ 흡인, 비위관 삽입 등은 필요한 경우에 시행한다.
⑤ 대상자의 가족과 의견이 상충될 시에는 서비스를 중단한다.

> - 요양보호사의 모든 서비스는 대상자에게만 제공한다.
> - 대상자의 개인정보는 누설하면 안 되며, 대상자의 사생활을 보호하고 자유로운 의사표현을 보장하여야 한다.
> - 흡인, 비위관 삽입, 관장 등 모든 의료행위는 하지 않는다.
> - 대상자의 가족과 의견이 상충될 경우 불필요한 마찰을 피하고, 시설장 또는 관리책임자에게 보고한다.

11 ★

다음 상황에서 요양보호사가 침해받은 권리는?

> "저희 시설에는 여성 대상자들이 많은데 남성 지원자는 대상자들이 꺼려해서… 남성분은 채용이 힘들 것 같네요."

① **평등권**
② 참정권
③ 노동권
④ 자유권
⑤ 생존권

> 성별 때문에 채용에서 차별을 받았으므로 평등권을 침해당했다.

12 ★★★

요양보호사의 직업윤리 원칙에 맞는 행동은?

① 대상자의 요구를 모두 수용한다.
② **제공할 서비스를 사전에 확인한다.**
③ 가족에게 대상자의 사연을 얘기한다.
④ 피로가 쌓인 경우 서비스는 간단히 한다.
⑤ 서비스 제공에 대한 감사 답례품을 받는다.

> 업무에 필요한 지식과 기술을 갖추고 제공할 서비스의 내용을 사전에 확인하여 사고를 예방한다. 또한 대상자의 인권을 존중하고 대상자의 의견을 물은 후에 서비스를 제공하며 방문 일정을 변경해야 할 경우에는 사전에 미리 연락하여 양해를 구한다.

13 ★★

다음 사례에 해당하는 노인학대 유형은?

> 김 씨는 친구와의 만남을 위해 78세 시어머니가 마음대로 이동하시지 못하도록 방문을 밖에서 잠갔다.

① 유기
② 방임
③ 성적 학대
④ 정서적 학대
⑤ **신체적 학대**

> 노인을 제한된 공간에 강제로 가두거나 가족이 일방적으로 전기와 수도를 끊어 대상자의 생존을 위협하는 경우는 신체적 학대에 해당한다.

14 ★

직원들 사이에 성희롱이 발생하였을 때 장기요양기관장의 대처 방법은?

① **성희롱 행위자를 징계한다.**
② 피해자에게 이직을 권한다.
③ 피해자를 잘 타이르고 위로해준다.
④ 3년에 한 번 성희롱 예방교육을 한다.
⑤ 행위자와 피해자를 동시에 불러서 상황을 파악한다.

> • 장기요양기관장은 직원들 사이에 성희롱이 발생하였을 경우에 행위자를 징계하여야 한다.
> • 피해자에게 불이익한 조치를 해서는 안 된다.
> • 성희롱 예방교육은 1년 1번 이상 해야 한다.

15 ★★

다음의 시설에서 대상자가 보장받아야 할 기본 권리는?

> 시설장: 이 시설에서는 대상자 모두 단체복을 입어요. 사복은 가져오실 수 없습니다.

① 존엄한 존재로 대우받을 권리
② 차별 및 노인학대를 받지 않을 권리
③ **개별화된 서비스를 제공받고 선택할 권리**
④ 안락하고 안전한 생활환경을 제공받을 권리
⑤ 개인 소유의 재산과 소유물을 스스로 관리할 권리

> 개별화된 서비스를 제공받고 선택할 권리가 침해되었다. 노인은 개인 물품을 이용할 수 있어야 하고, 의복 등 개인의 생활 방식을 선택하거나 결정할 수 있어야 한다.

16
노로바이러스에 대한 설명으로 옳은 것은?

① 증상으로 두드러기가 있다.
② 주로 공기감염으로 전염된다.
③ 5월부터 8월까지의 발생률이 높다.
④ 음식을 과하게 익힐 경우 감염될 수 있다.
⑤ 감염된 경우 2~3일간 요양보호 업무를 중단해야 한다.

노로바이러스는 전파력이 강하므로 요양보호사가 감염된 경우에는 증상이 약해도 2~3일간 요양보호 업무를 중단한다.

17
위염 대상자의 금식 시 지켜야 할 주의사항은?

① 목욕은 뜨거운 물로 하도록 한다.
② 금식 시에는 물도 마시지 않게 한다.
③ 금식 후에는 미음 등의 유동식을 먹는다.
④ 금식과 함께 땀이 나는 운동을 하게 한다.
⑤ 금식은 3일 이상 하여 위의 부담을 줄인다.

- 금식 후에는 미음 등의 묽은 유동식을 섭취한 후 된죽, 일반식 등으로 점차 진행한다.
- 금식 시 물을 자주 마셔 탈수를 예방하고, 충분한 휴식을 취해준다.
- 금식은 하루 정도 하여 위의 부담을 덜고 구토를 조절한다.

18
노화로 간 기능이 떨어져 나타날 수 있는 결과는?

① 당내성 저하
② 타액분비 저하
③ 지방 흡수력 저하
④ 약물 대사 능력 저하
⑤ 직장벽의 탄력성 감소

간 기능이 떨어지면 약물의 대사와 제거 능력이 저하된다.

19
기관지염을 앓는 대상자의 증상을 완화시킬 수 있는 방법은?

① 냉수마찰을 한다.
② 뜨거운 음식을 제공한다.
③ 하루 두 번 식사를 하도록 한다.
④ 심한 기침은 참아서 기관지를 보호한다.
⑤ 갑작스러운 온도 변화에 노출되지 않게 한다.

갑작스러운 온도 변화나 차갑고 습기가 많은 기후에 노출되지 않도록 하여 기관지 자극을 줄인다.

20
노화로 정맥이 약화되어 나타날 수 있는 증상은?

① 빈혈
② 고혈압
③ 하지 부종
④ 본태성 저혈압
⑤ 최대 심박출량 감소

노화에 따른 정맥 약화로 하지 부종과 정맥류가 생기기 쉽다.

21
뼈세포가 상실되고 골밀도가 낮아져 골절이 발생하기 쉬운 질환은?

① 통풍
② 골다공증
③ 골연화증
④ 척추 측만증
⑤ 퇴행성 관절염

골다공증에 대한 설명이다.

22 ★★★

노화로 인한 피부계의 변화로 옳은 것은?

① 표피가 두꺼워진다.
② 피하지방이 증가한다.
③ 머리카락이 굵어진다.
④ 수분 함유량이 증가한다.
⑤ **모근의 멜라닌 생성 세포가 소실된다.**

> 모근의 멜라닌 생성 세포가 소실되어 머리카락이 하얗게 탈색되고 머리카락은 가늘어진다.

23 ★★★

노화로 인한 신경계의 변화로 옳은 것은?

① 감각이 예민해진다.
② **정서 조절이 불안정해진다.**
③ 근육의 긴장도가 증가한다.
④ 신경세포의 기능이 활성화된다.
⑤ 단기기억과 장기기억이 모두 감퇴된다.

> - 정서 조절이 불안정해지고 감각이 둔화된다.
> - 단기기억은 감퇴하나 장기기억은 대체로 유지된다.

24 ★

노인성 난청에 대한 설명으로 옳은 것은?

① **동맥경화증에 의해 난청이 발생할 수 있다.**
② '스, 츠, 트, 프, 크'와 같은 음을 잘 듣는다.
③ 청력 저하는 주위 환경의 소음과는 관계없다.
④ 난청 대상자와 의사소통할 때는 빠르게 말한다.
⑤ 감소된 청력을 복구하는 치료를 하면 호전된다.

> - 장기간의 소음 노출이나 스트레스, 동맥경화증과 같은 혈관성 질환 등이 노인성 난청의 원인이 될 수 있다.
> - 감소된 청력은 근본적으로 회복시키는 치료법이 없다.

25 ★

당뇨병 대상자의 발 관리 방법은?

① **발톱은 일자로 자른다.**
② 꽉 끼는 신발을 신는다.
③ 발은 자주 씻지 않는다.
④ 양말은 신지 않는 것이 좋다.
⑤ 핫팩을 대어 혈액순환을 돕는다.

> 발톱이 살을 파고들어 상처가 나지 않도록 일자로 자르고, 보습제를 발라 건조를 예방한다. 또한 발가락이 노출되지 않도록 양말을 신는 것이 좋다.

26 ★★

치매의 단계별 증상으로 옳은 것은?

① 초기에는 시간 외에 공간까지 헷갈린다.
② **초기에는 새로운 것을 외우는 것이 어렵다.**
③ 초기에는 안절부절못하고 배회행동을 보인다.
④ 말기에는 물건 분실 후 남이 훔쳐갔다고 의심한다.
⑤ 말기에는 말을 할 때 적절한 단어가 떠오르지 않는다.

> - 치매 초기에는 새로운 것을 외우는 것이 어렵고, 간혹 시간이 헷갈릴 때가 있으며, 말을 할 때 적절한 단어가 떠오르지 않는다.
> - 중기에는 시간 외에 공간까지 헷갈리고, 환각·망상·불안·초조·배회 등의 정신행동증상이 심해진다.
> - 말기에는 대부분의 기억이 소실되고, 가족이나 가까운 사람들도 알아보지 못한다.

27 ★

뇌졸중으로 소뇌가 손상된 대상자에게 나타날 수 있는 증상은?

① 눈부심
② 언어장애
③ 가려움증
④ 시력장애
⑤ **운동 실조증**

> 뇌졸중으로 소뇌 손상 시 메스껍고 토하는 증상이 있으며, 한쪽으로 자꾸 쓰러지려 하고 물건을 정확하게 잡지 못하는 운동 실조증이 나타난다.

28

우울증(A)과 치매(B)의 증상을 바르게 비교한 것은?

	A	B
①	긴 기간	짧은 기간
②	급격히 발병함	서서히 발병함
③	단기기억 저하	장·단기기억 저하
④	일관된 인지기능 저하	인지기능 저하의 편차 심함
⑤	기억력 장애인지 못함	기억력 장애 호소

우울증의 증세는 급격히 발병하지만 치매의 증세는 서서히 발병한다.

29

요양보호사의 직무 스트레스를 예방하기 위한 방법으로 옳은 것은?

① 동료 요양보호사의 만남은 자제한다.
② 업무지침은 근로자에게만 제공하면 된다.
③ 정해진 근로시간을 초과하지 않도록 근로계약을 분명히 한다.
④ 요양보호사는 근무시간 중에 원하는 시간만큼 휴식할 수 있다.
⑤ 재가 요양보호사는 관리감독자와의 회의에 참석할 필요가 없다.

정해진 근로시간을 초과하지 않도록 근로계약을 분명히 해야 한다.

30

노화로 인한 수면의 특성으로 옳은 것은?

① 밤낮이 바뀐다.
② 수면량이 늘어난다.
③ 낮잠을 자지 않는다.
④ 수면 중에 자주 깨지 않는다.
⑤ 잠들기까지 시간이 오래 걸린다.

노화로 인하여 쉽게 잠들지 못하고 수면 중에 자주 깨게 된다.

31

노인의 성생활에 대한 설명으로 옳은 것은?

① 술을 많이 마시면 성생활에 좋다.
② 윤활제는 사용하지 않는 것이 좋다.
③ 이뇨제 복용은 성 문제와 관계가 없다.
④ 성생활을 하면 뇌졸중이 악화될 수 있다.
⑤ 전립선 절제술을 받아도 발기에는 문제가 없다.

전립선 절제술은 발기하는 데 문제를 유발하지 않는다.

32

부정맥 등이 있을 때 복용하는 와파린과 함께 먹으면 약의 효과가 줄어들 수 있어 과량 섭취하지 않아야 하는 음식은?

① 우유
② 당근
③ 양파
④ 사과
⑤ 시금치

시금치는 와파린과 함께 먹으면 약의 효과를 줄일 수 있으므로 과량 섭취하지 않는다.

33

자가면역질환, 만성 피부질환, 장기이식 후 사용하는 약으로 장기적으로 사용할 때 체중증가, 정신장애, 당뇨병, 면역저하 등의 문제를 일으킬 수 있는 약물은?

① 수면제
② 소염진통제
③ 고지혈증약
④ 당뇨병 약제
⑤ 스테로이드제

스테로이드제에 대한 설명이다.

34

노인이 10년마다 추가로 받아야 하는 예방접종은?

① 결핵
② 독감
③ 대상포진
④ 노로바이러스
⑤ 파상풍 - 디프테리아 - 백일해

10년마다 파상풍 - 디프테리아 - 백일해 접종을 맞아야 한다.

35

체온이 40℃가 넘고, 피부가 땀이 나지 않아 건조하고 뜨거운 상태로 오한, 헛소리, 빈맥, 빈호흡, 혼수상태 증상을 보이는 온열질환은?

① 열발진
② 열실신
③ 열경련
④ 열사병
⑤ 열성부종

열사병에 대한 설명으로, 이 경우 119에 즉시 신고하고 기다리는 동안 다음의 조치를 해야 한다.
- 시원한 장소로 옮김
- 환자의 옷을 시원한 물로 적시고 선풍기 등으로 몸에 바람을 불어 줌
- 의식이 없는 경우 음료를 마시도록 하는 것은 금지

실기시험

36

대상자의 식사 자세로 옳은 것은?

① 발바닥이 바닥에 닿지 않게 의자를 높인다.
② 식탁에 팔꿈치를 올릴 수 있도록 의자를 당겨준다.
③ 식탁의 높이는 대상자의 가슴 높이에 오게 한다.
④ 편마비 대상자는 마비된 쪽을 밑으로 하여 눕혀준다.
⑤ 침대에 앉을 수 없는 경우에는 침대를 10~20° 높인다.

- 의자에 깊숙이 앉고 식탁에 팔꿈치를 올릴 수 있도록 의자를 충분히 당겨주어 자연스럽게 식사하게 한다.
- 편마비 대상자는 건강한 쪽을 밑으로 하여 눕혀준다.
- 침대에 앉을 수 없는 경우에는 침대를 30~60° 높인다.

37

왼쪽 편마비 대상자에게 침상에서 식사를 제공하는 방법으로 옳은 것은?

① 대상자의 왼쪽에 선다.
② 왼손에 식사보조도구를 끼워 준다.
③ 입안의 오른쪽에 음식을 넣어 준다.
④ 쿠션으로 오른쪽 상체를 지지해 준다.
⑤ 식후 오른쪽 입안에 음식물이 있는지 확인한다.

편마비 대상자는 건강한 쪽(오른쪽)에서 음식을 넣어 준다.

38

경관영양을 돕는 방법으로 옳은 것은?

① 영양액은 차갑게 제공해야 한다.
② 유통기한은 살짝 지났어도 상관없다.
③ 영양액은 빠르게 주입하는 것이 좋다.
④ 영양주머니는 일주일에 2~3번 세척한다.
⑤ 비위관이 빠지지 않도록 반창고로 고정한다.

경관영양 식사 시 비위관이 빠지지 않도록 반창고 등으로 잘 고정한다.

39

대상자가 이동변기에 배설할 때 돕는 방법으로 옳은 것은?

① 배설물을 아침저녁으로 처리한다.
② 두 발이 바닥에 닿지 않게 이동변기에 앉힌다.
③ **변의를 자극할 때는 미지근한 물을 항문에 끼얹는다.**
④ 침대의 난간을 올리고 대상자가 변기로 이동하게 한다.
⑤ 편마비 대상자는 마비된 쪽 침대 난간에 이동변기를 붙인다.

> 배설이 어려울 때는 미지근한 물을 항문이나 요도에 끼얹어 변의를 자극한다.

40

대상자의 투약을 돕는 방법으로 옳은 것은?

① 경구약 투약 시 측위 자세를 취하게 한다.
② **안연고 투여 시 처음 나오는 것은 거즈로 닦아 버린다.**
③ 귀약 투여 시 대상자의 귀 윗부분을 잡아 앞쪽으로 잡아당긴다.
④ 수액 병은 대상자의 심장보다 낮은 위치에 둔다.
⑤ 간호사가 바쁘면 요양보호사가 주사를 주입한다.

> • 안연고 투여 시 처음 나오는 것은 외부 공기에 노출되어 오염되었을 수 있으므로 거즈로 닦아 버린다.
> • 경구약 투약 시 침상머리를 높이고 반좌위를 취하게 한다.
> • 귀약 투여 시 대상자의 귀 윗부분을 잡아 뒤쪽으로 잡아당겨야 약물이 귀 안쪽으로 잘 들어간다.
> • 수액 병은 대상자의 심장보다 높은 위치에 둔다.
> • 주사주입은 의료인의 고유 영역이므로 요양보호사는 시행하지 않는다.

41

유치도뇨관을 삽입하고 있는 대상자를 돕는 방법으로 옳은 것은?

① 수분 섭취를 최대한 금한다.
② 소변주머니는 방광보다 높은 위치에 둔다.
③ **연결관이 꺾여 있거나 눌려 있는지 살핀다.**
④ 유치도뇨관이 고정되어 있는지 당겨서 확인한다.
⑤ 소변이 밖으로 새는 경우 유치도뇨관을 제거한다.

> 연결관이 꺾여 있거나 눌려 소변이 소변주머니로 제대로 배출되지 못하는지 살핀다.

42

대상자의 의치를 관리하는 방법으로 옳은 것은?

① 의치를 표백제에 담가 소독한다.
② 의치는 하루 종일 끼고 있게 한다.
③ **의치보관용기에 물을 넣어 담가 둔다.**
④ 의치를 뺄 때에는 아래쪽부터 천천히 뺀다.
⑤ 취침 전에 의치를 세척하여 다시 끼워 준다.

> 의치는 의치세정제나 물을 넣은 보관용기에 담가 둔다. 이때 냉수를 사용하면 변형을 막을 수 있다.

43

대상자의 손과 발을 관리하는 방법으로 옳은 것은?

① 발톱은 둥글게 자른다.
② **손발을 부드럽게 마사지한다.**
③ 손톱은 일자 모양으로 자른다.
④ 차가운 물에 손발을 담근 후 씻긴다.
⑤ 발톱 주위 염증이 있으면 발톱을 짧게 자른다.

> • 손발에 로션을 바르며 부드럽게 마사지를 한다.
> • 손톱은 둥글게, 발톱은 일자로 자른다.
> • 따뜻한 물에 손발을 담근 후 씻기면 혈액순환을 촉진하고 이물질을 쉽게 제거할 수 있다.

44

회음부 청결을 돕는 방법으로 옳은 것은?

① 목욕 담요는 등 뒤로 깔아 준다.
② 회음부를 닦을 때는 휴지를 사용한다.
③ 누워서 다리를 쭉 편 상태에서 닦는다.
④ 회음부에 비눗물을 끼얹고 물수건으로 닦는다.
⑤ 둔부 밑에 방수포와 목욕수건을 겹쳐서 깔아 준다.

- 둔부 밑에 방수포와 목욕수건을 겹쳐서 깔고 변기를 밀어 넣는다. 대상자가 부끄러워하며 거부한다면 전용 물수건을 제공하여 스스로 씻도록 한다.
- 회음부를 닦을 때에는 전용수건이나 거즈, 솜을 사용한다.
- 누워서 무릎을 세우게 한 상태에서 닦는다.

45

장기간 누워지내는 대상자의 신체를 정렬할 때 요양보호사의 자세로 옳은 것은?

① 무릎을 펴고 중심을 높게 한다.
② 한 쪽 다리에 체중을 지지한다.
③ 균형을 위하여 발을 모으고 선다.
④ 순간적인 반동을 이용하여 움직인다.
⑤ 몸 가까이에서 잡고 대상자를 보조한다.

- 대상자와 멀어질수록 요양보호사의 신체 손상 위험이 증가하므로 몸 가까이에서 잡고 보조한다.
- 양쪽 다리에 체중을 지지한 후 무릎을 굽히고 중심을 낮게 한다.
- 균형을 위해 발을 적당히 벌리고 선다.
- 갑작스러운 동작은 피한다.

46

엎드린 자세에서 허리와 넙다리의 긴장 완화를 위해 작은 베개를 받친 위치로 옳은 것은?

①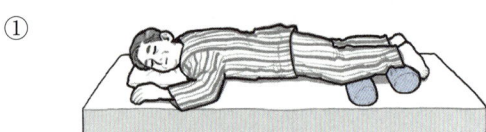

②

③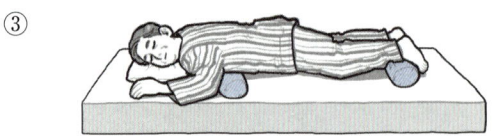

④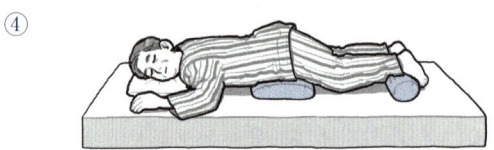

⑤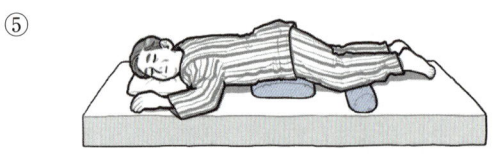

엎드린 자세에서 허리와 넙다리의 긴장을 완화를 위해 아랫배와 발목 밑에 작은 베개 등을 받친다.

47

왼쪽 다리에 힘이 없는 대상자가 보행보조차로 이동할 때 순서로 옳은 것은?

① 오른쪽 다리와 보행보조차 → 왼쪽 다리
② 오른쪽 다리 → 왼쪽 다리와 보행보조차
③ **왼쪽 다리와 보행보조차 → 오른쪽 다리**
④ 왼쪽 다리 → 오른쪽 다리 → 보행보조차
⑤ 오른쪽 다리 → 왼쪽 다리 → 보행보조차

> 한쪽 다리만 약한 경우 약한 다리(왼쪽 다리)를 보행보조차와 함께 먼저 옮기고 건강한 다리(오른쪽 다리)를 앞으로 따라 옮긴다.

48

감염 예방을 위한 손 씻기 방법으로 옳은 것은?

① 비누와 물은 손바닥에만 묻힌다.
② 젖은 수건으로 손의 물기를 제거한다.
③ 항균 액체 비누보다 고체 비누를 사용한다.
④ **손끝을 손바닥에 문질러 손톱 밑을 깨끗하게 한다.**
⑤ 장갑을 끼고 분비물을 만졌으면 손을 씻지 않아도 된다.

> 손가락을 반대쪽 손바닥에 놓고 문지르며 손톱 밑까지 깨끗하게 한다.

49

대상자의 침구를 관리하는 방법으로 옳은 것은?

① 목침처럼 딱딱한 베개는 혈액순환에 도움이 된다.
② 이불은 보온을 위해 두껍고 무거운 것을 선택한다.
③ **재봉선이 없는 시트를 사용한다.**
④ 습기를 흡수하는 베갯속을 사용한다.
⑤ 침대 시트는 한 달에 한 번 세탁한다.

> 재봉선이 있는 것은 욕창의 원인이 되므로 피한다.

50

휠체어에 앉아 있는 대상자를 자동차에 태울 때의 순서로 옳은 것은?

> 가. 마비 측 무릎을 지지해 주며 일으킨다.
> 나. 엉덩이부터 차 시트에 앉게 한다.
> 다. 자동차의 뒷문을 열고 휠체어를 자동차와 약간 비스듬히 하여 놓는다.
> 라. 대상자의 다리를 한 쪽씩 올려놓은 후 대상자의 엉덩이를 좌우로 이동시켜 차 시트에 깊숙이 앉게 한다.

① 가 → 나 → 다 → 라
② 가 → 다 → 나 → 라
③ **다 → 가 → 나 → 라**
④ 다 → 가 → 라 → 나
⑤ 다 → 나 → 가 → 라

> 다. 자동차의 뒷문을 열고 휠체어를 자동차와 약간 비스듬히 하여 놓는다.
> 가. 마비 측 무릎을 지지해 주며 일으킨다.
> 나. 엉덩이부터 차 시트에 앉게 한다.
> 라. 대상자의 다리를 한 쪽씩 올려놓은 후 대상자의 엉덩이를 좌우로 이동시켜 차 시트에 깊숙이 앉게 한다.

51

재가 대상자의 일상업무를 대행하는 방법으로 옳은 것은?

① 보호자에게 필요한 서비스가 있는지 확인한다.
② 동일한 업무를 재요청할 때는 스스로 하게 한다.
③ 대상자에게 필요한 경비를 기관장에게 요구한다.
④ **대상자에게 업무 대행 경과를 수시로 확인시켜 준다.**
⑤ 업무 대행에 불만족하면 다른 요양보호사에게 재요청하게 한다.

- 대상자의 업무 대행이 원활하게 이루어지고 있음을 수시로 확인시켜 신뢰감을 형성한다. 또한 대상자의 요구가 있으면 업무 담당자와 연결시켜 준다.
- 불만족스러워 재요청할 때에는 충분히 상의하여 진행한다.

52

냉장보관과 냉동보관에 대한 설명으로 옳은 것은?

① 냉장실 문을 자주 열어 음식을 확인한다.
② 음식을 보관하는 용기 사이를 붙여 놓는다.
③ 생선 핏물을 제거하면 빨리 상하므로 씻지 않는다.
④ 채소는 깨끗이 씻은 후에 신문지로 싸서 보관한다.
⑤ **냉동보관 시 수분이 완전히 차단되는 용기에 넣어야 한다.**

- 냉동보관 시에는 수분을 차단할 수 있는 용기에 넣어야 하며, 냉동식품은 원래의 포장상태로 저장하는 것이 좋다.
- 생선 핏물은 생선을 빨리 상하게 하므로 씻어서 보관한다.
- 채소는 깨끗이 씻은 후 밀폐용기에 담아 보관한다.

53

재가 대상자의 집에 화재가 발생했을 때 대피시키는 방법으로 옳은 것은?

① 최대한 자세를 높이고 이동하게 한다.
② 연기가 나는 경우 손으로 코를 막게 한다.
③ **아래층으로 대피할 수 없으면 옥상으로 이동한다.**
④ 야간화재 시 양손을 번갈아 벽을 짚으며 밖으로 나간다.
⑤ 불길이 천장까지 닿았다면 얼른 소화기로 진화를 시도한다.

아래층으로 대피할 수 없는 경우에는 옥상으로 이동해야 하므로 옥상 출입문은 항상 열려 있어야 한다.

54

당뇨병 대상자의 식사관리로 옳은 것은?

① **동물성 지방과 콜레스테롤 섭취를 줄인다.**
② 조리 시 케첩 등의 양념을 늘린다.
③ 튀기거나 볶는 조리법을 이용한다.
④ 혈당지수가 낮은 식품은 많이 먹어도 괜찮다.
⑤ 보리밥, 우유, 사과, 당면 등의 섭취를 피한다.

- 동물성 지방 및 콜레스테롤 섭취는 가급적 줄인다.
- 튀기거나 볶는 조리법은 기름을 많이 사용하므로 자주 이용하지 않는다.

55

경청의 방법으로 옳은 것은?

① 미리 대답을 준비하며 듣는다.
② 비판적 태도를 가지고 듣는다.
③ 듣고 싶지 않은 말을 걸러낸다.
④ **동의하지 않더라도 마음을 열어둔다.**
⑤ 자신이 말할 주제를 우선하여 듣는다.

경청하는 사람은 상대방의 말에 항상 동의하지 않더라도 충분히 이해하기 위해 마음을 열어둔다.

56 ★★

다음 대화에서 요양보호사의 반응으로 옳은 것은?

| 대 상 자 : 내 모자 어디 있어? 왜 자꾸 숨겨 놔!
| 요양보호사 : (   ) |

① "저는 숨기지 않았어요. 의심하지 마세요!"
② "솔직히 어르신은 모자가 잘 안 어울려요."
③ "모자를 쓰고 싶으신가 봐요. 우리 가지러 가요."
④ "오늘은 모자가 없으니까 밖에 못 나가시겠네요."
⑤ "잘 안 쓰셔서 지난번에 제가 아드님께 보냈어요."

> 대상자의 기분에 공감하고 해결하는 데 도움을 준다.

57 ★

다음과 같이 의사소통해야 하는 대상자는?

- 사물의 위치를 정확히 시계방향으로 설명한다.
- 대상자의 정면에서 말하고, 신체 접촉을 하기 전에 먼저 말을 하여 알게 한다.
- 이미지를 전달하기 어려운 형태나 사물 등은 촉각으로 이해시킨다.

① 시각장애
② 언어장애
③ 판단력장애
④ 지남력장애
⑤ 주의력결핍장애

> 시각장애 대상자와 이야기하는 방법에 해당한다.

58 ★★

방문요양서비스를 제공하며 관찰한 내용을 올바르게 기록한 것은?

① "점심 식사를 아주 많이 드셨다."
② "최근에 인지기능이 더 나빠지셨다."
③ "정오에 간식으로 귤 세 개를 드셨다."
④ "늦은 오후에 친척 세 명이 방문했다."
⑤ "오랜만에 딸이 방문하여 음식을 놓고 갔다."

> 기록을 할 때에는 애매한 표현은 피하고 구체적인 수치를 기록한다. '정오(12시)', '세 개' 모두 구체적인 표현이다.

59 ★

상황이 급한 경우에 해야 할 보고 방법은?

① 반드시 서면보고를 한다.
② 기록을 위해 전산망 보고를 한다.
③ 급박한 상황이므로 보고 없이 처리한다.
④ 정확한 수치를 모르는 것은 보고하지 않는다.
⑤ 구두보고를 먼저 한 후, 서면보고로 보완한다.

> 상황이 급할 때는 구두보고를 먼저 하고, 나중에 서면보고로 보완할 수 있다.

60

월례회의에서 요양보호사가 해야 할 업무는?

① 사건 발생 시 대처 경험을 공유한다.
② 급여제공기록지 사용 방법을 설명한다.
③ 사례회의의 일자, 장소, 주제를 공지한다.
④ 응급상황에 대한 대처 매뉴얼을 전달한다.
⑤ 대상자의 상황에 따라 서비스 제공계획을 변경한다.

> 월례회의에서는 요양보호사들이 정보와 경험을 서로 공유하고, 관리자가 요양보호사에게 업무 관련 정보와 업무 준수사항을 전달한다.

61 ★★

임종이 임박한 대상자에게 나타날 수 있는 증상은?

① 피부가 붉어진다.
② **식은땀을 흘린다.**
③ 의식이 또렷하다.
④ 식욕이 증가한다.
⑤ 혈압이 상승한다.

> 임종이 임박하면 피부는 차갑고 창백하며, 혈압이 감소하고 식은땀을 흘린다.

62

임종 대상자에게 말하는 방법으로 옳은 것은?

① 알아듣기 쉽게 큰 소리로 말한다.
② **부드럽고 분명한 어조로 이야기한다.**
③ 대상자의 반응이 있을 때까지 말을 건다.
④ 청력이 유지되지 않으므로 아무 얘기나 한다.
⑤ 대상자 옆에서 손을 잡고 크게 흔들며 말한다.

> 부드러우면서도 분명한 어조로 말한다.

63 ★

대상자와 사별한 가족을 돕는 방법은?

① **일기, 글쓰기 등을 추천한다.**
② 신경이 날카로운 사람은 피하도록 한다.
③ 요양보호사에게 분노반응을 보이면 기관장에게 알린다.
④ 차분한 반응을 보이는 사람은 심리상담을 받도록 권한다.
⑤ 우울증 증상이 1개월 이상 지속되는 것은 일반적인 현상이다.

> 친구, 가족, 일기, 글쓰기 등은 사별 후 마음의 아픔을 치유하는 데 도움이 될 수 있다.

64 ★

치매 대상자 가족의 정서적 부담 중 다음에 해당하는 것은?

> 치매 대상자가 나아질 것 같지 않다는 허무한 생각으로 인해 대상자의 증상에 효과적으로 대처하지 못한다.

① 분노
② 우울
③ 소외감
④ 불안감
⑤ **무기력감**

> 치매 대상자 가족이 느끼는 정서적 부담 중 무기력감에 해당한다.

65 ★

치매 대상자가 갑자기 소변을 가리지 못할 때 돕는 방법은?

① 24시간 기저귀를 채워준다.
② 화장실 환경을 어둡게 유지한다.
③ **일정 시간마다 화장실에 데려간다.**
④ 저녁식사 후 물을 많이 마시게 한다.
⑤ 보호자와 상의해 유치도뇨관을 삽입해준다.

> 요실금이 있거나 배뇨 문제가 있는 경우 일정 시간마다 규칙적으로 배뇨하게 한다.

66 ★★

치매 대상자가 돌아가신 아버지가 보인다며 밖에 나가려 할 때 대처 방법은?

① 아버지가 어디 있는지 물어본다.
② 아버지는 이미 돌아가셨다고 말한다.
③ 아버지에게 가 보라며 밖에 내보낸다.
④ 다른 대상자에게 이해해달라며 귓속말한다.
⑤ **바람 쐬고 오자고 하며 같이 산책을 갔다 온다.**

> 다른 것에 관심을 돌려 그 문제에서 벗어나게 한다.

67 ★★

치매 대상자가 콧노래를 부르며 짐을 싸고 다시 풀기를 반복할 때 대처 방법은?

① 대상자의 짐을 치운다.
② **좋아하는 노래를 함께 부른다.**
③ 그만 하라고 단호하게 말한다.
④ 짐을 쌀 필요가 없다고 설명한다.
⑤ 짐을 깔끔하게 정리해 놓게 한다.

> 좋아하는 노래를 함께 부르며 관심을 다른 곳으로 돌린다.

68 ★

치매 대상자가 밤에 깬 후 새벽까지 잠을 이루지 못하고 돌아다닐 때 돕는 방법은?

① 주위를 밝게 해준다.
② 시원한 물을 먹게 한다.
③ 야식으로 빵을 제공한다.
④ **외출하려 하면 동행한다.**
⑤ 경쾌한 음악을 틀어준다.

> 잠에서 깨어나 외출하려 하면 요양보호사가 동행한다.

69 ★★

낮 동안 두리번거리며 배회하는 치매 대상자를 돕는 방법은?

① 화분을 옮기게 한다.
② **같이 장을 보고 온다.**
③ 수면제를 먹여 재운다.
④ 창문을 활짝 열어둔다.
⑤ 조용한 방에 혼자 있게 한다.

> 산책, 장보기 등 야외활동을 하게 한다.

70 ★

치매 대상자의 안전과 사고예방을 위한 기본원칙으로 옳은 것은?

① 유리문이나 유리창은 가리지 않는다.
② 시계는 혼란스러울 수 있으므로 치운다.
③ 그림보다는 글을 활용하는 것이 효과적이다.
④ **실내와 현관이 어두워지기 전에 희미한 불을 켜둔다.**
⑤ 자극을 주는 것이 손상된 기능을 회복시키는 데 도움이 된다.

> - 실내와 현관이 어두워지기 전이나 어두워지자마자 희미한 불을 켜두어 치매 대상자의 안전한 생활환경을 조성한다.
> - 유리문이나 큰 유리창에는 눈높이에 그림을 붙여 유리임을 알 수 있게 한다.
> - 치매 대상자의 기억력과 지남력 지원을 위해 시계나 달력을 활용하고, 글보다는 그림을 사용하는 것이 효과적이다.
> - 지나친 자극은 피한다.

71 ★

치매 대상자가 거실에 모여 있는 다른 대상자에게 화내며 큰 소리로 욕할 때 대처 방법은?

① 다른 대상자에게 사과하게 한다.
② 조용히 하라고 큰 소리로 말한다.
③ 진정시킨 후 화가 난 이유를 물어본다.
④ **조용한 장소로 데리고 가서 쉬게 한다.**
⑤ 다음부터 거실에 나오지 못하도록 한다.

> 다른 자극을 주지 않고 다른 대상자와 격리할 수 있도록 조용한 장소로 데려가 쉬게 한다. 행동이 진정된 후에는 왜 그랬는지 질문하거나 해당 행동을 상기시키지 않는다.

72 ★★

다음 사례에서 요양보호사의 반응으로 적절한 것은?

> 치매 대상자가 해 질 녘만 되면 다른 대상자를 따라다니며 "엄마, 나랑 같이 있어. 무서워."라고 한다.

① "저 분은 어머니가 아니에요."
② "지금 뭐가 그렇게 무서우세요?"
③ "다른 분이 불편해하시니 그러지 마세요."
④ "어머니가 그리우세요? 어떤 분이셨나요?"
⑤ "어머니 생각은 하지 말고 다른 일을 하세요."

어머니와의 추억을 얘기하며 안정감을 얻을 수 있도록 한다.

73 ★

재가 치매 대상자가 보이는 사람마다 쫓아다니며 신체를 자꾸 만지작거릴 때 대처 방법은?

① 행동을 할 때마다 독방에 격리한다.
② 이러면 주위 사람들이 힘들다고 타이른다.
③ 사람이 많은 공공장소에는 데려가지 않는다.
④ 큰 소리로 야단을 쳐서 행동을 멈추게 한다.
⑤ 자꾸 문제행동을 하면 돌봐줄 수 없다고 말한다.

공공장소 방문이나 방문객을 제한하여 사고를 예방한다.

74 ★★★

치매 대상자와 의사소통할 수 있는 환경을 조성한 것으로 옳은 것은?

① 꺼져 있던 TV의 전원을 켰다.
② 걷고 있는 대상자를 멈춰 세웠다.
③ 어두운 장소에서 빠르게 얘기한다.
④ 멀리 있는 대상자를 큰 소리로 불렀다.
⑤ 여러 사람이 함께 의견을 얘기하도록 했다.

걷고 있을 때 말을 걸면 균형을 잃고 넘어질 수 있으므로 멈춰 세우고 얼굴을 보며 이야기한다.

75 ★

중증 인지기능장애 대상자의 소근육 자극과 스트레스 해소에 좋은 인지자극훈련 활동은?

① 소고 연주하기
② 물건값 계산하기
③ 빈칸 글자 채우기
④ 뇌 건강 일기 쓰기
⑤ 물건 보며 과거 회상하기

악기 연주하기는 청각적 자극을 주고 소근육 기능을 유지하며, 스트레스 해소를 하여 정서적 안정을 도모할 수 있다.

76

다음 약물 복용방법 중 부작용이 나타날 수 있는 경우는?

① 고혈압약을 물과 함께 복용한 경우
② 편의점에서 구입한 소화제를 복용한 경우
③ 고지혈증약을 자몽주스와 함께 복용한 경우
④ 가운데 분할선이 있는 알약을 잘라서 복용한 경우
⑤ 의사와 상담 후 구매한 건강기능식품을 복용한 경우

자몽주스는 혈압약, 고지혈증약, 수면제 등과 복용 시 부작용 위험을 높일 수 있다.

77

하임리히법을 시행하는 경우 구조자의 손의 위치는?

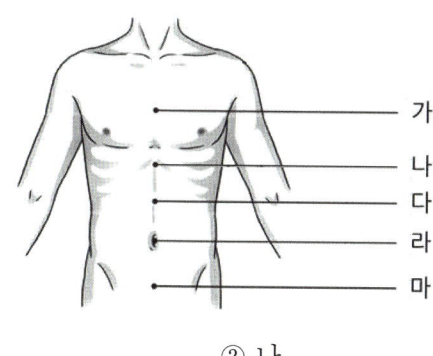

① 가
② 나
③ 다
④ 라
⑤ 마

> 하임리히법을 시행할 때에는 대상자의 뒤에 서서 대상자의 배꼽과 명치 중간에 주먹 쥔 손의 엄지손가락이 배에 닿도록 놓는다.

78

치매 대상자가 날카로운 것에 찔려 팔에서 피가 날 때 응급처치 방법은?

① 출혈부위를 알코올로 씻어 준다.
② 급한대로 손으로 출혈부위를 누른다.
③ 출혈부위를 심장보다 낮추고 압박한다.
④ 장갑을 낀 후 멸균거즈로 출혈부위를 압박한다.
⑤ 출혈이 많으면 첫 번째 패드를 제거하고 두 번째 패드를 덧댄다.

> • 장갑을 착용하고 출혈부위를 노출한 후 출혈부위에 멸균거즈를 이용하여 직접 압박한다.
> • 출혈이 많으면 첫 번째 패드를 제거하지 않고 두 번째 패드를 덧대어 계속 압박한다.

79

급성 저혈압에 대한 설명으로 옳은 것은?

① 맥박이 느려진다.
② 손발이 차가워지고 호흡수가 감소한다.
③ 급성 저혈압으로 인해 사망에 이르지는 않는다.
④ 대량출혈, 심근경색, 심한 감염증 등에 의해 발생한다.
⑤ 혈압이 110/60 이하로 낮아지면 급성 저혈압을 의심할 수 있다.

> 급성 저혈압은 혈압이 과도하게 낮아져 기관과 조직에 충분한 혈액순환이 이루어지지 못하는 상태로 대량출혈, 심근경색, 심한 감염증 등에 의해 발생한다.

80

대상자에게 심폐소생술을 할 때 자동심장충격기를 사용하는 방법으로 옳은 것은?

① 심장리듬 분석 중에는 대상자에게서 손을 뗀다.
② 충격이 전달될 때 대상자를 붙잡아 충격을 완화한다.
③ 자동심장충격기는 15분 간격으로 심장리듬을 분석한다.
④ 심장충격을 실시하고 나서 3분 후에 가슴압박을 반복한다.
⑤ 전원 켜기 → 심장리듬 분석 → 패드 부착 → 심장충격 시행의 순서로 사용한다.

> • '분석 중…'이라는 음성 지시가 나오면, 심폐소생술을 멈추고 대상자에게서 손을 뗀다.
> • 자동심장충격기는 2분마다 심장리듬을 분석한다.
> • 심장충격을 실시한 뒤에는 즉시 가슴압박을 다시 시작한다.
> • 자동심장충격기를 사용할 때는 '전원 켜기 → 두 개의 패드 부착 → 심장리듬 분석 → 심장충격 시행 → 즉시 심폐소생술 다시 시행' 순서로 사용한다.

제6회 합격모의고사

요양보호론(필기시험)

01

대한민국 경제에 노인 세대가 기여한 것은?

① 외세에 승리하여 자주독립을 이루어냈다.
② 산업혁명을 이룩해 기술발전을 이끌었다.
③ 외국의 산업체와 건설현장에서 근무하였다.
④ 개헌을 통해 대통령 직접선거를 이루어냈다.
⑤ 촛불시위를 통해 평화적인 정권교체를 얻어냈다.

> 한국전쟁 전후로 태어난 노인 세대는 우리나라의 산업화를 이룩한 세대로, 국내는 물론 독일, 중동 등 외국의 산업체와 건설현장에서 근무하여 외화를 획득하고 경제를 성장시켰다.

02

현대 사회의 노인 가족 구성으로 옳은 것은?

① 대가족 형태의 가구가 늘어났다.
② 노인 1인 가구의 비중이 줄어들었다.
③ 조손 가정이 큰 비율을 차지하고 있다.
④ 기혼 자녀와 동거하는 세대가 줄어들었다.
⑤ 여러 노인이 동거하는 셰어하우스가 보편화되었다.

> 현대 사회에서 전반적으로 기혼 자녀와의 동거는 줄어들고, 노부부만 살거나 혼자 사는 세대가 늘어나는 추세이다.

03

노년기에 보이는 심리적인 특성은?

① 사회적 유대관계가 확장된다.
② 빠르게 의사결정을 내리게 된다.
③ 삶의 흔적을 남기지 않으려 한다.
④ 새로운 태도로 여러 방법을 찾는다.
⑤ 친근한 사물에 대한 애착이 강해진다.

> 노인은 친근한 사물에 애착을 보이며 정서적 안정감을 느낀다.

04

다음은 노인의 신체적 특성에 대한 설명이다. 바르게 연결된 것은?

> 가. 적응력이 떨어져 일상생활에 어려움이 발생할 수 있고, 일상에 필요한 능력수준과 최대능력의 차이가 줄어든다.
> 나. 잠재되었던 질병이 발현되거나 급격하게 질병이 악화될 수 있다.

	가	나
①	면역능력의 저하	수용능력의 저하
②	잔존능력의 저하	면역능력의 저하
③	저작능력의 저하	회복능력의 저하
④	회복능력의 저하	잔존능력의 저하
⑤	수용능력의 저하	면역능력의 저하

> 가 : 잔존능력의 저하, 나 : 면역능력의 저하에 대한 설명이다. 잔존능력이란 일상에 필요한 능력수준과 최대능력의 차이로, 긴급시 또는 운동 중에 나타나며, 노년기에는 잔존능력이 저하된다.

05

노년기 가족 관계의 변화로 옳은 것은?

① 자녀가 출가하며 심리적 고독을 느낀다.
② 배우자의 사별로 빈둥지증후군을 겪는다.
③ 형제자매 간의 경쟁심과 갈등이 증가한다.
④ 부부가 대부분의 시간을 따로 보내게 된다.
⑤ 은퇴로 인해 부부 관계가 수직적으로 변한다.

- 자녀가 성장하여 독립하면 심리적 소외와 고독을 느끼는 빈둥지 증후군을 겪는다.
- 형제자매 간 경쟁심과 갈등은 줄어들고 심리적 안정감을 공유하며 상호이해와 동조성이 강화된다.
- 은퇴로 인해 부부 관계는 동반자 관계로 변하고, 대부분의 시간을 함께 보내게 된다.

06

노인공동생활가정이 포함되어 있는 노인복지시설은?

① 노인보호전문기관 ② 노인여가복지시설
③ 노인의료복지시설 ④ 노인주거복지시설
⑤ 재가노인복지시설

노인주거복지시설에는 양로시설, 노인공동생활가정, 노인복지주택이 포함된다.

07

다음에서 설명하고 있는 사회복지의 분야는?

> 국민에게 발생할 수 있는 질병, 실업, 장애, 사망, 소득 상실 등의 사회적 위험을 보험의 방식으로 대처하는 제도이다.

① 공공부조   ② 사회보험
③ 사회서비스   ④ 요양보호서비스
⑤ 노인일자리 지원

사회보험에 대한 설명으로 국민건강보험, 국민연금보험, 고용보험, 산업재해보상보험, 노인장기요양보험 등이 있다.

08

노인부양 문제의 개선 방안으로 옳은 것은?

① 소득재분배를 위해 기초연금을 축소한다.
② 부양 부담은 자식들에게 온전히 부과한다.
③ 사회보험제도를 통해 세대통합을 증진한다.
④ 노인부양문제는 가족 안에서 해결하도록 한다.
⑤ 노인복지정책 강화보다는 사적부양에 집중한다.

국민연금, 노인장기요양보험제도는 세대 간 위험 분산과 소득재분배 등의 긍정적인 세대통합 효과를 통해 세대 간의 갈등을 조절하는 데 기여한다.

09

다음과 같은 성희롱 상황에서 요양보호사의 대처 방법은?

> 대상자가 요양보호사에게 전화해서 성적 농담을 하거나 신음 소리를 낸다.

① 화를 내며 전화를 끊는다.
② 가족을 바꿔 달라고 하여 항의한다.
③ 통화 내용을 녹음하여 보상을 요구한다.
④ 대상자에게 서비스를 중단한다고 말한다.
⑤ 관리책임자에게 보고하여 조치를 취하게 한다.

성희롱 피해 사실에 대해 혼자 대응하기보다 기관의 담당자에게 보고하여 기관에서 적절한 조치를 취하게 한다.

10

노인장기요양보험 표준서비스 분류에서 가사 및 일상생활지원서비스에 해당하는 내용은?

① 식사준비   ② 물품관리
③ 응급서비스   ④ 의사소통 도움
⑤ 인지행동변화 관리

가사 및 일상생활지원서비스에 해당하는 것은 개인활동지원, 식사준비, 청소 및 주변정돈, 세탁이다.

11

개인별장기요양이용계획서에 대한 설명으로 옳은 것은?

① 장기요양등급의 판정 사유가 포함된다.
② 장기요양서비스 수급자 안내사항이 포함된다.
③ **장기요양기관이 대상자를 이해하는 데 도움이 된다.**
④ 요양보호사가 제공하는 서비스 제공 계획표가 포함된다.
⑤ 장기요양서비스 이용 계약 체결 단계에서 필요한 자료이다.

> 개인별장기요양이용계획서는 서비스 신청 시 필요한 자료로 장기요양기관이 대상자를 이해하는 데 도움이 되고, 대상자 및 가족들이 적절한 장기요양 서비스를 이용할 수 있도록 안내한다.

12 ⋆⋆

다음 사례에서 보장받아야 할 시설 생활노인의 권리는?

> A할아버지는 병원진료가 있는 날 식사시간을 조정해 달라는 부탁이 유별나게 보일까봐 아무 말 없이 식은 밥을 먹고 있다.

① 신체구속을 받지 않을 권리
② 존엄한 존재로 대우받을 권리
③ 사생활과 비밀 보장에 대한 권리
④ 차별 및 노인학대를 받지 않을 권리
⑤ **시설운영과 서비스에 대한 개인적 견해를 표현하고 해결을 요구할 권리**

> 시설생활의 불편함과 고충을 자유롭게 표현하며 이를 해결하기 위한 제도적 장치를 마련해야 한다.

13 ⋆⋆

경제적 능력이 없는 노인의 생존을 위한 경제적인 보호를 제공하지 않는 노인학대 유형은?

① 유기
② **방임**
③ 자기방임
④ 정서적 학대
⑤ 경제적 학대

> 노인학대 유형 중 방임에 해당하는 내용이다. 방임은 부양 의무자로서 책임 또는 의무를 의도적 혹은 비의도적으로 거부·불이행·포기하여 노인에게 필요한 의식주와 의료를 적절하게 제공하지 않는 것을 말한다.

14

다음에서 설명하고 있는 것은?

> 산업재해를 예방하고 쾌적한 작업환경을 조성함으로써 근로자의 안전과 보건을 유지·증진함을 목적으로 한다.

① 근로기준법
② 중대재해처벌법
③ **산업안전보건법**
④ 보건의료기본법
⑤ 산업재해보상보험법

> 산업안전보건법의 목적에 대한 설명이다.

15 ⋆⋆

요양보호사의 근골격계 질환이 발생되기 쉬운 작업상황은?

① 똑바로 선 자세로 작업하는 경우
② 반복적이지 않은 동작을 하는 경우
③ 가벼운 물건을 들거나 이동하는 경우
④ **피곤하고 지친 상태에서 작업하는 경우**
⑤ 낮은 계단을 이용하여 물건을 옮기는 경우

> 피곤하고 지친 상태에서 작업하는 경우 같은 작업이라도 근골격계 질환이 발생하기 쉽다.

16 ⭐

스트레칭 시 주의사항으로 옳은 것은?

① 호흡은 최대한 크게 한다.
② 동작은 빠르고 크게 진행한다.
③ **상하좌우로 균형 있게 교대로 한다.**
④ 통증이 느껴지는 정도까지 계속한다.
⑤ 스트레칭된 자세로 3초 정도 유지한다.

- 호흡은 편안하고 자연스럽게, 동작은 천천히 안정되게 한다.
- 통증이 느껴지지 않고 시원하다고 느껴질 때까지 스트레칭을 이어가며, 해당 자세를 10~15초간 유지한다.

17 ⭐⭐⭐

노인성 질환의 특성으로 옳은 것은?

① 질환의 원인이 명확한 경우가 많다.
② 약물성분이 체내에서 빨리 분해된다.
③ 정상적인 노화과정과 구분하기 쉽다.
④ **질환의 치유 후에도 의존상태가 지속되기 쉽다.**
⑤ 골격근 수축력의 증가로 관절 구축이 쉽게 일어난다.

노인성 질환으로 인해 일상생활 수행능력이 저하되면 질환이 치유된 후에도 의존상태가 지속되는 경우가 많다.

18 ⭐⭐

변비가 있는 대상자를 위한 식이요법은?

① 유동식을 조금씩 제공한다.
② **우유를 많이 마시도록 한다.**
③ 동물성 지방을 섭취하게 한다.
④ 밥은 백미 위주로 먹도록 한다.
⑤ 푸딩과 계란찜 등 부드러운 음식을 제공한다.

우유는 장의 운동력을 높이고 변의를 느끼게 하므로 유당불내증이 없다면 적극적으로 섭취한다.

19 ⭐⭐

설사를 하는 대상자를 돕는 방법은?

① **몸을 따뜻하게 한다.**
② 수분 섭취를 제한한다.
③ 우유를 충분히 먹게 한다.
④ 고섬유소 음식을 먹게 한다.
⑤ 바로 지사제를 복용하게 한다.

- 설사를 하는 경우 몸을 따뜻하게 하며 물을 충분히 마셔 탈수를 예방한다.
- 우유와 같은 지방질이 많은 식품이나 고섬유소 음식은 장운동을 증가시키기 때문에 피한다.
- 지사제는 함부로 써서는 안 되며, 복용 시 반드시 의사의 지시에 따라야 한다.

20

다음 중 고혈압 약물치료에 대한 편견인 것은?

① 혈압약을 오래 먹으면 몸이 약해진다.
② 증상이 없어도 혈압이 높으면 치료해야 한다.
③ 고혈압 합병증이 발생하는 것보다는 약을 복용하는 것이 낫다.
④ 고혈압 증상이 없어도 의사 처방이 있으면 계속 약을 먹어야 한다.
⑤ 혈압이 조절되다가도 약을 중단하면 혈압이 다시 올라갈 수 있기 때문에 의사 처방이 있으면 계속 먹어야 한다.

약을 오래 복용하는 것이 몸에 좋은 것은 아니지만 고혈압 합병증이 발생하는 것보다는 혈압약을 복용하는 것이 안전하다.

21 ⭐⭐⭐
욕창이 있는 대상자를 돕는 방법으로 옳은 것은?

① 시트의 주름을 편다.
② 도넛 베개를 사용한다.
③ 피부의 습기를 유지한다.
④ 3시간마다 자세를 바꾼다.
⑤ 욕창 부위에 온찜질을 한다.

> 시트에 주름이 있으면 욕창이 더 잘 생기므로 주름을 편다.

22 ⭐⭐
골다공증으로 인한 골절 위험을 낮출 수 있는 방법은?

① 저체중을 유지한다.
② 자외선을 차단한다.
③ 체중부하운동을 한다.
④ 침상안정 시간을 늘린다.
⑤ 에스트로겐 섭취를 제한한다.

> - 근육과 뼈에 힘을 주는 체중부하운동을 통해 골밀도를 유지해야 한다.
> - 다이어트로 인한 저체중을 피하고, 적당한 체중을 유지한다.
> - 매일 걷기 운동을 하며 자외선을 쐬면 비타민 D 합성이 촉진된다.

23 ⭐
만성 기관지염을 앓는 대상자를 돕는 방법은?

① 차가운 물을 먹게 한다.
② 고지방 식사를 제공한다.
③ 뜨거운 음식을 먹게 한다.
④ 습도 유지를 위해 환기를 하지 않는다.
⑤ 식사를 여러 번으로 나누어 하게 한다.

> 기관지를 자극하면 기관지 경련을 유발할 수 있으므로 자극적인 음식과 지나치게 차갑거나 뜨거운 음식은 피한다. 또한 소화가 잘 되는 음식으로 여러 번 나누어 식사한다.

24 ⭐
노화로 인한 청각 관련 변화는?

① 이관이 늘어나고 넓어진다.
② 평형감각 유지에 문제가 발생할 수 있다.
③ 고막이 얇아져 음의 전달 능력이 감소한다.
④ 귀지가 축축해져 외이도를 폐쇄시킬 수 있다.
⑤ 귓바퀴에 연골이 줄어들고 귓바퀴가 작아진다.

> 귀 속 전정기관에 문제가 생겨 평형감각이 떨어질 수 있다.

25 ⭐⭐
당뇨병이 있는 대상자를 돕는 방법은?

① 발톱은 둥글게 자른다.
② 간식으로 생과일주스를 제공한다.
③ 양말을 벗고 맨발로 생활하게 한다.
④ 인슐린주사약을 입으로 복용하게 한다.
⑤ 식사 후 30분~1시간경에 운동하게 한다.

> - 식후 30분에서 1시간 사이에 혈당이 오르기 시작할 때 운동하는 것이 바람직하다.
> - 인슐린주사약은 입으로 복용하지 않고 반드시 주사로 투여한다.

26 ⭐
섬망의 특징으로 옳은 것은?

① 증상의 기복이 적다.
② 졸린 사람처럼 보인다.
③ 증상이 서서히 나타난다.
④ 신체 생리적 변화가 적다.
⑤ 대부분 만성으로 진행된다.

> - 섬망 환자는 의식 수준 변화로 잠에서 덜 깼거나 몹시 졸린 상태에서 행동하는 사람처럼 보인다.
> - 섬망은 증상의 기복이 심하고, 증상이 갑자기 나타나 대부분 급성으로 진행되며, 신체 생리적 변화가 심하다.

27

알츠하이머병의 발생 요인에 대한 설명으로 옳은 것은?

① 약물 및 알코올 중독
② 뇌혈관이 터지거나 막힘
③ 갑상선 기능 저하증 등의 대사질환
④ 뇌에 비정상 물질인 신경섬유다발의 축적
⑤ 비타민 B_{12} 또는 엽산 등의 영양소 결핍

알츠하이머병은 뇌에 베타아밀로이드 단백이 침착되어 생기는 노인성 신경반과 타우 단백질의 과인산화로 결합한 신경섬유다발이라는 비정상적인 물질이 뇌에 축적되어 세포의 기능이 마비됨으로써 발생한다.

28

중뇌의 이상으로 인해 신경전달물질인 도파민의 분비에 장애가 생기는 질환은?

① 빈혈
② 알러지
③ 대상포진
④ 인플루엔자
⑤ 파킨슨병

신경퇴행성 질환인 파킨슨병에 대한 설명이다.

29

나트륨을 줄이기 위한 조리법으로 옳은 것은?

① 음식이 뜨거울 때 간을 맞춘다.
② 소금 대신 간장과 된장을 사용한다.
③ 국은 건더기 대신 국물 위주로 먹는다.
④ 배추김치, 물김치 등 김치를 부식으로 먹는다.
⑤ 마른 새우, 멸치, 다시마 등으로 국물의 맛을 낸다.

무, 버섯 등으로 만든 채수나 마른 새우, 멸치, 다시마 등으로 만든 육수를 사용한다.

30

노인이 운동을 기피하게 되는 요인은?

① 사회생활이 활발해진다.
② 흉곽의 경직도가 떨어진다.
③ 낙상에 대한 두려움이 있다.
④ 자극에 대한 반응이 빠르다.
⑤ 균형을 조절하는 능력이 향상된다.

낙상에 대한 두려움과 우울 등 심리적 상태가 운동이나 활동을 방해하는 요인이 된다.

31

노화로 인해 나타나는 수면 문제는?

① 아침잠이 많아진다.
② 코골이가 줄어든다.
③ 한 번 잠들면 깨기 어렵다.
④ 아무 데서나 쉽게 잠이 든다.
⑤ 낮 시간 동안 졸음이 많이 온다.

노화로 인해 낮 시간 동안 졸림증이 많아진다.

32

심장질환 대상자가 성생활에 대해 고민할 때 요양보호사의 반응으로 옳은 것은?

① "성생활은 하지 않는 것이 좋아요."
② "주치의와 상의한 후 성생활을 하세요."
③ "성생활 전에는 심장약을 먹지 마세요."
④ "강심제를 복용하면 성기능이 좋아져요."
⑤ "성생활은 심장마비에 영향을 주지 않아요."

심장질환을 가진 모든 노인이 성교 시 심장마비를 겪지는 않지만, 심장마비를 경험한 노인은 주치의와 상의해야 한다.

33 ★★

대상자가 복통이 있을 때마다 비처방약을 구입하여 복용할 때 대처 방법은?

① 약물 대신 건강기능식품을 먹도록 한다.
② 약을 쪼개서 한 회 복용량을 줄이게 한다.
③ 비처방약도 복용 전 의사와 상담하게 한다.
④ 약 복용을 자제하고 최대한 통증을 참게 한다.
⑤ 한 번에 대량 구매하여 필요할 때 먹게 한다.

> 비처방약이나 건강기능식품도 복용하기 전에 의사와 상담해야 한다.

34 ★

절주를 위한 방법으로 옳은 것은?

① 술은 식사 전 공복에 마신다.
② 절주를 시도하고 실패하면 포기한다.
③ 매일 식사와 함께 소량의 술을 마신다.
④ 음주한 날과 음주량을 일지에 기록한다.
⑤ 절주 결심과 공표일을 생소한 날로 선택한다.

> • 음주일지를 기록하여 자신의 음주 상태를 파악한다.
> • 절주 결심과 공표일은 기억하기 쉬운 날로 선택한다.

35 ★

65세 이상 노인에게 권장하는 예방접종은?

① 결핵   ② 홍역
③ 수두   ④ 장티푸스
⑤ 대상포진

> 65세 이상 노인은 반드시 인플루엔자(독감), 폐렴구균, 대상포진, 파상풍-디프테리아-백일해 예방접종을 하도록 권장하고 있다.

 실기시험

36

대상자를 만지는 방법으로 옳은 것은?

① 빠른 동작으로 붙잡는다.
② 손가락을 이용하여 집어올린다.
③ 밑에서부터 받쳐 살짝 힘을 준다.
④ 손바닥이 아니라 손끝을 이용해 접촉한다.
⑤ 대상자의 피부와 닿는 면적을 최대한 줄인다.

> 붙잡지 않고 천천히 밑에서부터 받쳐 살짝 힘을 주는 것이 좋다.

37 ★★★

대상자가 식사 도중 사레에 들리지 않도록 예방하는 방법으로 옳은 것은?

① 한 번에 많은 양을 입에 넣어 준다.
② 가슴을 조여 고정하는 옷을 입힌다.
③ 음식을 먹은 후에 목을 축이게 한다.
④ 의자에 앉을 수 있는 경우 상체를 약간 뒤로 젖힌 자세로 식사한다.
⑤ 의자에 앉을 수 없는 경우 상체를 높게 해 준다.

> 의자에 앉을 수 없는 대상자는 상체를 높게 해 주고 머리 뒤에 베개를 받쳐 턱을 당긴 자세를 취하게 한다.

38 ★

배설 전 대상자를 관찰할 내용으로 옳은 것은?

① 색깔   ② 잔뇨감
③ 배설량   ④ 배설 시간
⑤ 하복부 팽만

> ①, ②, ③, ④는 배설 후 관찰해야 할 내용이다.

★ 39

경관영양을 도울 때 주의사항으로 옳은 것은?

① 식사가 끝나면 바로 눕힌다.
② **식사가 끝나면 섭취량을 기록한다.**
③ 거동이 어려운 대상자는 왼쪽으로 눕힌다.
④ 영양액은 위장보다 낮은 위치에 있어야 한다.
⑤ 비위관이 빠지면 요양보호사가 비위관을 밀어 넣는다.

- 경관영양 식사가 끝나면 사용한 물품과 주변을 정돈하고 섭취한 양을 기록한다.
- 영양액은 위장보다 높은 위치에 있어야 한다.

★ 40

휠체어로 이동하여 화장실을 사용하는 왼쪽 편마비 대상자를 돕는 방법으로 옳은 것은?

① 대상자의 왼쪽에 휠체어를 놓고 옮긴다.
② 휠체어 의자 끝에 걸터앉게 하여 이동한다.
③ **대상자를 일으킬 때는 겨드랑이를 감싸 안는다.**
④ 휠체어 잠금장치를 풀고 발 받침대를 접은 후 변기로 옮긴다.
⑤ 배설이 끝날 때까지 화장실 문을 열어 두고 다른 용무를 본다.

- 대상자의 겨드랑이를 감싸 일으킨 후 몸을 회전시켜 변기에 앉힌다.
- 대상자의 건강한 쪽(오른쪽)에 휠체어를 놓고 옮긴다.
- 휠체어에 걸터 앉으면 미끄러져 넘어질 수 있으므로 깊숙이 앉아야 한다.
- 변기로 옮길 때에는 휠체어의 잠금장치를 걸고 발 받침대는 접는다.

★★ 41

이동변기를 사용하여 배설하는 대상자를 돕는 방법으로 옳은 것은?

① 이동변기 높이는 침대보다 낮게 한다.
② 이동변기 앞에 미끄럼방지매트를 깔아 준다.
③ 이동변기는 침대와 90°가 되게 놓은 후 앉힌다.
④ 이동변기에 앉힌 후 어깨를 수건으로 덮어 준다.
⑤ **변기는 미리 따뜻한 물로 데워 둔다.**

변기가 너무 차가우면 대상자가 놀랄 수 있으므로 미리 따뜻한 물이나 물수건으로 데워 둔다.

★★★ 42

대상자의 세수를 돕는 방법으로 옳은 것은?

① 뺨에서 코, 눈 밑 쪽으로 닦는다.
② 목, 귓바퀴, 귀의 뒷면의 순서로 닦는다.
③ 젖은 수건으로 얼굴의 물기를 제거한다.
④ 한 번 사용한 수건의 면을 다시 사용한다.
⑤ **따뜻한 물수건으로 눈의 안쪽에서 바깥쪽으로 닦는다.**

눈은 부드럽고 깨끗한 수건을 따뜻한 물에 적셔 안쪽에서 바깥쪽으로 닦고, 다른 쪽은 수건의 다른 면을 사용한다.

★ 43

휠체어에 앉아 있는 대상자를 침대 위로 옮길 때 요양보호사의 자세로 옳은 것은?

① 빠르게 반동을 이용하여 이동시킨다.
② 두 발을 모아 지지면을 좁혀 들어 올린다.
③ 신체의 작은 근육을 사용하여 들어 올린다.
④ 대상자와 일정한 거리를 두고 들어 이동시킨다.
⑤ **무릎을 굽히고 양다리에 체중을 실어 들어 올린다.**

무릎을 굽혀 자세를 낮추고 양다리에 체중을 실어 들어 올린다.

44

드라이샴푸를 이용하여 머리를 감기는 방법으로 옳은 것은?

① 사용 후 린스를 한다.
② 물과 섞어서 사용한다.
③ 드라이샴푸를 모발에 바르고 물로 헹군다.
④ 머리와 두피를 손톱으로 마사지하며 바른다.
⑤ **드라이샴푸로 거품을 낸 후 마른 수건으로 닦아준다.**

> 드라이샴푸는 물을 사용할 수 없거나 신체적으로 움직일 수 없을 때 사용하는 것으로 모발에 충분히 발라 거품이 나도록 마사지하고, 마른 수건으로 충분히 닦아준다.

45 ★★

휠체어 이동 시 작동법으로 옳은 것은?

① 문턱을 내려갈 때에는 앞바퀴부터 내려간다.
② 문턱을 오를 때에는 뒷바퀴를 들고 올라간다.
③ 경사가 큰 오르막길은 앞바퀴를 들고 올라간다.
④ **내리막길은 고개를 돌려 뒷걸음으로 내려간다.**
⑤ 엘리베이터를 탈 때는 앞으로, 내릴 때는 뒤로 향한다.

> • 내리막길을 앞으로 내려가면 대상자가 앞으로 굴러 떨어질 수 있으므로 반드시 뒷걸음으로 내려가야 한다.
> • 엘리베이터를 탈 때는 뒤로, 내릴 때는 앞으로 밀고 나온다.

46 ★

협조할 수 없는 대상자가 침대 아래의 발쪽으로 미끄러져 내려가 있을 때 침대 머리 쪽으로 옮겨 눕히는 순서는?

> 가. 한쪽 팔은 어깨와 등 밑으로 하고 다른 한쪽 팔은 둔부와 대퇴부를 지지하여 두 사람이 동시에 침대 머리쪽으로 옮긴다.
> 나. 침대를 수평으로 한다.
> 다. 대상자의 무릎을 세워 발바닥이 침대에 닿게 한다.
> 라. 기호에 맞게 침대 높이를 조절하고, 베개를 정리한다.
> 마. 침대 난간을 올리고 안전을 확인한다.

① 가 → 나 → 다 → 라 → 마
② **나 → 다 → 가 → 라 → 마**
③ 나 → 다 → 다 → 가 → 마
④ 다 → 나 → 가 → 라 → 마
⑤ 다 → 라 → 나 → 가 → 마

> 나. 침대를 수평으로 한다.
> 다. 대상자의 무릎을 세워 발바닥이 침대에 닿게 한다.
> 가. 침대 양쪽에 한 사람씩 마주 서서 한쪽 팔은 어깨와 등 밑으로 하고 다른 한쪽 팔은 둔부와 대퇴부를 지지하여 두 사람이 동시에 이동하고자 하는 방향(침대 머리쪽)으로 옮긴다.
> 라. 기호에 맞게 침대 높이를 조절하고, 베개를 정리한다.
> 마. 침대 난간을 올리고 안전을 확인한다.

47

다음 실버카에 대한 설명으로 옳은 것은?

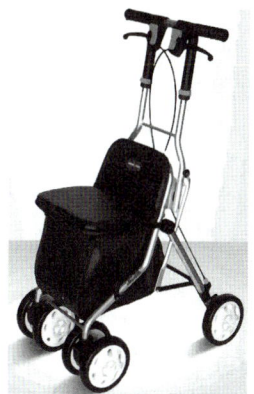

① 가장 안정적인 보행기이다.
② 손잡이에 기대어 체중을 지지한다.
③ 다리의 체중부하 없이 이동할 수 있다.
④ 다른 보행기에 비해 느린 걸음으로 걸어야 한다.
⑤ **균형감각이 어느 정도 남아 있는 대상자에게 적합하다.**

> 가장 불안정한 형태의 보행기로, 보행기에 기댈 필요가 없는 균형감각이 있는 대상자에게 적합하다.

48

노인장기요양보험 복지용구 중 대여품목에 해당하는 것은?

① 목욕의자
② 이동변기
③ **목욕리프트**
④ 안전손잡이
⑤ 성인용보행기

> 복지용구 중 대여품목 6종은 수동휠체어, 전동침대, 수동침대, 이동욕조, 목욕리프트, 배회감지기이다. ①, ②, ④, ⑤는 구입품목에 해당한다.

49

감염의 6가지 연결고리 중 민감한 대상자에 대한 감염예방의 원칙으로 옳은 것은?

① 질병관리청의 감염예방과 방역지침에 성실히 따른다.
② 대상자와 접촉 전 손 씻기와 마스크 착용을 생활화한다.
③ 대상자의 눈, 코, 구강, 피부 등을 항상 청결하게 관리한다.
④ **영양관리와 예방접종을 통해 대상자의 면역기능을 향상시킨다.**
⑤ 기침, 콧물, 설사 등의 증상이 있을 때 민감한 대상자와의 접촉을 최대한 삼간다.

> ①은 미생물, ②는 전파방법, ③은 침입구, ⑤는 저장소에 대한 감염예방의 원칙에 해당한다.

50

장루관리에 대한 설명으로 옳은 것은?

① 주머니가 가득 차면 비운다.
② **장루에 주머니를 연결하여 사용한다.**
③ 주머니는 한 달에 2~3회 정도 교환한다.
④ 통목욕 시에는 주머니를 착용하지 않는다.
⑤ 장루를 가진 대상자는 수분섭취를 제한한다.

> 장루는 복벽을 통해 체외로 대변을 배설시키기 위한 구멍으로 장루에 주머니를 연결하여 사용한다.

51

다음 중 당지수(GI수치)가 가장 높은 식품은?

① 사과
② 대두
③ 요거트
④ 보리밥
⑤ **찐감자**

> 고GI 식품으로는 흰쌀밥, 떡, 찐감자, 흰식빵, 수박 등이 있다.

52 ★★

당뇨병 대상자가 주의해서 섭취해야 할 식품은?

① 연근 ② 곤약
③ 조청 ④ 녹차
⑤ 뉴슈가

- 조청은 당뇨병 대상자가 주의해야 할 식품이다.
- 뉴슈가는 저열량 감미료로 비교적 자유롭게 섭취할 수 있다.

53 ★★★

일상생활 지원의 기본원칙으로 옳은 것은?

① 필요 없는 물품은 치워두거나 버린다.
② 대상자의 안전을 최우선으로 생각한다.
③ 요양보호사의 방식을 따르도록 강요한다.
④ 서비스에 대해서는 요양보호사의 판단으로 결정한다.
⑤ 대상자가 스스로 할 수 있는 것도 무조건 지원한다.

대상자의 안전을 최우선하여 배려한다.

54 ★

의복과 옷감에 생긴 얼룩을 제거하는 방법으로 옳은 것은?

① 튀김기름 : 주방용 세제를 묻혀 비빈다.
② 혈액 : 뜨거운 물로 닦고 찬물로 헹군다.
③ 커피 : 초벌세탁 후 아세톤을 묻혀 지운다.
④ 립스틱 : 탄산수에 10분 정도 담갔다 세척한다.
⑤ 파운데이션 : 비눗물을 묻힌 후 따뜻한 물로 헹군다.

튀김기름은 얼룩이 묻은 부위에 주방용 세제를 몇 방울 떨어뜨리고 비벼서 제거한다.

55 ★★

다음 상황에서 요양보호사의 공감적 반응으로 적절한 것은?

> 대 상 자 : 난 어린애가 아니니까 '양치질해라, 목욕해라, 세수해라'라고 명령하지 마.
> 요양보호사 : (   )

① "그럼 앞으로는 혼자서 하세요."
② "저를 힘들게 하지 말아 주세요."
③ "불만사항은 보호자께 말씀하세요."
④ "혼자 못 하시면 어린아이나 마찬가지죠."
⑤ "일일이 간섭하는 것 같아 서운하셨군요."

상대방이 하는 말을 상대방의 관점에서 이해하고, 감정을 함께 느끼며, 자신이 느낀 바를 전달한다.

56 ★

요양보호 기록의 목적은?

① 업무 내용의 개인적 활용
② 대상자의 가족과 정보 공유
③ 요양보호사의 업무부담 완화
④ 기관 중심의 서비스계획 수립
⑤ 시설장에게 요양보호 책임 전가

대상자의 가족이 요청할 경우 요양보호 기록을 열람할 수 있으며, 이를 통해 제공된 서비스 내용을 가족과 공유하고 의사소통을 원활히 할 수 있다.

57 ★

다음과 같은 방법으로 의사소통해야 하는 대상자는?

- 대상자의 말이 끝날 때까지 기다리면서 고개를 끄덕여 듣고 있음을 알린다.
- 눈을 깜빡이거나 손짓, 손에 힘을 주거나 고개를 끄덕이는 등으로 의사표현하게 한다.

① 시각장애
② **언어장애**
③ 판단력장애
④ 이해력장애
⑤ 노인성 난청

> 언어장애 대상자와 이야기하는 방법에 해당한다. 언어장애는 말하거나 듣고 이해하는 능력에 이상이 있는 상태로 알아듣기는 하나 말을 할 수 없거나 말을 잊어버린 경우가 있다.

58 ★★

다음 상황에서 '나-전달법'을 활용한 요양보호사의 반응으로 옳은 것은?

| 요양보호사 : 요즘 식사를 잘 못하시더니 살이 많이 빠지셨네요. 좋아하시는 빵을 사왔으니 좀 드셔보세요.
| 대 상 자 : 입맛이 없어서 나중에 먹을게.
| 요양보호사 : (   )

① "나이 들어서 살이 빠지면 보기 흉해요."
② "안 드시면 그냥 버릴테니 마음대로 하세요."
③ "왜 그러시는 건데요? 말도 안하고 답답하네요."
④ **"식사량이 적어 건강이 나빠지실까 봐 걱정돼요."**
⑤ "그럼 제가 다 먹을게요. 새로 나온 빵인데 너무 맛있겠다."

> '나-전달법'은 상대방을 비난하지 않고 상대방의 행동이 나에게 미친 영향에 초점을 맞추어 이야기하는 표현법이다.

59 ★★

요양보호 기록의 원칙에 따라 작성된 내용으로 옳은 것은?

① "점심 때 이웃이 방문했다."
② "어르신이 딸에게 서운한 눈치이다."
③ "어르신이 아들과 싸우는 것 같았다."
④ "이웃집에 놀러갔다 한참 만에 오셨다."
⑤ **"한 달 전보다 걷는 속도가 반으로 줄었다."**

> 애매한 표현이나 주관적인 내용은 피하고 구체적이고 객관적인 사실을 기록한다.

60 ★

구두보고에 관한 설명으로 옳은 것은?

① 구두보고는 보고를 지연시킨다.
② 사안이 무거울 때 많이 이용한다.
③ 상황이 급하지 않을 때 적절한 보고형식이다.
④ 경과와 상태, 원인 등 서론부터 보고한다.
⑤ **정확한 기록을 남길 수 없다는 단점이 있다.**

> 구두보고는 신속하게 보고할 수 있다는 장점이 있으나 정확한 기록을 남길 수 없다는 단점이 있다.

61 ★★

임종 직전의 대상자에게 나타나는 신체적 변화는?

① **실금 또는 실변을 한다.**
② 소변량이 늘어난다.
③ 피부가 붉게 상기된다.
④ 수면 시간이 줄어든다.
⑤ 호흡수와 깊이가 규칙적이다.

> 근력이 약해지면서 대소변을 조절하지 못하고 실금 또는 실변하게 된다.

62 ★★

사전연명의료의향서에 대한 설명으로 옳은 것은?

① 19세 이상은 누구나 작성할 수 있다.
② 연명의료 중단 의향을 명시해도 심폐소생술은 시행한다.
③ 말기환자가 의사의 도움을 받아 안락사하겠다는 서명이다.
④ 의료기관에 자동으로 사전연명의료의향서 작성 여부가 연동된다.
⑤ 본인이 작성하면 등록기관을 통하지 않아도 법적 효력이 인정된다.

> 사전연명의료의향서는 대한민국에 거주하는 19세 이상의 사람은 누구나 작성할 수 있다.

63 ★

치매, 뇌졸중, 파킨슨질환 대상자를 대하는 요양보호사의 태도로 옳은 것은?

① 대상자의 증상을 보고 질병명을 예측하여 말해줄 수 있다.
② 치매 대상자는 보호, 수용, 지지보다는 부정, 설득, 지도가 필요하다.
③ 파킨슨질환으로 생긴 마비에 대한 재활치료는 천천히 시작하는 것이 좋다.
④ 치매 대상자가 항상 이해하지 못하는 게 아니므로 인내심을 갖고 부드럽게 대한다.
⑤ 치매, 뇌졸중, 파킨슨질환 대상자의 보호자는 예민하기 때문에 되도록이면 상대하지 않는다.

> 치매 대상자마다 정도가 다르고 모든 것을 항상 이해하지 못하는 게 아니므로 인내심을 갖고 부드럽게 대해야 한다.

64

치매 대상자의 가족에게 치매 약물 복용에 대해 설명한 것으로 옳은 것은?

① "증상이 좋아지면 복용을 중단할게요."
② "증상을 관찰하며 복용량을 조절할게요."
③ "치매약을 복용해도 부작용이 전혀 없어요."
④ "치매약을 복용하면 증상이 완전히 사라져요."
⑤ "약으로 진행을 늦추면 돌봄 부담이 줄 거예요."

> 치매는 완치되기 어렵고, 약물을 투여해도 악화를 지연하는 정도일 때가 많다. 하지만 약물을 복용하여 진행을 늦추면 대상자의 고통과 가족들의 수발 부담이 줄어든다.

65 ★★

치매 대상자의 구강위생을 돕는 방법으로 옳은 것은?

① 의치는 잠잘 때에만 뺄 수 있다.
② 어린이용 치약은 효과가 없으므로 어른용을 사용한다.
③ 손의 힘이 약하기 때문에 거칠고 강한 칫솔모를 사용한다.
④ 의치가 잘 맞지 않아도 한번 맞춘 의치는 교정할 수 없다.
⑤ 편마비가 있을 때에는 음식물이 한쪽에 모여 있지 않도록 한다.

> - 편마비가 있는 치매 대상자는 음식물이 한쪽에 모여 있지 않도록 신경 써야 한다.
> - 의치는 하루에 6~7시간 정도 빼서 잇몸에 무리가 가지 않도록 해야 하며, 의치가 잘 맞지 않을 경우에는 교정을 의뢰해야 한다.
> - 치약은 삼켜도 괜찮은 어린이용 치약을 사용하고, 칫솔은 부드러운 제품을 사용한다.

66 ⋆⋆

치매 대상자의 배설을 돕는 방법은?

① 변비가 있는 경우 관장을 해준다.
② 실금이 있으면 수분섭취를 제한한다.
③ 야간에는 화장실에 가지 않도록 한다.
④ 옷을 벗기 쉽도록 속옷을 입히지 않는다.
⑤ **뒤처리는 가능하면 시범에 따라 대상자가 직접 하도록 한다.**

> 모든 것을 요양보호사가 해 주지 말고, 대상자가 직접 할 수 있는 것은 시범에 따라 직접 하도록 한다.

67 ⋆⋆

재가 치매 대상자의 안전사고를 예방하는 방법은?

① 화장실 문은 밖에서 열 수 없는 것으로 설치한다.
② 대상자의 방에 발깔개와 전기장판을 둔다.
③ 냉장고에 과일이나 채소 모양 자석을 붙인다.
④ **가구 모서리는 뭉뚝하게 갈거나 보호대를 붙인다.**
⑤ 대상자의 방은 거실에서 쉽게 보이지 않는 곳으로 한다.

> - 모서리가 날카롭고 뾰족한 가구나 깨지기 쉬운 물건은 치매 대상자가 닿을 수 없는 곳에 둔다.
> - 화장실 안에서 문을 잠근 후 여는 방법을 모르는 경우가 있을 수 있으므로 화장실 문은 밖에서도 열 수 있는 것으로 설치한다.
> - 대상자가 다니는 곳에 발깔개나 전기장판을 두지 않는다.
> - 대상자가 삼킬 수 있으므로, 과일이나 채소 모양의 냉장고 자석은 사용하지 않는다.
> - 대상자의 방은 가족이나 요양보호사가 잘 관찰할 수 있는 곳으로 한다.

68 ⋆⋆

치매 대상자가 시설에서 반복적으로 "나 언제 집에 가요?"라고 할 때 대처 방법으로 옳은 것은?

① 가족을 부른다.
② 집 주소를 알려준다.
③ 질문을 못 들은 척한다.
④ 시설의 규칙을 설명한다.
⑤ **잠시 나갔다 오자고 한다.**

> 일단 산책을 나가 관심을 다른 곳으로 돌린다.

69 ⋆⋆

치매 대상자가 오후에 계속 졸고 있을 때 돕는 방법은?

① 방을 따뜻하게 한다.
② 진한 커피를 타준다.
③ 흔들어 잠에서 깨운다.
④ 따뜻한 우유를 제공한다.
⑤ **함께 공원 산책을 나간다.**

> 산책 등 야외활동으로 낮에 졸지 않고 밤에 잘 수 있도록 한다.

70 ⋆⋆

흥분하여 시설을 이리저리 돌아다니는 치매 대상자를 돕는 방법은?

① 따뜻한 커피를 제공한다.
② 멈출 때까지 쳐다보지 않는다.
③ 라디오를 크게 틀어 놓는다.
④ 왜 그러는 거냐고 짜증을 낸다.
⑤ **나물 다듬기를 도와달라고 한다.**

> 단순한 일거리를 주어 신경을 돌리고 배회 증상을 줄인다.

71 ★★

다른 사람이 내 양말을 가져갔다면서 의심하는 치매 대상자를 돕는 방법은?

① **똑같은 양말을 넣어 놓고 함께 찾는다.**
② 다른 양말을 사 주겠다고 하며 위로한다.
③ 양말은 아무도 탐내지 않는다고 다독인다.
④ 양말이 없어진 게 사실인지 재차 확인한다.
⑤ 장롱 뒤에 양말을 숨겨두지 말라고 다그친다.

> 의심을 부정하지 말고 같은 물건을 준비해 두었다가 대상자가 직접 물건을 찾도록 도와준다.

72 ★★

치매 대상자가 갑자기 엉엉 울며 소리를 지를 때 돕는 방법은?

① 울고 소리를 지르는 이유를 물어본다.
② 울지 말고 진정하라고 단호하게 얘기한다.
③ **힘든 마음을 이해한다고 부드럽게 말한다.**
④ 여러 요양보호사가 멀리서 뛰어와서 살핀다.
⑤ 운다고 해서 문제가 해결되지 않는다고 이해시킨다.

> 이상행동 시 치매 대상자의 당황한 마음을 이해한다고 부드럽게 표현하여 진정시킨다.

73 ★

식사 준비 중에 치매 대상자가 자신도 호박을 썰겠다고 고집을 부릴 때 요양보호사의 반응으로 적절한 것은?

① "왜 갑자기 요리를 하겠다고 하시나요?"
② "칼을 드릴테니 원하는 대로 썰어보세요."
③ **"그럼 대신 호박에 계란물을 묻혀보실래요?"**
④ "칼은 위험하니 부엌에 절대 들어오지 마세요."
⑤ "어떻게 썰어야 하는지 모르시잖아요. 설명해보세요."

> 위험하지 않으면 수용하는 것이 좋으나, 위험한 상황이라면 다른 것으로 주의를 돌린다.

74 ★★★

치매 대상자와 의사소통할 때 유의해야 하는 사항은?

① 귓가에 대고 큰 목소리로 얘기한다.
② **내용에 맞는 동작을 같이 사용한다.**
③ 한 번에 여러 가지를 동시에 얘기한다.
④ 대명사와 지시어를 풍부하게 사용한다.
⑤ 과거 이야기를 하려고 할 때 화제를 돌린다.

> - 언어적 표현에 맞는 비언어적 표현을 같이 사용한다.
> - 낮은 목소리로 천천히 차분하게 얘기한다.
> - 한 번에 한 가지씩 설명하고, 대명사보다 명사를 이용한다.
> - 과거를 회상하며 이야기하는 것은 인지기능 유지나 심리적 안정에 도움이 된다.

75

다음 사례에서 요양보호사의 반응으로 옳은 것은?

> 치매 대상자가 다른 치매 대상자가 있는 거실에서 고개를 흔들며 바지를 내려 성기를 노출하고 있다.

① "다른 어르신께 사과드리세요."
② "이러시면 정말 당황스러워요."
③ **"지금 화장실이 가고 싶으세요?"**
④ "이런 행동은 성희롱에 해당됩니다."
⑤ "자꾸 이러시면 독방으로 보낼 거예요."

> 신체적 욕구가 있는지 우선 확인한다.

76

대상자의 의류를 삶을 때 주의할 사항으로 옳은 것은?

① 면직물 속옷은 삶으면 안 된다.
② 삶을 때는 뚜껑을 반드시 덮지 않는다.
③ 합성세제나 비눗물을 넣지 않고 삶는다.
④ 색이 빠질 우려가 있는 의류는 삶지 않는다.
⑤ **비닐 봉투에 넣은 의류는 삶을 때 비닐이 용기에 닿지 않게 한다.**

- 삶는 제품의 종류가 다르거나 색이 빠질 우려가 있는 의류는 비닐 봉투에 넣어 묶은 후 용기에 넣고 삶으며, 삶는 동안 비닐 봉투가 용기 바닥이나 옆에 닿지 않아야 한다.
- 면직물 속옷이나 걸레 등은 삶으면 때가 잘 빠지고 살균 효과도 있다.
- 삶을 때는 세탁물이 공기층에 직접 노출되지 않도록 반드시 뚜껑을 덮는다.
- 세탁물은 합성세제나 비눗물에 반쯤 잠길 정도로 넣고 삶는다.

77

칼슘보충제를 복용했을 때 생길 수 있는 증상은?

① **변비**   ② 출혈
③ 고혈압   ④ 저혈압
⑤ 불면증

칼슘보충제를 복용하면 변비에 걸리기 쉬우므로 충분한 수분과 적당량의 식이섬유를 섭취하는 것이 좋다.

78

땅콩을 먹다가 목에 걸린 대상자에게 나타나는 증상은?

① 구토를 심하게 한다.
② 호흡이 깊고 빨라진다.
③ 재채기를 연달아 한다.
④ **목을 조르는 자세를 한다.**
⑤ 배를 움켜쥐는 자세를 한다.

질식 시 주요 증상으로 목을 조르는 듯한 자세를 취하거나, 기침을 하며 숨쉴 때 목에서 이상한 소리가 들리는 경우가 있다.

79

대상자가 한꺼번에 많은 약물을 복용하고 구토를 하는 경우 대처 방법은?

① 따뜻한 물을 먹인다.
② 구토를 멈추도록 항구토제를 복용시킨다.
③ 구토물을 치우고 주변을 깨끗하게 청소한다.
④ **복용한 약물을 용기째 119 대원에게 전달한다.**
⑤ 고개를 옆으로 돌리고 엎드린 자세로 눕힌다.

- 복용한 것으로 의심되는 약물은 용기째 119 대원에게 전달한다.
- 의식이 없는 상황에서는 천장을 바라보는 자세로 눕힌다.
- 입에서 거품이나 토사물이 나온다면 고개를 옆으로 돌린다.

80

심폐소생술을 할 때 자동심장충격기를 사용하는 방법으로 옳은 것은?

① 심장리듬을 5분마다 자동분석한다.
② 실신한 환자는 자동심장충격기 사용 대상이다.
③ **심장충격 버튼을 누르기 전에 대상자에게서 손을 뗀다.**
④ 분석 중이라는 음성지시가 나오면 심폐소생술을 시작한다.
⑤ 패드는 대상자의 오른쪽 겨드랑선과 왼쪽 빗장뼈 밑에 붙인다.

심장충격을 시행하는 경우 심장충격 버튼이 깜빡이기 시작하면 버튼을 눌러 심장충격을 시행한다. 이때 심장충격 버튼을 누르기 전에 반드시 다른 사람이 환자에게서 떨어져 있는지 확인해야 한다.

제7회 합격모의고사

요양보호론(필기시험)

01

노인에 대한 보상 중에서 '노인의 날'을 지정하고 해마다 기념하는 보상 유형은?

① 심리적 보상
② 경제적 보상
③ **정치적 보상**
④ 제도적 보상
⑤ 신분적 보상

> 국가는 어버이날(5월 8일), 노인의 날(10월 2일) 등을 지정하여 매년 기념하면서 젊은 세대의 귀감이 될 모범 어르신을 선정하여 포상하는 등 정치적 보상을 하고 있다.

02

다음에서 설명하는 노인의 사회적 특성은?

- 친척이나 친구 관계가 멀어진다.
- 직장에서 퇴직하여 사회적 관계가 줄어든다.

① 조심성의 증가
② 우울감의 증가
③ **유대감의 상실**
④ 행동 동기 유발
⑤ 사회적 관계망 확보

> 직장에서의 퇴직과 주변인의 사망 등으로 인간관계가 소원해지며 유대감이 상실된다.

03

배우자 사별에 대한 적응 단계로 옳은 것은?

가. 배우자 없는 생활을 받아들인다.
나. 상실감과 우울감에 빠진다.
다. 혼자 사는 삶을 적극적으로 개척한다.

① 가 → 나 → 다
② 가 → 다 → 나
③ **나 → 가 → 다**
④ 나 → 다 → 가
⑤ 다 → 나 → 가

> 나. 1단계 : 상실감, 우울감, 비탄에 빠져있는 시기이다.
> 가. 2단계 : 배우자 없는 생활을 받아들이고 혼자된 사람으로서의 정체감을 지닌다.
> 다. 3단계 : 혼자 사는 삶을 적극적으로 개척한다.

04

노화에 따라 강화되는 긍정적인 능력은?

① 새로운 업무 방법을 빠르게 체득할 수 있다.
② 오랜 시간 집중하며 업무에 몰두할 수 있다.
③ 기존에 가지고 있는 편견 없이 판단할 수 있다.
④ **일상적인 균형을 안정적으로 유지할 수 있다.**
⑤ 의사결정과 판단을 신속하게 내릴 수 있다.

> 노인은 일상적인 균형을 유지하고 안정적이다.

05

노년기의 바람직한 가족관계의 모습으로 옳은 것은?

① 부부간에 성적인 관심을 금기시한다.
② 형제자매 간에 경쟁적인 관계를 유지한다.
③ 자녀에게 경제적으로 의존하는 생활을 한다.
④ 손자녀가 긍정적인 자아를 형성하도록 돕는다.
⑤ 가족관계는 엄격하고 경직된 상태를 유지한다.

> 노인은 손자녀의 긍정적인 자아 형성에 기여한다.

06

노인부양 문제의 개선 방안으로 옳은 것은?

① 공적 부양에 의존한다.
② 시설 입소를 우선시한다.
③ 노인의 개인적 대처도 중요시한다.
④ 사회보다는 가족의 협력을 강조한다.
⑤ 단기적 돌봄서비스 제공에 주력한다.

> 노인은 1차적으로 스스로 노년의 삶을 책임질 수 있도록 노력해야 한다.

07

노인복지 원칙(노인을 위한 유엔의 원칙) 중 참여의 원칙에 해당하는 것은?

① 일할 수 있는 기회를 가져야 함
② 가능한 한 오랫동안 가정에서 살 수 있어야 함
③ 노인복지정책의 형성과 시행에 적극 참여해야 함
④ 적절한 교육과 훈련 프로그램에 접근 가능해야 함
⑤ 개인의 선호와 변화된 능력에 맞추어 안전하게 적응할 수 있는 환경에서 살 수 있어야 함

> ①, ②, ④, ⑤는 독립의 원칙에 해당하는 내용이다.

08

노인 무릎인공관절 수술 지원에 대한 설명으로 옳은 것은?

① 보건복지부가 운영하고 있다.
② 사업 주체는 시군구 보건소이다.
③ 만 60세 이상 노인을 대상으로 한다.
④ 대상 나이의 노인이라면 누구나 지원받을 수 있다.
⑤ 법정본인부담금의 최대 120만원 한도에서 실비를 지원한다.

> 노인 무릎인공관절 수술 지원 사업은 노인의료나눔재단이 사업 주체이며, 법정본인부담금의 최대 120만원 한도에서 실비를 지원한다.

09

장기요양인정 여부 및 장기요양등급을 최종 판정하는 기관은?

① 요양병원   ② 보건복지부
③ 행정안전부   ④ 등급판정위원회
⑤ 시군구 보건소

> 국민건강보험공단의 등급판정위원회에서 장기요양인정 여부 및 장기요양등급을 최종 판정한다.

10

재가노인의 생존권과 경제권을 보호하기 위해 국가가 제공하고 있는 것은?

① 공적연금   ② 평생교육원
③ 노인돌봄사업   ④ 국민건강보험
⑤ 노인장기요양보험

> 재가노인의 생존권과 경제권 보호를 위해 공적연금(국민연금, 기초연금)과 경제활동지원사업을 제공하고 있다.

11

요양보호 업무에서 대상자를 위해 우선적으로 충족하도록 도와주어야 하는 욕구는?

① 안전의 욕구
② 존경의 욕구
③ **생리적 욕구**
④ 자아실현의 욕구
⑤ 사랑과 소속의 욕구

> 요양보호 업무가 대상자에게 실질적인 도움이 되기 위해서는 대상자의 생리적 욕구를 충족하는 것부터 도와주어야 한다.

12

노인장기요양보험제도의 재원조달에 대한 설명으로 옳은 것은?

① 시설급여 이용자는 본인부담금이 없다.
② 보험료, 국가지원, 공단부담으로 구성된다.
③ **건강보험료 납부자는 장기요양보험료를 내야 한다.**
④ 보험료 예상 수입액의 30%를 국고에서 부담한다.
⑤ 국가와 지방자치단체는 공단의 관리운영비를 일부 부담한다.

> - 건강보험료를 내는 직장가입자와 지역가입자는 장기요양보험료를 내야 한다.
> - 재원은 보험료, 국가지원, 본인부담으로 조달되며, 보험료는 공단이 통합하여 징수하고 이후 장기요양보험료와 건강보험료는 각각 독립회계로 관리한다.
> - 국가는 보험료 예상 수입액의 20%를 국고에서 부담한다.

13

지역노인보호전문기관의 활동내용으로 옳은 것은?

① 노인인권 보호 관련 정책 제안
② 노인보호전문사업 관련 실적 취합, 관리 및 대외자료 제공
③ 중앙노인학대사례판정위원회 운영
④ **상담 및 서비스제공에 따른 기록과 보관**
⑤ 지역노인보호전문기관 상담원의 심화교육

> ①, ②, ③, ⑤는 중앙노인보호전문기관의 활동내용이다.

14

다음은 어떤 노인학대 유형에 해당하는가?

> - 친척이나 친구들의 연락 또는 방문을 차단하는 등 노인의 사회관계 유지를 방해한다.
> - 집안의 경조사에 참여시키지 않는 등 노인과 관련된 결정사항의 의사결정 과정에서 소외시킨다.

① 방임
② 성적 학대
③ 신체적 학대
④ **정서적 학대**
⑤ 경제적 학대

> 정서적 학대에 대한 내용으로 종교 활동 참여를 반대하거나 '시설로 보낸다.' 또는 '집에서 나가라.' 등의 위협이나 협박도 포함된다.

15

근골격계 손상 후 초기 치료에 적절한 치료방법은?

① **냉찜질**
② 견인요법
③ 적외선 치료
④ 저주파 치료
⑤ 스테로이드 주사

> 근골격계 손상 후 초기 치료(급성기 3일 정도)에는 냉찜질이 좋으나, 만성통증에는 온찜질이 좋다. ②, ③, ④, ⑤는 급성기 이후의 치료방법이다.

16 ★

옴 질환에 대한 설명으로 옳은 것은?

① 겨울철에 옴 발생이 많다.
② **감염자의 옷을 통해서도 전파될 수 있다.**
③ 옴 진드기는 차가운 기온에서 움직임이 활발하다.
④ 처방받은 도포용 약제를 가려운 부분에만 바른다.
⑤ 감염자 접촉 시에도 무증상이면 치료하지 않는다.

> - 옴은 감염자의 옷 또는 침구와 접촉할 때 충란, 유충 또는 수태한 암컷 성충이 옮겨와 감염된다.
> - 대상자가 옴에 감염된 경우 동거가족은 무증상이라도 치료를 받아야 한다.
> - 옴진드기는 더운 기온에서 움직임이 활발해 여름철에 많이 발생한다.
> - 처방받은 도포용 약제는 온몸에 골고루 바른 뒤 씻어낸다.

17 ★★★

노인성 질환의 특성으로 옳은 것은?

① 단독으로 발생하는 경우가 많다.
② 질환에 따른 증상이 명확한 경우가 많다.
③ **가벼운 질환에도 의식장애를 일으키기 쉽다.**
④ 경과가 짧고 급성으로 진행하는 경우가 많다.
⑤ 치유되면 발병 이전의 몸상태로 돌아오기 쉽다.

> 노인은 폐렴, 설사 등 가벼운 질환에도 의식장애가 발생하기 쉽다.

18 ★★

위염 증상을 완화하는 데 도움이 되는 방법은?

① 몸을 시원하게 한다.
② 차가운 음식을 섭취한다.
③ 뜨거운 물을 마시게 한다.
④ **하루 정도 금식하게 한다.**
⑤ 김치 등으로 유산균을 섭취하게 한다.

> 위염 증상이 있을 때는 위의 자극을 피하고, 하루 정도 금식한다.

19 ★★★

노화로 인한 호흡기계 변화로 옳은 것은?

① 폐활량이 증가한다.
② 섬모운동이 증가한다.
③ 호흡근육이 발달한다.
④ **콧속 점막이 건조해진다.**
⑤ 체내 산소량이 증가한다.

> 신체조직 내 수분 함유량이 감소하여 콧속 점막이 건조해져 공기를 효과적으로 흡입하지 못하게 된다.

20

천식 대상자의 호흡곤란을 예방하는 방법으로 옳은 것은?

① 애완동물을 키운다.
② 바닥에 카펫을 깔아 준다.
③ 침구류를 찬물로 세탁한다.
④ 벽난로를 설치하여 기온을 유지한다.
⑤ **운동 시작 전에 기관지확장제를 사용한다.**

> 벽난로, 카펫, 애완동물에서 나오는 그을음, 먼지, 털은 천식 대상자의 기관지를 자극하여 증상을 악화시킬 수 있으므로 피해야 한다. 또한 침구류는 먼지나 진드기를 제거하기 위해 뜨거운 물로 세탁한다.

21 ★

심부전을 앓는 대상자를 돕는 방법은?

① 식사량을 늘린다.
② **매일 체중을 측정한다.**
③ 수분을 많이 섭취하도록 한다.
④ 체위변경 시 보조도구를 사용한다.
⑤ 샤워 후 물기가 마르기 전에 로션을 바른다.

> 부종 정도를 확인하기 위하여 매일 체중을 측정한다.

22

노화에 따른 남성 노인의 비뇨・생식기계 변화는?

① 소변 횟수가 늘어난다.
② 방광 용적이 늘어난다.
③ 전립선의 크기가 작아진다.
④ 발기에 걸리는 시간이 줄어든다.
⑤ 남성 호르몬 분비량이 증가한다.

> 잔뇨량이 늘어나고 방광 용적이 감소되어 소변을 자주 보게 된다. 또한 방광 근력이 저하되어 소변줄기가 가늘어진다.

23

욕창을 예방하기 위해 파우더 사용을 제한하는 이유는?

① 혈액순환을 방해하므로
② 화상을 입을 수 있으므로
③ 단백질 흡수를 방해하므로
④ 옷을 갈아입히기 어려우므로
⑤ 가루가 땀구멍을 막을 수 있으므로

> 파우더의 화학물질이 피부를 자극하거나 땀구멍을 막을 수 있으므로 사용이 제한된다.

24

녹내장 대상자의 일상생활 주의사항을 지킨 경우는?

① 넥타이를 꽉 조여서 맨다.
② 윗몸 일으키기 운동을 한다.
③ 어두운 곳에서 휴대폰을 본다.
④ 책을 볼 때는 독서대를 사용한다.
⑤ 담배는 하루에 1~2개비로 제한한다.

> - 책을 볼 때는 어두운 곳을 피하고, 독서대를 사용하여 고개를 숙인 자세가 되지 않도록 한다.
> - 복장은 목 부분이 편해야 하며, 물구나무서기처럼 피가 머리로 몰리는 자세나 윗몸 일으키기처럼 복압이 올라가는 운동은 피한다.

25

당뇨병 대상자의 운동관리 방법으로 옳은 것은?

① 식사 직전 운동을 한다.
② 일주일에 1~2회 운동을 한다.
③ 장시간 등산 시 고혈당에 대비한다.
④ 매일 무리하지 않고 적당한 운동을 한다.
⑤ 혈당이 300mg/dl이면 고강도 운동을 한다.

> - 매일 무리가 가지 않을 정도의 가벼운 운동을 규칙적으로 한다.
> - 공복에 운동하거나 장시간 등산 시에는 저혈당에 대비하고, 혈당이 300mg/dl이면 혈당을 조절한 후에 운동한다.

26

섬망이 있는 대상자를 돕는 방법은?

① 큰 소리로 대화한다.
② 새로운 사람을 만나게 한다.
③ 밤에는 방을 어둡게 유지한다.
④ 가족이 자주 방문하도록 한다.
⑤ 낮에는 커튼을 쳐서 강한 빛을 차단한다.

> - 대상자와 접촉하는 사람의 수를 최소화하고, 가족구성원이 자주 방문하도록 하여 개인의 정체성을 유지하게 한다.
> - 낮에는 창문이나 커튼을 열어 시간을 인식하게 하고, 밤에는 창문과 커튼을 닫고 불을 켜서 야간의 혼돈을 방지한다.

27

뇌졸중에 대한 설명으로 옳은 것은?

① 도파민 생성이 부족해서 발생한다.
② 주요 발병 요인에는 고혈압이 있다.
③ 뇌간 손상 시 언어장애가 발생한다.
④ 우뇌 손상 시 우측 반신이 마비된다.
⑤ 중요한 것을 잊어버리는 증상이 있다.

> - 고혈압, 스트레스, 고지혈증 등으로 뇌혈관이 손상되면 뇌졸중이 발생할 수 있으므로 미리 예방하고 치료해야 한다.
> - 뇌간 손상 시에는 의식저하와 함께 전신마비가 나타날 수 있다.

28

파킨슨병에 대한 설명으로 옳은 것은?

① 관절이 굴곡되고 뻣뻣해진다.
② 흥분 시 떨림과 근육경직이 발생한다.
③ 바이러스에 감염되어 질환이 발생한다.
④ 신경전달물질이 과잉분비되어 발생한다.
⑤ 손상된 뇌와 반대쪽 신체에 영향을 미친다.

> 파킨슨병의 주요 운동증상으로 안정 시 떨림, 행동 느려짐, 경직 등이 있으며, 구체적으로 관절이 굴곡되고 뻣뻣해지며, 어깨가 처지고 자세는 구부정해지는 특징을 보인다.

29

위암을 예방하기 위한 방법으로 옳은 것은?

① 1일 1식을 한다.
② 흡연은 위암 발생과는 관련이 없다.
③ 헬리코박터균은 치료할 필요가 없다.
④ 건강검진을 통해 조기진단 및 조기 발견한다.
⑤ 맵고 짠 음식은 피하고 훈연한 음식을 섭취한다.

> • 위암은 조기진단을 통한 조기 발견이 중요하다.
> • 헬리코박터균을 치료하고, 맵고 짠 음식과 태우거나 훈연한 음식을 피하며, 금연한다.

30

노화로 인해 나타나는 운동 문제는?

① 관절 가동범위가 줄어든다.
② 흉곽의 경직도가 떨어진다.
③ 심장근육의 두께가 얇아진다.
④ 폐조직의 탄력성이 증가한다.
⑤ 자극에 대한 반응이 민감해진다.

> 관절이 뻣뻣해지고 관절의 가동범위가 줄어들어 움직임에 제한이 생기고 부상의 위험이 높아진다.

31

숙면에 도움이 되는 방법으로 옳은 것은?

① 담배를 끊는다.
② 저절로 깰 때까지 잔다.
③ 텔레비전을 틀어 놓고 잠든다.
④ 원하는 시간에 자고 일어난다.
⑤ 저녁식사와 함께 반주를 곁들인다.

> • 금연과 금주로 숙면을 도울 수 있다.
> • 매일 일정한 시간에 잠들고 일어난다.

32

노화, 장기간의 자외선 노출, 강력한 스테로이드 연고 도포에 의한 출혈 때문에 손등과 팔에 다양한 크기와 모양으로 나타나는 노인성 피부 질환은?

① 옴
② 간찰진
③ 노인성 자반
④ 피부 건조증
⑤ 지루성 피부염

> 노인성 자반에 대한 설명이다. 대부분 노화에 따른 자연스러운 현상이나 학대로 오해받을 수 있으므로 보호자에게 적절히 설명하여 오해를 방지한다.

33

편의점에서 구입할 수 있는 비상약은?

① 안약
② 소화제
③ 철분제
④ 항생제
⑤ 인슐린 제제

> 편의점에서 구입 가능한 비상약은 소화제, 해열진통제, 감기약, 파스 등이다.

34

적정 음주를 위한 방법으로 옳은 것은?

① 술은 권유받을 때에만 마신다.
② 여러 종류의 술을 섞어서 마신다.
③ 음주 시 잔은 큰 것으로 준비한다.
④ 음주 시 안주는 되도록 먹지 않는다.
⑤ 일주일에 술을 마시지 않는 날을 정한다.

> 일주일에 술을 마시지 않는 날을 정해 지키면 과음을 피하고 적정 음주를 하는 데 도움이 된다.

35

여름철 폭염에 대응하는 안전수칙으로 옳은 것은?

① 식사량을 평소보다 늘린다.
② 새벽보다 한낮에 활동한다.
③ 가급적 야외에서 활동한다.
④ 현기증이 있으면 시원한 물을 마신다.
⑤ 선풍기를 사용할 때는 문과 창문을 닫는다.

> - 현기증이 있으면 시원하고 통풍이 잘되는 장소에서 휴식을 취하고 시원한 물을 천천히 마신다.
> - 식사는 가볍게 하고, 가급적 야외 활동을 자제한다.
> - 선풍기는 환기가 잘 되는 상태에서 사용하고, 커튼 등을 이용해 햇빛을 가린다.

 실기시험

36

대상자의 식사를 돕는 방법으로 옳은 것은?

① 입가에 묻은 음식물은 그대로 둔다.
② 기름에 튀기거나 볶는 요리 위주로 제공한다.
③ 가능하다면 식사 후 1시간 정도 앉아 있게 한다.
④ 옷과 침구가 더러워지지 않게 앞치마를 대어준다.
⑤ 대상자가 오른손잡이라면 왼쪽에서 먹여준다.

> 옷과 침구가 더러워지지 않도록 앞치마나 턱받이를 대상자 턱 밑에 대어준다.

37

대상자에 대한 어조로 바람직한 태도는?

① 잦은 헛기침
② 주저하는 어조
③ 큰 소리로 말하기
④ 들뜬 듯한 목소리
⑤ 대상자의 느낌과 정서에 반응하는 어조

> 대상자의 느낌과 정서에 반응하는 어조와 크지 않고 온화한 목소리, 분명한 발음, 적절한 속도 등이 바람직한 태도이다.

38

다음 중 교환식품군이 바르게 연결된 것은?

① 옥수수(210g) - 두부(80g)
② 고구마(210g) - 닭고기(60g)
③ 밥 1공기(210g) - 식빵 3쪽(105g)
④ 달걀(60g) - 액상요구르트(150ml)
⑤ 우유 한 잔(200ml) - 치즈 6장(120g)

> 밥 1공기(210g)와 식빵 3쪽(105g)은 서로 교환식품군이다.

★★ 39

침상에서 대상자의 기저귀 교환 방법으로 옳은 것은?

① 엎드린 채로 기저귀의 테이프를 붙인다.
② 무릎을 편 상태에서 허리를 들어 올린다.
③ **젖은 기저귀는 바깥 면이 보이도록 만다.**
④ 항문 부위, 회음부를 찬 수건으로 닦아낸다.
⑤ 허리를 들 수 없는 대상자는 엎드리게 해서 기저귀를 교환한다.

> 젖은 기저귀는 배설물이 보이지 않도록 기저귀의 바깥 면(깨끗한 부분)이 보이도록 말아 넣는다.

★ 40

남성 대상자의 회음부를 청결하게 하는 방법으로 옳은 것은?

① 장갑을 착용하지 않고 맨 손으로 닦는다.
② 변기에 닿았던 둔부의 물기는 자연건조한다.
③ **음경을 수건으로 잡고 음낭의 뒷면을 닦는다.**
④ 음부에 차가운 물을 끼얹은 다음 비누로 닦는다.
⑤ 둔부 밑에 변기를 넣은 다음 그 아래에 방수포를 깐다.

> • 손 소독제로 손을 깨끗이 하고 일회용 장갑을 착용한다.
> • 변기에 닿았던 둔부의 물기는 마른 수건으로 닦는다.
> • 음부에 따뜻한 물을 끼얹은 다음 비눗물을 묻혀 닦는다.
> • 둔부 밑에 방수포와 목욕수건을 깔고 변기를 밀어 넣는다.

★★ 41

대상자의 면도를 돕는 방법으로 옳은 것은?

① **면도 전 따뜻한 물수건으로 덮어 준다.**
② 침대머리를 낮추거나 가능하다면 대상자를 눕힌다.
③ 면도날은 얼굴 피부와 70° 정도의 각도를 유지한다.
④ 턱 쪽에서 귀밑으로, 입 주위에서 코밑으로 진행한다.
⑤ 피부가 주름져 있다면 윗 방향으로 세게 잡아 당겨 면도한다.

> 침대머리는 높이거나 가능하다면 앉히고, 면도 전 따뜻한 물수건으로 덮어 피부의 건조함을 완화한다.

★ 42

편마비 대상자의 통목욕을 돕는 방법으로 옳은 것은?

① 중심에서 말초 부위 순으로 닦아 준다.
② **건강한 쪽 다리를 먼저 옮겨 놓게 한다.**
③ 마비된 쪽 손으로 안전손잡이를 잡게 한다.
④ 욕조에서 머리를 감긴 후 밖으로 나오게 한다.
⑤ 욕조에 있는 시간은 30분~1시간 정도로 한다.

> • 대상자의 마비된 쪽 겨드랑이를 잡고 건강한 쪽 다리, 마비된 쪽 다리 순으로 옮겨 놓게 한다.
> • 건강한 쪽 손으로 안전손잡이를 잡게 한다.
> • 욕조에 있는 시간은 5분 정도로 하고, 욕조에서 나와서 머리를 감기며, 말초에서 중심으로 닦아 준다.

★ 43

휠체어를 접는 순서로 옳은 것은?

가. 시트를 들어 올린다.
나. 발 받침대를 올린다.
다. 팔걸이를 접는다.
라. 잠금장치를 잠근다.

① 나 → 라 → 가 → 다
② 나 → 라 → 다 → 가
③ 라 → 가 → 나 → 다
④ **라 → 나 → 가 → 다**
⑤ 라 → 나 → 다 → 가

> 휠체어 접는 순서 : 잠금장치를 잠근다. → 발 받침대를 올린다. → 시트를 들어 올린다. → 팔걸이를 접는다.

44

대상자를 침대에서 휠체어로 옮기는 방법으로 옳은 것은?

① 앉힌 후 발 받침대를 접어둔다.
② 마비된 쪽에 휠체어가 오도록 한다.
③ 발 받침대는 다리를 올릴 수 있게 펴 놓는다.
④ 발 간격을 충분히 벌리고 건강한 쪽 발을 지지하여 준다.
⑤ 휠체어 뒤쪽에 서서 겨드랑이 밑으로 두 손을 넣어 손목을 단단히 고정한다.

> 휠체어 뒤쪽에 서서 겨드랑이 밑으로 두 손을 넣어 손목을 고정한 후 허리를 약간 숙이게 한 뒤 몸을 끌어올려 깊숙이 앉힌다.

45

왼쪽 편마비 대상자의 지팡이 보행을 도울 때 다음 그림에서 지팡이 끝(◉)을 놓는 위치로 옳은 것은?

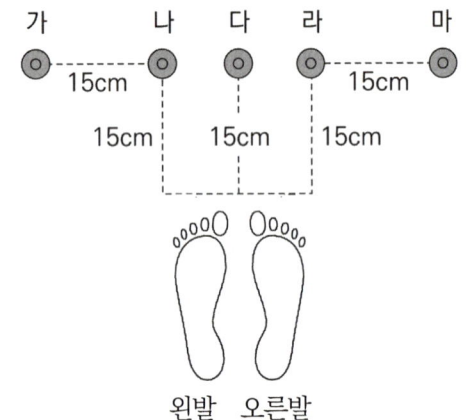

① 가
② 나
③ 다
④ 라
⑤ 마

> 건강한 쪽(오른쪽) 손으로 지팡이를 사용하여 앞으로 비스듬하게 (발 앞 15cm, 바깥쪽 옆 15cm) 지팡이 끝을 내민다.

46

주거환경을 청결하게 관리하기 위한 방법으로 옳은 것은?

① 실내 청소를 할 때는 진공청소기를 사용한다.
② 화장실 청소 시 소독제는 최소 두 가지를 혼합하여 사용한다.
③ 화장실은 낮 시간을 피해 환기시킨다.
④ 음식물 쓰레기는 일주일에 1번 치운다.
⑤ 불필요한 물품은 버린 후 대상자에게 알린다.

> 실내 청소를 할 때는 진공청소기나 젖은 걸레로 먼지를 제거한다.

47

이동욕조를 사용하는 방법으로 옳은 것은?

① 강한 물리적 압력을 가한다.
② 한 번에 한 사람만 사용한다.
③ 침대 위나 거실에서는 사용하지 않는다.
④ 대상자가 욕조를 잡고 일어나거나 앉게 한다.
⑤ 응급상황 발생 시 반드시 배수밸브는 닫아둔다.

> • 이동욕조는 침대 위나 거실에서 사용하는 것으로, 한 번에 한 사람만 사용한다.
> • 욕조를 잡고 일어나거나 앉지 않으며, 응급상황 발생 시에는 배수밸브를 열어 즉시 물을 뺀다.

48

노인장기요양보험 복지용구 급여로 구입 또는 대여할 수 있는 품목은?

① 전동침대
② 이동욕조
③ 배회감지기
④ 욕창예방 매트리스
⑤ 미끄럼방지 매트

> 구입 또는 대여품목은 욕창예방 매트리스, 경사로(실내용, 실외용)이다.

49

미끄럼방지 용품에 대한 설명으로 옳은 것은?

① 미끄럼방지 양말은 낙상의 위험을 줄여준다.
② 미끄럼방지 매트의 흡착판이 윗면에 오게 설치한다.
③ 미끄럼방지 매트는 물기를 머금은 채 설치해야 한다.
④ 미끄럼방지 매트는 실외에서 낙상할 위험을 줄여준다.
⑤ 미끄럼방지 양말은 신발을 신었을 때 효과가 나타난다.

미끄럼방지 양말은 바닥에 고무성분이 부착되어 있어 낙상의 위험을 줄여준다.

50 ★★★

노인의 영양관리 시 고려해야 할 노인의 신체 특성은?

① 에너지 요구량이 감소한다.
② 당질 대사능력이 증진된다.
③ 지방의 소화기능이 증진된다.
④ 단백질 필요량이 크게 변한다.
⑤ 침 분비와 장 운동성이 증가한다.

노인은 기초대사량과 활동량이 줄어 에너지 요구량이 감소하므로 적절한 양의 식사가 제공되어야 한다.

51 ★★

고혈압 대상자의 식사관리로 옳은 것은?

① 동물성 섭취를 늘린다.
② 단순당질을 섭취한다.
③ 국물을 많이 섭취한다.
④ 칼륨을 충분히 섭취한다.
⑤ 젓갈류, 장아찌를 많이 섭취한다.

칼륨은 나트륨 배설을 돕고 혈압을 낮추는 효과가 있으므로 고혈압 대상자에게는 신선한 채소나 과일, 감자 등 칼륨이 많은 식품과 저지방 유제품을 섭취하게 한다.

52 ★

육류의 보관방법으로 옳은 것은?

① 오래 두고 먹으려면 잘게 썬다.
② 한 번 녹았더라도 다시 얼린다.
③ 표면에 식초를 발라 변색을 방지한다.
④ 한 번 먹을 만큼씩 나누어 냉동보관한다.
⑤ 오랫동안 보관할 경우는 저온실에 보관한다.

한 번 녹인 고기는 다시 얼리지 않는 것이 좋으므로 한 번 먹을 만큼씩 나누어 냉동보관한다.

53 ★★

세탁방법에 대한 설명으로 옳은 것은?

① 뚜껑을 열고 세탁물을 삶는다.
② 합성섬유 의류는 햇볕에 건조한다.
③ 수선이 필요한 경우는 세탁 후 수선한다.
④ 청바지류는 색이 바래지 않게 뒤집어서 말린다.
⑤ 냄새가 심하면 붕산수에 담가두었다가 바로 헹군다.

청바지류는 주머니 부분이 잘 마르고 색이 바래지 않게 뒤집어서 말리며, 이때 지퍼는 열어둔다.

54 ★

대상자의 주거환경을 쾌적하게 유지하는 방법으로 옳은 것은?

① 조명 : 어둡게 유지
② 채광 : 직사광선 이용
③ 습도 : 70~80% 유지
④ 환기 : 하루에 2~3시간 간격으로 3번
⑤ 실내온도 : 여름철 16~18℃, 겨울철 25~27℃ 유지

환기는 하루에 2~3시간 간격으로 3번 하고, 최소한 10~30분 창문을 열어 환기한다.

55

다음 상황에서 요양보호사의 반응으로 적절한 것은?

> 대 상 자 : 지난번 요양보호사가 보고 싶네. 일을 참 잘 했었어.
> 요양보호사 : (   )

① "잠이나 주무세요."
② "오늘까지만 일하겠습니다."
③ "그런 이야기는 보호자와 하실래요?"
④ "기운 빠지는 소리는 하지 말아 주세요."
⑤ "그 분이 일을 참 잘하셨나 봐요. 저도 최선을 다할게요."

> 공감하는 의사소통은 상대방이 하는 말을 상대방 관점에서 이해하고, 감정을 함께 느끼면서 자신이 느낀 바를 전달하는 것이다.

56

중요한 전화를 기다리고 있는데 동료가 통화를 길게 할 때 '나 – 전달법'으로 옳게 말한 것은?

① "전화는 그만 끊고 보고서 제출이나 먼저 하지 그래요?"
② "통화가 너무 길어지는 것 아닙니까? 제 일을 방해하지 마세요."
③ "무슨 일인데 그렇게 길게 통화하는거죠? 이해하기가 어렵네요."
④ "예전부터 당신이 맘에 들지 않았어요. 얼굴만 봐도 화가 납니다."
⑤ "통화가 길어지면 혹시나 저에게 걸려올 중요한 전화를 받지 못할까봐 걱정이 돼요. 통화를 짧게 해줬으면 좋겠어요."

> '나 – 전달법'은 상대방의 행동이 나에게 어떠한 영향과 느낌을 주고 있는지와 상대방에게 원하는 바를 구체적으로 말하면 된다.

57

다음 대화에서 요양보호사가 권유한 여가활동 유형은?

> 대 상 자 : 하루 종일 할 일도 없고 너무 지루하고 따분해.
> 요양보호사 : 많이 따분하셨군요. 어르신은 노래를 잘하시니 민요교실에 참여하시는 건 어떠세요?

① 운동 활동
② 사교오락 활동
③ 종교참여 활동
④ 자기계발 활동
⑤ 가족중심 활동

> 자기계발 활동에는 책읽기, 독서교실, 그림그리기, 서예교실, 시낭송, 악기연주, 백일장, 민요교실, 창작활동 등이 있다.

58

요양보호 기록의 목적으로 옳은 것은?

① 장기요양서비스의 비용을 절감할 수 있다.
② 시설장에게 중요한 정보를 제공할 수 있다.
③ 요양보호사가 개성적 서비스를 제공할 수 있다.
④ 문제가 발생할 경우 법적 책임을 회피할 수 있다.
⑤ 요양보호사의 활동을 주관적으로 평가할 수 있다.

> 요양보호사가 기록한 정보를 바탕으로 시설장과 관련 전문가가 서비스 내용 및 방법을 점검하고 평가할 수 있다.

59

요양보호 기록의 원칙에 따라 작성된 내용은?

① 오랜만에 낮잠을 주무심
② 상처부위가 약간 호전됨
③ 이웃 주민이 가끔 방문함
④ 물을 어제보다 자주 마심
⑤ 19시부터 TV를 3시간 시청함

> TV를 보기 시작한 시각과 시청 시간 모두 구체적으로 기록한 내용이다.

60

상황이 급하거나 사안이 가벼울 때 많이 이용하는 업무 보고 형식은?

① 정기보고
② **구두보고**
③ 서면보고
④ 비대면보고
⑤ 전산망보고

> 구두보고는 상황이 급하거나 사안이 가벼울 때 많이 이용한다.

61

치매 대상자의 가족이 치매약 복용에 대해 문의할 때 요양보호사의 반응으로 옳은 것은?

① "치매약 복용은 늦게 시작할수록 좋아요."
② "치매약을 복용하면 증상이 사라질 거예요."
③ "부작용이 생기면 치매약을 끊으시면 됩니다."
④ "인지훈련 없이 치매약만 복용하는 게 좋아요."
⑤ **"치매약을 복용하면 병의 악화가 지연되고 인지증상이 개선될 수 있어요."**

> 치매약으로 증상 악화를 늦추고 인지증상과 행동심리증상을 개선할 수 있다.

62

치매 대상자의 음식 섭취를 돕는 방법은?

① **매 식사 후 달력에 표시하게 한다.**
② 먹고 난 식기는 바로 식탁에서 치운다.
③ 음식을 제공할 땐 큼지막하게 썰어준다.
④ 배회가 심한 대상자는 섭취 열량을 줄인다.
⑤ 손 닿는 곳에 마른 오징어 같은 간식을 둔다.

> 금방 식사를 했다는 것을 잊지 않도록 매 식사 후 달력에 표시하게 하거나 먹고 난 식기는 그대로 둔다.

63

치매 대상자의 구강위생을 도울 때 주의할 사항으로 옳은 것은?

① 의치는 구강세정제에 담가 둔다.
② 치아가 없는 대상자도 칫솔질을 하게 한다.
③ 의치는 대상자가 잠들었을 때 몰래 빼서 닦는다.
④ 칫솔질하는 법을 처음부터 끝까지 보여준 다음에 따라하게 한다.
⑤ **양치한 물을 뱉지 않을 때에는 입안에 칫솔을 넣고 말을 건네어 뱉어지게 한다.**

> 치매 대상자가 양치한 물을 뱉으려고 하지 않으면 입안에 칫솔이나 숟가락을 넣고 말을 건네어 물이 뱉어지게 한다.

64

치매 대상자의 목욕을 돕는 방법은?

① 목욕 물의 온도는 뜨겁게 유지한다.
② 욕조보다는 샤워기로 목욕하게 한다.
③ **목욕을 거부하는 경우 물장난을 하게 한다.**
④ 목욕 전에 미리 전체 목욕 순서를 알려준다.
⑤ 대상자를 혼자 씻게 하여 사생활을 보호한다.

> 치매 대상자는 물에 대해 거부반응을 보일 수 있으므로 작은 그릇에 물을 담아 손으로 만지고 놀게 하면 거부감을 줄이는 데 도움이 된다.

65

재가 치매 대상자의 방을 안전하게 관리하는 방법은?

① 24시간 방 안을 밝게 유지한다.
② 요를 까는 것보다 침대가 안전하다.
③ 유리창에는 아무것도 붙이지 않는다.
④ 침대 바로 옆에 등유난로를 비치한다.
⑤ **난간 주변에 야간등을 설치하여 구분되게 한다.**

> 치매 대상자는 시력이 약화되어 색깔 구분이 힘들기 때문에 난간이나 출입문 등에는 야간등을 설치하는 것이 좋다.

66 ★★

밤낮이 바뀌어 낮에 졸고 있는 치매 대상자를 돕는 방법은?

① 밤에 운동을 하게 한다.
② 커튼을 쳐서 어둡게 한다.
③ 혼자 쉴 수 있도록 해준다.
④ **주기적으로 말을 걸어준다.**
⑤ 어깨를 흔들며 큰 소리로 깨운다.

> 밤낮이 바뀌어 낮에 졸고 있는 경우 말을 걸어 자극을 준다.

67 ★★

치매 대상자가 밤에 거실에서 배회하고 있을 때 대처 방법은?

① 복잡한 일거리를 제공한다.
② 다른 방에 가서 자게 한다.
③ **고향에 대한 얘기를 나눈다.**
④ 현관 옆에 외투를 걸어둔다.
⑤ 문을 열어 바람을 쐬게 한다.

> 고향이나 가족에 대한 대화를 나누어 관심을 돌리고 정서 불안을 해소한다.

68 ★

치매 대상자가 옷을 다 벗고 방 밖으로 나왔을 때 요양보호사의 대처 방법은?

① **실내가 더운지 확인한다.**
② 벗기 어려운 옷을 입힌다.
③ 당황하여 얼른 옷을 입힌다.
④ 얼른 옷을 입으라고 소리친다.
⑤ 방 안으로 데려가서 문을 잠근다.

> 의복으로 인한 불편감이나 신체적인 욕구가 있는지 우선 확인한다.

69 ★★

치매 대상자가 딸이 선물해 준 손수건이라고 휴지를 애지중지하며 숨겨놓을 때 요양보호사의 반응으로 옳은 것은?

① "이런 거 숨겨 놓으시면 안 돼요."
② "이건 손수건이 아니라 휴지예요."
③ **"딸이 준 선물이라 좋으시겠어요."**
④ "제가 버려드릴게요, 이리 주세요."
⑤ "이게 정말 손수건이라고 생각하세요?"

> 위험하지 않다면 사실 관계를 정정해 주기보다 치매 대상자의 감정을 이해하고 수용하는 것이 좋다.

70 ★★★

재가 치매 대상자가 해 질 녘이 되면 안절부절못하며 자꾸 밖으로 나가려 할 때 대처 방법은?

① 주위 환경을 어둡게 한다.
② 조용한 방에 혼자 있게 한다.
③ 낮 시간의 신체활동을 줄인다.
④ **대상자의 애완동물과 놀게 한다.**
⑤ 가구나 화분 배치를 자주 바꾼다.

> 좋아하는 애완동물과 즐거운 시간을 갖게 하면 위안을 받을 수 있다.

71

치매 대상자와 의사소통할 때 기본원칙을 지켜 반응한 것은?

① "어디가 많이 불편하세요?"
② "12시예요, 점심 식사하세요."
③ "어제 봤던 그 사람 누구예요?"
④ "어렵지만 한번 챌린지해 봐요."
⑤ "아침 먹고 약 먹은 다음 병원에 갈 거예요."

> 항상 현재 상황을 알려주며, 유행어나 외래어를 쓰지 않고 일상적 어휘를 사용한다. 질문은 '네', '아니오'로 간단히 답할 수 있게 한다.

72

상의를 입지 않고 밖에 나가려는 치매 대상자와 바르게 의사소통한 것은?

① "그러고 나가서 감기 걸리려고…"
② "옷을 안 입으면 사람들이 놀려요."
③ "편한 옷을 드릴테니 입어보실래요?"
④ "왜 옷을 안 입고 나가시는 거예요?"
⑤ "자꾸 그러시면 밖에 안 나갈 거예요."

> 잘못된 행동을 할 때는 유연하고 임기응변적인 태도로 대상자에게 맞춰가는 것이 바람직하다.

73

임종 대상자가 음식이나 수분을 섭취하지 않으려고 하고 소변량이 줄어들 때 대처 방법으로 옳은 것은?

① 소변줄을 제거한다.
② 뜨거운 음료수를 준다.
③ 작은 얼음 조각을 준다.
④ 억지로라도 먹도록 한다.
⑤ 건더기가 있는 유동식을 준다.

> 억지로 먹이려 하지 말고, 작은 얼음 조각이나 얼린 주스 등을 입에 넣어주는 것이 도움이 될 수 있다.

74

다음과 같은 대상자의 임종 적응 단계는?

> 대상자 : 하필이면 왜 나한테 이런 일이 일어나는 거야? 의사가 뭐 잘못한 거 아냐? 신이 나를 외면한 거야!

① 부정
② 분노
③ 수용
④ 우울
⑤ 타협

> 분노 단계의 임종기 대상자는 종종 자신의 감정을 반항과 분노로 표출하며 어디에서나 누구에게나 불만스러운 점을 찾으려 한다.

75

사전연명의료의향서에 대한 설명으로 옳은 것은?

① 일단 작성한 후에는 수정할 수 없다.
② 등록하면 의료기관에 자동으로 연동된다.
③ 담당 간호사가 말기환자라고 하면 작성할 수 있다.
④ 사전연명의료의향서를 소속 병원에 등록하면 효력이 발생한다.
⑤ 연명의료 중단 의사를 표시해도 통증완화를 위한 의료행위는 계속된다.

> 연명의료를 중단해도 진통제 투여나 영양분, 물, 산소 공급 등 기본적 돌봄에 해당하는 의료행위는 계속 제공된다.

76

다음은 올바른 손씻기 6단계 중 어느 단계에 해당하는가?

> 손가락을 반대편 손바닥에 놓고 문지르며 손톱 밑을 깨끗하게 한다.

① 제1단계
② 제2단계
③ 제4단계
④ 제5단계
⑤ **제6단계**

올바른 손씻기 제6단계에 해당한다.

77

대상자가 손을 베어 출혈이 있을 때 대처 방법으로 옳은 것은?

① 차가운 물에 담가 준다.
② 출혈부위를 손으로 만져 살펴본다.
③ 출혈부위를 비누로 깨끗이 씻겨 준다.
④ **장갑을 착용하고 멸균거즈로 압박한다.**
⑤ 혈액순환이 되도록 손을 마사지해 준다.

장갑을 착용하고 출혈부위를 노출한 후 멸균거즈를 이용하여 직접 압박한다.

78

자동심장충격기를 사용하는 방법으로 옳은 것은?

① 왼쪽 빗장뼈 위에 패드를 부착한다.
② 심장리듬을 분석한 후 패드를 부착한다.
③ 심장리듬 분석 중에는 가슴압박을 지속한다.
④ 심장충격 버튼을 누르고 1분 후에 가슴압박을 한다.
⑤ **심폐소생술 중 자동심장충격기가 도착하면 지체 없이 적용한다.**

심폐소생술 시행 중 자동심장충격기가 도착하면 지체 없이 적용해야 한다.

79

대상자가 경련을 일으킨 경우 대처 방법으로 옳은 것은?

① 머리 밑에 단단한 받침대를 대어 준다.
② 혀를 깨물 수 있으니 손수건 등을 물려 준다.
③ **상의를 느슨하게 하고 옆에서 조용히 관찰한다.**
④ 기도를 유지할 수 있도록 머리를 뒤로 젖혀 준다.
⑤ 경련이 멈추도록 양쪽 팔과 다리를 꽉 붙잡아 준다.

- 호흡을 편하게 할 수 있도록 상의를 느슨하게 해주고, 경련이 멈출 때까지 옆에 가만히 있어 준다.
- 경련을 멈추기 위해 억지로 움직임을 제지하거나, 대상자의 입에 무언가를 물리는 어떠한 행위도 해서는 안 된다.

80

혈액, 체액, 배설물 등이 바닥, 침구류, 옷 등에 묻었을 때 대처 방법으로 옳은 것은?

① 장갑은 필요시에 착용한다.
② **깨진 유리는 반드시 장갑을 끼고 치운다.**
③ 혈액이 묻은 침구류는 손세탁 후 말린다.
④ 체액이 묻은 깨진 유리는 일반쓰레기로 처리한다.
⑤ 바닥에 쏟아진 혈액은 락스와 물을 9:1로 혼합하여 신속하게 닦는다.

깨진 유리가 있을 때에는 반드시 장갑을 끼우고 치워야 한다.

Chapter 08 제8회 합격모의고사

요양보호론(필기시험)

01

건강한 노화를 위한 방법으로 옳은 것은?

① 뇌에 주는 자극을 최대한 줄인다.
② 프라이버시를 위해 대인관계를 자제한다.
③ 체력증진을 위해 매일 고강도 운동을 한다.
④ 지역사회에 참여하여 생산적인 활동을 한다.
⑤ 한번에 수십 종류의 건강보조식품을 섭취한다.

> 건강한 노화를 위해 자원봉사, 여가활동, 지역사회 참여 등 생산적인 활동을 통해 자존감과 만족감을 얻는다.

02

다음과 같은 노년기의 특성은?

- 익숙한 습관이나 방법을 고수한다.
- 주위 환경이 새롭게 변화하는 것을 싫어한다.

① 융통성의 증가
② 경직성의 증가
③ 사회성의 증가
④ 조심성의 증가
⑤ 외향성의 증가

> 노인은 경직성이 증가하여 익숙한 것을 고수하고, 융통성이 없어지며, 새로운 변화나 도전적인 일을 꺼리는 경향을 보인다.

03

퇴직 후 가정 내 역할 변화에 적응하는 방법은?

① 융통성 있게 가정일을 분담한다.
② 혼자 하는 여가시간에 몰두한다.
③ 새로운 직업을 찾아 재취업한다.
④ 부부가 각자의 취미생활을 만든다.
⑤ 배우자 대신 자녀와 시간을 보낸다.

> 퇴직으로 부부의 가정 내 역할이 전환됨에 따라 가정일을 융통성 있게 분담하고, 부부 공통의 화제나 취미생활을 만들어 부부관계를 긍정적으로 유지할 필요가 있다.

04

다음 요인에 따라 나타나는 노인의 사회적 특성은?

- 직장에서 퇴직하여 직업을 잃는다.
- 노후소득이나 노후자금이 부족하다.

① 경제적 빈곤
② 의존성의 증가
③ 유대감의 증가
④ 건강 수준 저하
⑤ 사회적 관계 위축

> 노인은 직장 퇴직으로 소득이 감소하고, 노후소득을 위한 연금이나 노후자금이 없다면 경제적 빈곤에 놓이기 쉽다.

05

다음 중 노인이 심한 고독감을 느끼게 되는 상황은?

① 여가활동
② 자원봉사
③ 자녀의 승진
④ 친한 친구의 죽음
⑤ 노인일자리사업 참여

> 노인은 배우자나 친한 친구와 사별하는 경우 막연히 느끼던 죽음이 현실화되면서 심한 허무감, 절망감, 고독감을 느낀다.

06

노인부양 문제와 관련한 현대 사회의 변화로 옳은 것은?

① 세대 간 갈등이 완화되고 있다.
② 독거노인의 비율이 낮아지고 있다.
③ 노인의 역할 상실이 원인 중 하나이다.
④ 자녀와 동거하는 비율이 높아지고 있다.
⑤ 가족이 부양해야 한다는 인식이 높아지고 있다.

> 노인은 직장에서 퇴직하고 자녀가 독립하며 노동자, 양육자로서의 역할 상실을 경험하게 된다.

07

노인이 자기가 속한 가족과 사회에 적응하고 통합되도록 인적·물적 자원을 지원하는 것은?

① 노인복지
② 사회복지
③ 사회보험
④ 국민연금보험
⑤ 국민기초생활보장제도

> 노인복지에 해당하는 개념이다.

08

학대피해노인 전용쉼터에 대한 설명으로 옳은 것은?

① 전문 심리상담 프로그램은 없다.
② 학대피해노인을 무기한 보호한다.
③ 학대피해노인에게 식사만 제공한다.
④ 노인복지법 제31조 규정의 노인복지시설이다.
⑤ 학대피해 치료를 위한 의료비는 지원하지 않는다.

> 노인복지시설의 종류(노인복지법 제31조)
> • 노인주거복지시설
> • 노인의료복지시설
> • 노인여가복지시설
> • 재가노인복지시설
> • 노인보호전문기관
> • 노인일자리지원기관
> • 학대피해노인 전용쉼터

09

노인성 질병이 없는 경우 노인장기요양보험급여 대상자가 될 수 있는 연령 기준은?

① 60세 이상
② 61세 이상
③ 62세 이상
④ 64세 이상
⑤ 65세 이상

> 65세 이상인 자 또는 65세 미만이지만 노인성 질병을 가진 자가 노인장기요양보험급여 대상자이다.

10

한국표준질병·사인분류에 포함되는 노인성 질병은?

① 고혈압
② 부정맥
③ 폐결핵
④ 고지혈증
⑤ 뇌경색증

> 뇌경색증은 노인성 질병에 포함된다.

11

다음과 같은 상황에서 요양보호사가 수행하는 역할로 옳은 것은?

> 대상자가 학대를 당하는 경우 노인보호전문기관 또는 수사기관에 신고하였다.

① 말벗과 상담자
② 정보 전달자
③ 관찰자
④ 옹호자
⑤ 숙련된 수발자

요양보호사가 수행할 주요한 역할 중 옹호자에 대한 설명으로, 대상자가 가정이나 시설, 지역사회에서 소외되고 차별받거나 학대를 당하는 경우 대상자의 입장에서 힘이 되고 지켜준다.

12

노인의 주거권에 해당하는 것은?

① 편리한 환경에서 생활할 권리
② 개인적 일상생활을 보호받을 권리
③ 적절한 재활치료 서비스를 받을 권리
④ 개인적인 스타일을 유지하고 영위할 권리
⑤ 시설 내 여가 및 문화생활 매체를 자유롭게 이용할 권리

②, ③은 건강권, ④는 인간 존엄권 및 경제·노동권, ⑤는 정치·종교·문화생활권에 해당한다.

13

요통을 예방하면서 물건을 들어 올리는 방법은?

① 허리에 힘을 최대한으로 준다.
② 몸을 물체에 최대한 가까이 위치한다.
③ 무릎이 아닌 허리를 펴면서 들어 올린다.
④ 물건을 들고서 허리를 돌려 방향을 바꾼다.
⑤ 무릎을 펴고 허리를 굽혀서 몸의 무게중심을 높인다.

물체는 최대한 몸 가까이 위치하도록 하여 들어 올린다.

14

산업안전보건법에 따라 다음의 역할을 수행해야 할 사람은?

> • 요양보호사에게 안전에 대해 교육해야 한다.
> • 요양보호사의 건강문제를 예방하기 위해 노력해야 한다.

① 고용노동부장관
② 보건복지부장관
③ 장기요양기관의 장
④ 지방자치단체의 장
⑤ 요양보호 대상자의 보호자

산업안전보건법에 따라 장기요양기관의 장이 수행해야 하는 역할이다.

15

노인학대 현황에 대한 설명으로 옳은 것은?

① 학대 피해자는 60대가 가장 많다.
② 학대 행위자는 손자녀가 가장 많다.
③ 학대 유형 중 정서·신체적 학대가 가장 많다.
④ 노인학대 발생 장소는 생활시설이 가장 많다.
⑤ 여성 노인보다 남성 노인의 학대 피해가 더 많다.

• 노인 학대 유형 중 정서적 학대와 신체적 학대가 가장 높게 나타난다.
• 학대 행위자는 피해노인의 배우자인 경우가 가장 많으며, 주로 가정에서 발생하고, 남성 노인보다 여성 노인의 학대 피해가 더 많다.

★ 16

목 통증이 있을 때 나타나는 증상으로 옳은 것은?

① 시야가 흐릿해진다.
② 팔에 힘이 들어간다.
③ 현기증이나 어지럼증은 없다.
④ 몸 전체가 둔감한 느낌이 든다.
⑤ 목이 뻣뻣하고 목덜미가 당긴다.

목 통증이 있을 때에는 목이 뻣뻣하고 목덜미가 당기는 증상이 있다. 또한 현기증이나 어지럼증 같은 두통이 있고, 몸의 절반 정도가 둔감한 느낌이 들기도 하며, 팔에 힘이 빠진다.

★★★ 17

노인성 질환의 특성에 관한 설명으로 옳은 것은?

① 질병의 경과가 짧다.
② 합병증을 동반하기 쉽다.
③ 원인이 명확한 급성질병이 많다.
④ 약물이 체내에서 빨리 배출된다.
⑤ 젊은 사람과 같은 검사기준을 적용한다.

노인성 질환은 경과가 길고 합병증이 발생하기 쉬우며 빈번하게 재발한다. 또한 신장기능의 저하로 수분과 전해질 균형이 깨지기 쉽다.

★★ 18

대장암 예방을 고려하여 식사를 돕는 방법으로 옳은 것은?

① 저잔여식이를 제공한다.
② 훈연 가공식품을 제공한다.
③ 식물성 지방의 섭취를 늘린다.
④ 매일 와인 한 잔을 마시게 한다.
⑤ 하루 두 끼씩 배부르게 식사하게 한다.

- 동물성 식품의 섭취를 줄이고 식물성 지방을 섭취한다.
- 소량씩 규칙적으로 식사하고 가공식품, 인스턴트식품, 훈연식품을 피한다.

★★★ 19

노화로 인해 나타날 수 있는 호흡기계 변화는?

① 호흡수가 증가한다.
② 폐 순환량이 증가한다.
③ 기침반사가 활발해진다.
④ 산소 흡수 효율이 증가한다.
⑤ 기관지 내 분비물이 증가한다.

기관지 내 분비물이 증가하여 호흡기계 감염이 쉽게 발생한다.

20

결핵을 치료하는 방법으로 옳은 것은?

① 주기적으로 위장 기능 검사를 한다.
② 약물 복용이 끝날 때까지 격리한다.
③ 기침을 할 때는 손으로 입을 가린다.
④ 무증상이어도 약 복용을 임의로 중단하지 않는다.
⑤ 증상이 줄어들면 항결핵제를 간헐적으로 복용한다.

- 항결핵제는 불규칙적으로 먹거나 복용을 임의로 중단하면 완치되지 못하고 오히려 악화될 수 있으므로 처방받은 동안 꾸준히 복용해야 한다.
- 주기적으로 간 기능 검사와 객담 검사를 받는다.

★★ 21

심혈관계 질환 대상자가 갑자기 어지럼증을 호소할 때 우선적으로 해야 할 행동은?

① 바닥에 주저앉힌다.
② 따뜻한 물을 먹인다.
③ 하임리히법을 실행한다.
④ 머리에 찬 수건을 올린다.
⑤ 입과 코에 봉지를 대고 숨쉬게 한다.

갑자기 어지럼증을 느끼는 대상자는 그 자리에 주저앉도록 하여 머리 손상을 예방한다.

22 ★

복압성 요실금 대상자를 돕는 방법으로 옳은 것은?

① 웃음요법을 권장한다.
② 카페인 섭취를 권장한다.
③ 항상 기저귀를 차게 한다.
④ 달리기로 체력을 관리한다.
⑤ **체중조절 식단을 제공한다.**

> 비만은 복압을 증가시켜 복압성 요실금을 유발할 수 있기 때문에 체중을 조절한다.

23 ★★

피부 건조증이 있는 대상자를 돕는 방법은?

① 목욕 시 때를 밀어 준다.
② **샤워를 너무 자주 시키지 않는다.**
③ 목욕을 시킬 때 뜨거운 물을 사용한다.
④ 목욕 후 물기를 닦지 않고 자연 건조한다.
⑤ 알코올 성분이 많은 세정제를 주로 사용한다.

> - 자주 샤워를 하거나 때를 미는 것은 피부를 더욱 건조시켜 증상을 악화시킬 수 있다.
> - 목욕 또는 샤워할 때 따뜻한 물과 순한 비누를 사용한다.

24 ★

수정체가 혼탁해지고 눈동자가 뿌옇게 보이거나 시력장애가 발생하는 질환은?

① 노안   ② **백내장**
③ 결막염   ④ 녹내장
⑤ 황반 변성

> 백내장은 수정체가 혼탁해져서 빛이 들어가지 못하여 시력장애가 발생하는 질환이다.

25

당뇨병 대상자가 활동량이 증가한 후 보일 수 있는 저혈당 증상은?

① 체중이 감소한다.   ② 땀이 나지 않는다.
③ 피로감이 생긴다.   ④ **시야가 몽롱해진다.**
⑤ 소변의 양이 증가한다.

> 식사량보다 활동량이 많을 때 나타나는 저혈당 증상으로는 땀을 많이 흘림, 두통, 시야 몽롱, 어지럼증 등이 있다.

26 ★★

치매로 인한 기억력 저하의 특징에 대한 설명으로 옳은 것은?

① 생리적인 뇌의 현상이다.
② 일상생활에 지장이 없다.
③ 힌트가 있으면 기억이 난다.
④ **경험한 사건 전체를 잊어버린다.**
⑤ 경험 중에서 사소하고 덜 중요한 일만 잊는다.

> 건망증과 달리 치매는 경험의 일부뿐 아니라 경험한 사건 전체나 중요한 일도 잊는 특징이 있다.

27 ★

대상자가 며칠 전의 일을 잊어버리는 등 기억력 장애 증상을 보일 때 요양보호사의 반응은?

① 가족에게 치매인 것 같다고 말한다.
② 치매 치료 약물을 제공한다.
③ 틀릴 때마다 정확한 사실로 교정한다.
④ 단순한 건망증일 뿐이라고 안심시킨다.
⑤ **치매안심센터를 통해 검진을 받게 한다.**

> 대상자가 기억력 장애 증상을 보일 때 치매안심센터를 통해 조기 검진을 받게 한다. 다만 대상자 및 가족에게 혼란을 줄 수 있으므로 치매일 것 같다고 예측하여 말하지 않는다.

28

다음 방법을 통해 전구증상을 확인할 수 있는 질환은?

- 말해 보세요 - 발음이 분명한지 확인함
- 웃어 보세요 - 얼굴 모양이 대칭인지 확인함
- 걸어 보세요 - 비틀거리고 한쪽으로 넘어지는지 확인함

① 빈혈
② 뇌졸중
③ 녹내장
④ 심장마비
⑤ 파킨슨병

제시된 방법은 뇌졸중의 전구증상을 확인할 수 있는 방법이다.

29

파킨슨병의 증상으로 옳은 것은?

① 쓰러짐
② 시야장애
③ 극심한 두통
④ 행동이 느려짐
⑤ 갑작스러운 반신마비

①, ②, ③, ⑤는 뇌졸중의 증상이다.

30

대상자의 안전한 운동방법으로 옳은 것은?

① 추운 날씨에는 야외에서 운동한다.
② 적어도 10분 이상 준비운동을 한다.
③ 능력의 한계까지 운동강도를 높인다.
④ 실내운동 시 마무리운동은 생략한다.
⑤ 야외에서 운동한 후 바로 찬물로 샤워한다.

적어도 10분 이상 준비운동을 하여 유연성을 높이고 근육 손상을 방지한다.

31

직무스트레스가 상당히 있다고 인식할 수 있는 증상은?

① 잠이 잘 온다.
② 초조하지 않다.
③ 일의 능률이 높아진다.
④ 흡연과 음주가 줄어들었다.
⑤ 회사를 며칠이라도 쉬고 싶다는 생각을 한다.

잠이 잘 오지 않거나 괜히 초조하며, 일의 능률이 떨어지고 흡연과 음주가 전보다 늘었을 때 직무스트레스가 상당히 있음을 인식해야 한다.

32

약물을 바르게 복용한 것은?

① 약이 써서 콜라와 함께 복용
② 분할선이 있는 약을 쪼개서 복용
③ 약이 남았으나 호전되어 복용을 중단
④ 복용 시간을 놓쳐 다음에 2배로 복용
⑤ 증상이 비슷한 다른 사람의 약을 복용

분할선이 있는 약만 쪼개거나 분쇄하여 복용할 수 있다.

33

우울증과 관련된 요인으로 옳은 것은?

① 철분 섭취 부족
② 지나친 음주나 흡연
③ 영양부족과 체중 감소
④ 뇌의 신경전달물질의 변화
⑤ 고지방, 고콜레스테롤 음식 섭취

우울증과 관련된 요인으로는 뇌의 신경전달물질의 변화, 치매, 호르몬의 변화, 스트레스에 대한 저항력 감소 등이 있다.

34

위암의 증상으로 옳은 것은?

① 빈혈
② 식욕 증가
③ 체중 증가
④ 진단 검사 시 간 축소가 보임
⑤ 급격히 진행되어 증상이 잘 나타남

> 위암은 서서히 진행되어 증상이 잘 나타나지 않고, 여러 가지 요인이 복합적으로 작용하여 발생한다. 빈혈은 위암의 증상 중 하나이다.

35

폭염 대응 안전수칙으로 옳은 것은?

① 모자와 장갑을 착용한다.
② 머리띠를 하여 이마를 드러낸다.
③ 현기증이 나면 물을 급히 마신다.
④ 오후 12시~3시에 야외활동을 한다.
⑤ 메스꺼운 느낌이 들면 그늘에서 쉰다.

> 현기증이나 메스꺼움이 있을 때에는 시원하고 통풍이 잘 되는 장소에서 쉬고 시원한 물을 천천히 마신다. 오후 2시~5시는 기온이 가장 높을 때이므로 야외활동을 피한다.

 실기시험

36

대상자를 일어서게 하는 방법으로 옳은 것은?

① 느리면 부축해서 움직이게 해야 한다.
② 낙상 위험이 있으면 무조건 휠체어에 태운다.
③ 통증이 심해도 정해진 시간 동안 꼭 걷게 한다.
④ 최소 하루 20분 정도는 서 있거나 걷도록 돕는다.
⑤ 손이 닿을 수 없는 만큼 떨어져서 대상자를 지켜본다.

> 최소 하루 20분 정도는 일부러라도 서 있거나 일어서서 걷도록 도와야 한다. 또한 느리더라도 부축하지 말고 가급적 스스로 움직이게 하고, 손이 닿을 수 있을 만큼만 떨어져서 대상자를 지켜본다.

37

오른쪽 편마비 대상자의 식사를 돕는 방법으로 옳은 것은?

① 고개를 뒤로 젖혀 음식을 넣어 준다.
② 식사 중 사레가 들리면 뜨거운 물을 먹인다.
③ 식전에 신맛이 나는 음료를 주어 식욕을 돋운다.
④ 오른쪽을 밑으로 하여 누운 자세를 취하게 한다.
⑤ 숟가락을 왼쪽 입술 옆에 대고 음식을 넣어 준다.

> 오른쪽 편마비 대상자는 건강한 쪽(왼쪽) 입술 옆에 숟가락을 대고 음식을 넣어 준다.

38

스스로 식사하는 대상자를 지켜보는 방법으로 옳은 것은?

① 대상자가 음식을 먹는 순서를 정해준다.
② 편하게 식사할 수 있게 자리를 비켜준다.
③ 편식하면 반찬을 골고루 먹도록 강요한다.
④ 식사하는 속도가 느리면 빨리 식사하게 한다.
⑤ 사레, 질식, 불편한 점 등이 있는지 관찰한다.

> 스스로 식사할 수 있는 대상자라도 식사하는 동안 사레, 질식, 불편한 점 등이 발생하지 않도록 관찰해야 한다.

39 ★★

대상자가 배가 고파 잠이 오지 않는다며 늦게까지 깨어 있을 때 대처 방법은?

① 라디오를 듣게 한다.
② 밥과 국을 차려 준다.
③ 녹차로 마음을 진정시킨다.
④ **따뜻한 우유를 마시게 한다.**
⑤ 수면 시간 확보를 위해 다음날 일찍 깨우지 않는다.

> 공복감으로 잠이 안 오는 경우 따뜻한 우유 등을 마시게 한다.

40 ★

수액이 있는 대상자에게 단추 있는 옷을 입힐 때 가장 먼저 할 일은?

① 건강한 쪽으로 돌아 눕힌다.
② **마비된 쪽의 팔에 소매를 끼운다.**
③ 건강한 쪽의 팔에 소매를 끼운다.
④ 등 뒤쪽에 계단식으로 소매 부분을 접어놓는다.
⑤ 수액을 소매 안에서 밖으로 통과시킨다.

> 가장 먼저 마비된 쪽의 팔에 소매를 끼운다.

41 ★★

대상자의 배설물을 관찰한 결과 중 시설장에게 보고해야 하는 경우는?

① 소변이 맑다.
② 소변의 색이 엷다.
③ 소변에 거품이 없다.
④ **대변이 심하게 묽다.**
⑤ 대변이 부드럽고 형태가 있다.

> 대변이 심하게 묽거나, 대변에 점액질이 섞여 나오면 시설장이나 간호사에게 배설물 상태를 보고해야 한다.

42 ★★

여성 대상자의 회음부를 청결하게 닦는 순서로 옳은 것은?

① 항문 → 질 → 요도
② 요도 → 항문 → 질
③ **요도 → 질 → 항문**
④ 항문 → 요도 → 질
⑤ 질 → 요도 → 항문

> 여성 대상자의 회음부는 요도, 질, 항문 순서로 되어 있어 뒤쪽에서 앞쪽으로 닦으면 감염 위험이 있기 때문에 앞쪽에서 뒤쪽으로 닦아낸다.

43 ★

울퉁불퉁한 길에서 대상자의 휠체어를 이동하는 방법으로 옳은 것은?

① 지그재그로 움직이면서 이동한다.
② 휠체어에 체중을 실어서 힘을 주며 빠르게 이동한다.
③ 고개를 뒤로 돌려 방향을 살피면서 뒷걸음질로 이동한다.
④ **앞바퀴를 살짝 들어 올려 약간 뒤로 젖힌 상태에서 이동한다.**
⑤ 뒷바퀴를 살짝 들어 올려 약간 앞으로 젖힌 상태에서 이동한다.

> 휠체어로 울퉁불퉁한 길을 갈 때 앞바퀴가 지면에 닿으면 대상자가 진동을 많이 느끼고 휠체어를 밀기도 힘드므로 앞바퀴를 살짝 들어 올려 휠체어를 약간 뒤로 젖힌 상태에서 이동한다.

44

오른쪽 다리가 불편한 대상자가 지팡이를 사용하여 계단을 내려갈 때 이동 순서로 옳은 것은?

① 왼쪽 다리 → 오른쪽 다리 → 지팡이
② 지팡이 → 왼쪽 다리 → 오른쪽 다리
③ 오른쪽 다리 → 지팡이 → 왼쪽 다리
④ **지팡이 → 오른쪽 다리 → 왼쪽 다리**
⑤ 왼쪽 다리 → 지팡이 → 오른쪽 다리

'지팡이 → 불편한 쪽(오른쪽) 다리 → 건강한(왼쪽) 다리' 순으로 이동하여 계단을 내려간다.

45

대상자를 휠체어에서 바닥으로 옮기는 순서로 옳은 것은?

| 가. 휠체어의 잠금장치를 잠그고 발 받침대를 올려 발을 바닥에 놓는다.
| 나. 마비된 쪽에서 어깨와 몸을 지지한다.
| 다. 대상자에게 휠체어에서 바닥으로 옮겨 앉는 방법에 대해 설명한다.
| 라. 건강한 쪽 팔로 바닥을 짚게 한다.
| 마. 상체를 지지하며 건강한 쪽 다리에 힘을 주어 바닥으로 앉게 한다.

① 가 → 다 → 나 → 라 → 마
② 가 → 다 → 마 → 라 → 나
③ **다 → 가 → 나 → 라 → 마**
④ 다 → 가 → 라 → 마 → 나
⑤ 다 → 나 → 가 → 라 → 마

다. 대상자에게 휠체어에서 바닥으로 옮겨 앉는 방법에 대해 설명한다.
가. 휠체어의 잠금장치를 잠그고 발 받침대를 올려 발을 바닥에 놓는다.
나. 마비된 쪽에서 어깨와 몸을 지지한다.
라. 건강한 쪽 팔로 바닥을 짚게 한다.
마. 상체를 지지하며 건강한 쪽 다리에 힘을 주어 바닥으로 앉게 한다.

46

그림과 같은 침대의 안전한 사용방법 및 주의사항으로 옳은 것은?

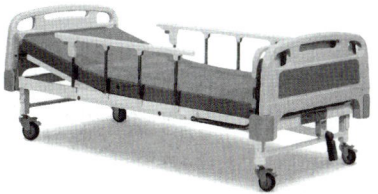

① 측면 난간은 한쪽만 올리고 이동한다.
② 대상자가 침대난간에 기대어 앉게 한다.
③ 부착된 식탁은 잠자는 동안에만 접어 놓는다.
④ 기계적 진동 등의 영향이 있는 장소에서 사용한다.
⑤ **대상자가 침대에 누워있을 때는 항상 침대난간을 올려둔다.**

대상자가 침대에 누워있을 때는 침대난간을 내려놓으면 침대 낙상 사고의 원인이 되므로 항상 침대난간을 올려놓아야 한다.

47

다음 그림과 같이 휠체어를 이용하는 대상자의 이동성을 확보해주는 복지용구는?

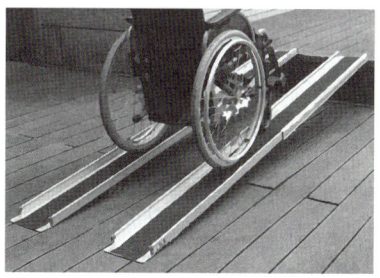

① 지팡이   ② 보행기
③ **경사로**   ④ 안전손잡이
⑤ 배회감지기

경사로는 휠체어를 이용하는 대상자의 이동성을 확보해주고, 미연에 안전사고 예방을 위해 사용된다.

48

노인의 낙상을 유발시키는 위험요인에 해당하는 것은?

① 계단을 어둡지 않게 한다.
② 바닥에 흘린 것은 즉시 닦아준다.
③ 욕조 벽에 안전손잡이를 설치한다.
④ **문턱을 만들어 방과 거실을 구분한다.**
⑤ 화장실 앞에 미끄럼방지 매트를 깔아둔다.

> 노인의 낙상을 예방하기 위해 출입구의 문턱은 없앤다.

49

화재예방을 위한 습관으로 옳은 것은?

① 소화기는 창고의 구석에 비치한다.
② 양초는 밤새 피워 놓아도 안전하다.
③ 음식이 익는 동안 TV를 보면서 기다린다.
④ **난로 곁에는 세탁물 등을 널어놓지 않는다.**
⑤ 하나의 콘센트에 여러 개의 플러그를 꽂는다.

> 난로 곁에는 불이 붙는 물건을 치우고 세탁물 등을 널어놓지 않는다. 또한 음식을 조리하는 중에는 주방을 떠나지 않도록 한다.

50

우리나라 고령자에서 섭취가 부족한 영양소와 과잉 섭취하는 영양소가 바르게 연결된 것은?

① 티아민 - 철분
② **칼슘 - 나트륨**
③ 칼슘 - 비타민 A
④ 리보플라빈 - 철분
⑤ 리보플라빈 - 비타민 C

> 우리나라 고령자에서 가장 섭취가 부족한 영양소는 칼슘, 리보플라빈 등이고, 과잉 섭취하는 영양소는 나트륨이다.

51

변비 대상자의 식사관리로 옳은 것은?

① 감자나 고구마의 섭취를 제한한다.
② 과일은 통조림이나 주스로 섭취한다.
③ **해조류와 견과류의 섭취를 늘린다.**
④ 수분 섭취는 하루 3잔 정도로 제한한다.
⑤ 가급적 도정과정을 많이 거친 곡류를 섭취한다.

> 변비 대상자는 식이섬유가 많은 해조류와 견과류를 충분히 섭취한다. 과일은 통조림이나 주스 대신 생으로 먹고, 가급적 도정과정을 적게 거친 통곡류나 감자류, 생채소 섭취를 늘린다.

52

일상생활 지원에 대한 설명으로 옳은 것은?

① 신체활동 지원과는 관련이 없다.
② 식사 도움, 체위변경 도움 등이 포함된다.
③ **대상자의 자립적 생활에 중요한 역할을 한다.**
④ 신체활동 지원이 필요한 대상자에게는 일상생활 지원은 제공하지 않는다.
⑤ 신체활동을 지원하는 데 필요한 조건이나 수단을 마련하기 위한 직접적인 활동이다.

> - 일상생활 지원은 신체활동(식사 도움, 체위변경 도움 등)을 지원하는 데 필요한 조건이나 수단을 마련하기 위한 간접적인 활동으로, 일상생활 지원과 신체활동 지원은 서로 밀접하게 관련되어 있다.
> - 신체활동 지원이 필요한 대상자에게는 신체활동 지원과 일상생활 지원이, 신체활동 지원이 필요하지 않은 대상자에게는 일상생활 지원만 제공된다.

53

다음과 같은 표시기호가 있는 의복의 다림질 방법으로 옳은 것은?

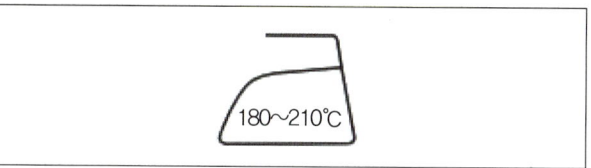

① 180~210℃로 다림질한다.
② 180~210℃의 스팀을 뿌린다.
③ 180~210℃로 다림질하는 것을 금지한다.
④ 180~210℃의 물을 분무하여 다림질한다.
⑤ 원단 위에 천을 덮고 180~210℃로 다림질한다.

180~210℃로 다림질하라는 표시기호이다.

54

다음 상황에서 요양보호사의 반응으로 옳은 것은?

대 상 자 : 우리 손녀가 올해 초등학교에 들어갔어. 첫 손주인데 운동화라도 사주고 싶네.
요양보호사 : (   )

① "저도 운동화가 필요해요."
② "너무 비싸서 사기 어려워요."
③ "그냥 돈으로 주시는 게 나아요."
④ "지금쯤이면 벌써 사서 필요 없을 듯해요."
⑤ "손녀를 축하해 주고 싶으신 마음이 느껴지네요."

공감할 때는 상대방이 하는 말을 상대방의 관점에서 이해하고, 감정을 함께 느끼며, 자신이 느낀 바를 전달한다.

55

외출동행의 방법으로 옳은 것은?

① 되도록 외출하지 않는다.
② 도보 시 보폭을 크게 한다.
③ 외출 목적 외에 여러 활동을 함께 한다.
④ 계단을 오를 때는 쉬어 가면서 이동한다.
⑤ 차량 이용 시 대상자의 몸과 최대한 거리를 둔다.

계단을 오를 때는 몇 걸음에 한 번씩 혹은 걸음마다 두 다리를 한 곳에 모아 쉬면서 천천히 이동하고, 도보 시 보폭을 작게 한다.

56

'나 – 전달법(I – Message전달법)'에 대한 설명으로 옳은 것은?

① 문제의 원인을 상대방에게 둔다.
② 부정적 정서를 강조하지 않는다.
③ 상대를 평가하는 태도가 필요하다.
④ 상대방의 행동에 초점을 두고 비평한다.
⑤ 내 생각을 전달 시 상대방을 주어로 말한다.

나 – 전달법은 부정적 정서를 강조하지 않고, 상대를 평가하지 않는다.

57

치매 말기 단계의 대상자와 의사소통하는 방법으로 옳은 것은?

① 대화 주제를 계속 바꾼다.
② 방 안에 아무도 없는 것처럼 이야기한다.
③ 대상자의 집중력이 높은 시간대에 대화한다.
④ 대상자가 좋아했던 음악을 듣고 책을 읽는다.
⑤ 대상자가 응답하지 않는다면 응답할 때까지 기다린다.

치매 말기 대상자가 좋아했던 음악을 함께 듣고 책을 읽는다.

58

요양보호사가 사용하는 기록지의 종류(A)와 주요 기록 내용(B)이 바르게 연결된 것은?

	A	B
①	상담일지	대상자의 욕구사정
②	방문일지	서비스 제공 목표
③	**상태기록지**	**대상자의 상태**
④	인수인계서	상담내용 및 결과
⑤	사례회의록	대상자 방문 시 상담내용

> 상태기록지는 대상자의 배설, 목욕, 섭취, 외출 등의 상태 및 제공 내용을 기록한다.

59 ★★

요양보호사의 업무보고가 중요한 이유는?

① 사고의 피해 규모를 키울 수 있다.
② 대상자의 사생활을 공유할 수 있다.
③ 기관 중심의 서비스를 제공할 수 있다.
④ **타 전문직의 업무 협조를 구할 수 있다.**
⑤ 현장의 다른 부서와의 경쟁에서 유리해진다.

> 업무보고를 통해 사회복지사, 간호사, 물리치료사, 영양사 등 타 전문직과 원활하게 업무 협조 및 의사소통을 할 수 있다.

60 ★

대상자의 상황과 욕구에 맞는 서비스를 제공하기 위해 개최하는 회의는?

① 연례회의 ② **사례회의**
③ 연구회의 ④ 자치회의
⑤ 현장회의

> 사례회의는 대상자의 상황과 제공되는 서비스를 점검하고 평가하여 대상자의 욕구에 맞는 서비스를 제공하기 위한 회의이다.

61 ★★

약 처방이 바뀐 뒤 치매 대상자가 불안해하며 손톱을 물어뜯을 때 돕는 방법으로 옳은 것은?

① 약물 용량을 줄여서 제공한다.
② 이전에 복용하던 치매약을 준다.
③ **증상을 메모하여 병원에 가져간다.**
④ 물어뜯지 않도록 마스크를 씌운다.
⑤ 물어뜯지 말라고 강하게 얘기한다.

> 약물을 바꿨을 때는 새로운 증상이나 부작용이 나타나는지 관찰하고 메모하여 병원에 가져가야 한다.

62 ★★★

치매 대상자의 식사를 돕는 방법으로 옳은 것은?

① 소금, 후추를 직접 뿌려 먹게 한다.
② 사레에 걸리면 음식을 묽게 해준다.
③ 음식은 김이 날 정도로 뜨겁게 준다.
④ **음식을 부드럽게 조리하여 제공한다.**
⑤ 투명한 유리그릇에 음식을 담아준다.

> 음식을 잘게 잘라 부드럽게 조리하여 대상자가 쉽게 먹을 수 있도록 하고, 묽은 음식에 사레가 자주 걸리면 음식을 좀 더 걸쭉하게 해준다.

63 ★★

치매 대상자의 운동을 돕는 방법으로 옳은 것은?

① 서서히 운동 시간을 줄인다.
② 산책보다 구기운동을 하게 한다.
③ 굽이 높고 딱딱한 신발을 신긴다.
④ **매일 같은 시간에 같은 길을 산책한다.**
⑤ 몸통 운동에서 다리 운동으로 진행한다.

> - 매일 같은 시간에 같은 길을 산책하면 대상자의 혼란과 초조감을 줄일 수 있다.
> - 일반적으로 산책이 가장 간편하고 효과적인 운동으로, 산책 시 굽이 낮고 편안한 신발을 신고 걷는 시간을 서서히 늘린다.

64 ★★

재가 치매 대상자의 욕실을 안전하게 관리하는 방법은?

① 온수기의 물 온도를 높인다.
② 물이 넘치지 않도록 문턱을 설치한다.
③ **노출된 온수파이프는 절연체로 감싼다.**
④ 온수 수도꼭지는 검은색으로 표시한다.
⑤ 세제, 샴푸, 비누, 락스를 한 곳에 둔다.

> 온수파이프에 화상을 입지 않도록 절연체로 감싸고, 온수 수도꼭지는 빨간색으로 표시한다.

65 ★

치매 대상자가 비누를 집어 먹고 있을 때 대처 방법으로 옳은 것은?

① **비누 대신 감자를 주어 교환한다.**
② 지금 뭘 먹고 계시냐고 소리친다.
③ 입에 손가락을 넣어 토하게 한다.
④ 손등을 가볍게 찰싹 때려 혼낸다.
⑤ 건강에 해로우므로 비누를 뺏는다.

> 좋아하는 다른 간식과 교환하여 위험한 것을 먹지 않도록 한다.

66 ★

여름에 더워서 밤잠을 못 자고 뒤척거리는 치매 대상자를 돕는 방법은?

① 시원한 홍차 한 잔을 준다.
② 소음을 차단하는 귀마개를 준다.
③ **시원하고 얇은 이불을 덮어준다.**
④ 숙면을 위해 수면제를 복용시킨다.
⑤ 에어컨 바람이 대상자에게 직접 닿도록 조절한다.

> 적정 온도를 유지할 수 있도록 시원하고 얇은 이불을 덮어준다.

67 ★★

자꾸 창밖을 내다 보며 배회하는 치매 대상자를 돕는 방법은?

① 시설의 연락처를 외우도록 한다.
② 복잡한 일을 주어 집중하게 한다.
③ 방을 어둡고 조용하게 만들어 준다.
④ **가족과 함께 하는 시간을 갖게 한다.**
⑤ 거실에서 잘 보이지 않는 방으로 옮긴다.

> 친숙한 주변 환경과 가족과 보내는 시간은 치매 대상자의 상실감과 욕구에 의한 배회를 줄인다.

68 ★

치매 대상자에게 일반적으로 나타나는 파괴적 행동의 특징으로 옳은 것은?

① 한번 나타나면 오래 지속된다.
② 심술을 부리려는 의도에서 나타난다.
③ 내버려 두면 행동이 점점 과격해진다.
④ **난폭한 행동이 자주 일어나지는 않는다.**
⑤ 치매 말기로 갈수록 파괴적 행동이 심해진다.

> 난폭한 행동은 자주 일어나지 않고 오래 지속되지 않는다.

69 ★★

치매 대상자가 해 질 녘이 되자 옷을 벗으며 몸부림칠 때 대처 방법은?

① **좋아하는 음악을 틀어준다.**
② 옷을 벗을 때마다 다시 입힌다.
③ 옷을 벗으면 안 된다고 경고한다.
④ 옷 벗은 김에 자라고 조명을 끈다.
⑤ 손을 잡아서 옷을 벗지 못하게 한다.

> 치매 대상자는 해 질 녘에 더욱 불안정해질 수 있으므로, 익숙한 소리나 좋아하는 음악을 틀어주면 안정감을 주는 데 도움이 된다.

70

치매 대상자가 요양보호사를 따라다니며 바지 지퍼를 내릴 때 대처 방법은?

① 참다가 화를 낸다.
② 조이지 않는 고무줄바지를 입힌다.
③ 지퍼를 올리는 방법을 가르쳐준다.
④ 모르는 척하며 하던 일을 계속한다.
⑤ 방에 데려가서 나오지 못하게 한다.

문제 행동이 일어날 요인을 제한하는 것이 사고 예방에 도움이 된다.

71

인지활동 프로그램을 진행하던 중 일어난 다음 상황에서 치매 대상자를 돕는 방법은?

> 대　상　자 : (진행 중에 잠깐 막히자 연필을 던져버리며) 어려워! 난 못하겠어. 난 아무것도 몰라….
> 요양보호사 : (　　　　)

① "옆에 할머니는 잘하시잖아요."
② "그러지 마세요! 던지면 안 되죠."
③ "에이, 그것도 못할 리가 없잖아요."
④ "그럼 오늘은 그만하죠. 하지 마세요."
⑤ "시범을 보여드릴게요. 할 수 있어요."

인지자극 훈련은 치매 대상자의 전반적인 인지기능 개선에 도움이 된다. 옆에서 시범을 보이고 지속적인 격려와 칭찬으로 흥미와 동기를 유발하여 대상자를 돕는다.

72

대상자가 사전연명의료의향서 작성을 고민할 때 요양보호사의 반응으로 옳은 것은?

① "언제든지 철회하거나 수정할 수 있어요."
② "인공호흡기와 산소공급은 중단되지 않아요."
③ "작성하면 모든 의료기관에 자동으로 연동되어요."
④ "법적 효력은 말기환자, 임종기 환자가 아니어도 적용돼요."
⑤ "홈페이지에 접속하면 연명의료 결정 내용에 대해 누구나 열람 가능해요."

사전연명의료의향서는 언제든지 내용을 변경하거나 철회할 수 있다.

73

다음과 같은 반응을 하는 임종기 대상자의 임종 적응 단계는?

> 대상자 : 이건 아냐. 의사가 진단을 잘못한 거야. 내가 얼마 못 산다니 믿을 수 없어. 곧 예전처럼 회복될 거야.

① 타협　　　　② 우울
③ 수용　　　　④ 분노
⑤ 부정

부정 단계의 임종기 대상자는 깊은 병세와 죽음이라는 사실에 충격적으로 반응하며 이를 사실로 받아들이려 하지 않거나 다시 회복할 수 있다는 비현실적 믿음을 갖기도 한다.

74

대상자와 사별하기 전 가족에 대한 요양보호의 내용으로 옳은 것은?

① 친지나 지인의 방문은 금지한다.
② 집 안의 행사는 분위기를 고려하여 생략하도록 한다.
③ 대상자가 가족 모두를 자랑스럽게 생각했음을 알려준다.
④ 변화에 대해 불안해하므로 가족 한 명만 곁에 있도록 한다.
⑤ 사진이나 동영상 촬영은 사별 후 힘들 수 있으므로 하지 않는다.

- 대상자가 가족을 위해 최선을 다했고, 가족 모두를 자랑스럽게 생각했음을 알려준다.
- 친지나 지인의 방문을 받을 수 있도록 허용한다.
- 생일 등 집 안의 행사가 있다면 간단한 이벤트를 준비한다.
- 대상자가 혼자 있으면 불안을 느낄 수 있으므로 가족들이 교대로 곁에 함께 있도록 한다.
- 대상자가 의사소통이 가능할 경우 사진이나 동영상을 촬영하도록 한다.

75 ★★

대상자가 경련하며 쓰러졌을 때 응급처치 방법으로 옳은 것은?

① 입에 손수건을 물린다.
② 경련 멈추는 약을 먹인다.
③ 종료될 때까지 물이나 음식을 주지 않는다.
④ 경련이 끝날 때까지 팔다리를 꽉 붙잡아 준다.
⑤ 경련을 빨리 끝내기 위해서 뺨에 차가운 것을 대어 준다.

상황이 종료될 때까지 물이나 음식을 주지 않고, 입에 어떠한 것도 물려서는 안 된다.

76 ★

대상자가 화상을 입었을 때 응급처치 방법으로 옳은 것은?

① 얼음을 팔에 대어 열기를 뺀다.
② 귀걸이나 반지, 팔찌를 제거해 준다.
③ 물집이 생기지 않도록 살살 만져준다.
④ 화상 부위에 핸드크림을 얇게 펴 바른다.
⑤ 화상 부위의 통증이 없어질 때까지 미지근한 물에 담근다.

- 화상 부위에 귀걸이나 반지, 팔찌 등은 신속히 제거하고, 된장이나 핸드크림 등은 절대 바르지 않는다.
- 화상 부위의 통증이 없어질 때까지 찬물에 담그고, 얼음이나 얼음물을 직접 대는 것은 피한다.

77 ★

부작용이 나타날 수 있는 약물 복용방법은?

① 약을 물과 함께 복용한다.
② 복용 약물의 이름과 효과를 알아둔다.
③ 고지혈증약을 자몽주스와 함께 복용한다.
④ 복용 시간을 놓치면 생각난 즉시 복용한다.
⑤ 이전 처방약의 복용은 의사에게 확인받는다.

자몽주스는 고혈압약, 고지혈증약의 부작용을 증가시키므로 함께 복용하지 않는다.

78

가슴압박 소생술 후 호흡이 회복된 환자에게 취하게 해야 하는 회복자세는?

①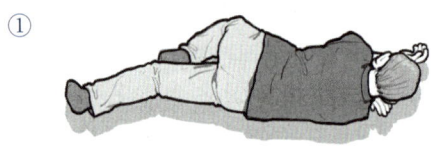

②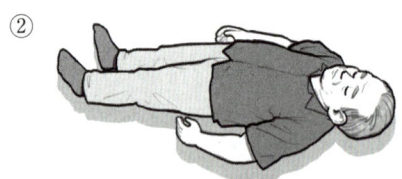

③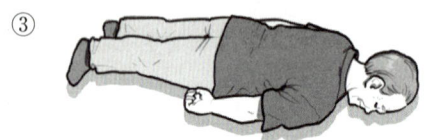

④

⑤

> 가슴압박 소생술 후 환자의 호흡이 회복되면 환자를 옆으로 눕혀 기도가 막히는 것을 예방하기 위해 환자를 옆으로 눕힌다.

79

다음 보호장구 중 요양보호사의 눈, 코, 입을 보호해 줄 수 있는 것은?

① 장갑
② 마스크
③ 보안경
④ **안면보호구**
⑤ 일회용 방수성 가운

> 안면보호구는 요양보호사의 눈, 코, 입을 보호해주고, 일회용 방수성 가운은 요양보호사의 피부와 옷을 보호해준다.

80

기본원칙을 지켜 치매 대상자와 의사소통한 것은?

① **"와, 혼자서도 정말 잘 만드셨어요!"**
② "그거 자꾸 만지작거리시면 안 돼요."
③ "그러니깐 잘 보관하시라고 했잖아요."
④ "목욕하고 나서 잠옷으로 갈아입고 약 먹을게요."
⑤ "목욕한 지 벌써 일주일이나 됐으니 냄새가 나잖아요."

> 대상자가 일을 잘 수행했을 경우에는 격려의 말을 해 준다.

최빈출 50제

Chapter 01 최빈출 50제

요양보호론(필기시험)

빈출 01 #노화의 긍정적 측면 #건강한 노화

노화에 따라 발전되는 긍정적인 측면은?

① 역동적인 변화에 익숙해진다.
② 새로운 기술을 쉽게 받아들인다.
③ 의사결정이 조심스러워 실수가 적다.
④ 젊은이보다 사고력이 월등히 뛰어나다.
⑤ 신체적, 경제적으로 독립성이 증가한다.

노인은 의사결정이 신중하고 조심스러워져 실수가 적다.

빈출 02 #심리적 특성 #경직성 증가

노년기에 일반적으로 보이는 심리적 특성은?

① 익숙한 습관과 태도를 고수한다.
② 타인을 향해 에너지를 발산한다.
③ 과거보다 현재 상황에 집중한다.
④ 자신의 흔적을 지우고 싶어한다.
⑤ 주변에 대한 독립심이 증가한다.

노년기에는 경직성이 증가하여 익숙한 습관, 태도, 방법을 고수한다.

빈출 03 #가족관계 변화

노년기에 변화하는 가족관계의 특성은?

① 부부간의 관계가 수직적으로 변화한다.
② 현대 사회에 고부갈등은 거의 사라졌다.
③ 삼대가 같이 생활하는 대가족이 늘어났다.
④ 형제자매 간의 경쟁심과 갈등이 늘어난다.
⑤ 조부모는 손자녀의 긍정적인 자아 형성에 기여한다.

부모에 비해 조부모는 양육 책임이 덜해 순수한 애정으로 감싸줄 수 있어 손자녀의 긍정적인 자아 형성에 기여한다.

빈출 04 #노인복지시설

노인공동생활가정이 포함되어 있는 노인복지시설은?

① 노인보호전문기관
② 노인여가복지시설
③ 노인의료복지시설
④ 노인주거복지시설
⑤ 재가노인복지시설

노인주거복지시설에는 양로시설, 노인공동생활가정, 노인복지주택이 포함된다.

빈출 05 #장기요양인정 신청 #대리 신청

장기요양인정 신청에 대한 설명으로 옳은 것은?

① 본인 또는 가족만 신청 가능하다.
② 한의사가 발급하는 소견서는 제출이 불가능하다.
③ 대리인이 신청할 경우에는 신청자의 신분증만 있으면 된다.
④ 60세 이상 노인 또는 60세 미만 노인성 질환 대상자가 신청한다.
⑤ 치매안심센터의 장이 대리 신청하는 경우 본인 또는 가족 동의가 필요하다.

- 사회복지전담공무원 또는 치매안심센터의 장이 대리 신청하는 경우에는 본인 또는 가족의 동의를 받아야 한다.
- 65세 이상 노인 또는 65세 미만 노인성 질환 대상자가 공단에 의사 또는 한의사가 발급하는 소견서를 첨부하여 장기요양인정 신청서를 제출한다.

빈출 06 #시설노인의 인권

다음의 시설에서 대상자가 보장받아야 할 기본 권리는?

> 시설장 : 이 시설에서는 대상자 모두 단체복을 입어요. 사복은 가져오실 수 없습니다.

① 존엄한 존재로 대우받을 권리
② 차별 및 노인학대를 받지 않을 권리
③ 개별화된 서비스를 제공받고 선택할 권리
④ 안락하고 안전한 생활환경을 제공받을 권리
⑤ 개인 소유의 재산과 소유물을 스스로 관리할 권리

개별화된 서비스를 제공받고 선택할 권리가 침해되었다. 노인은 개인 물품을 이용할 수 있어야 하고, 의복 등 개인의 생활 방식을 선택하거나 결정할 수 있어야 한다.

빈출 07 #노인학대 #정서적 학대

다음은 어떤 노인학대 유형에 해당하는가?

> - 친척이나 친구들의 연락 또는 방문을 차단하는 등 노인의 사회관계 유지를 방해한다.
> - 집안의 경조사에 참여시키지 않는 등 노인과 관련된 결정사항의 의사결정 과정에서 소외시킨다.

① 방임
② 성적 학대
③ 신체적 학대
④ 정서적 학대
⑤ 경제적 학대

정서적 학대에 대한 내용으로 종교 활동 참여를 반대하거나 '시설로 보낸다.' 또는 '집에서 나가라.' 등의 위협이나 협박도 포함된다.

빈출 08 #직업윤리 원칙

요양보호사의 직업윤리 원칙에 맞는 행동은?

① 대상자와 수직적 관계임을 인식한다.
② 대상자의 지위에 따라 대우를 달리한다.
③ 대상자에 대한 가족의 학대는 모르는 척 해준다.
④ 대상자의 사생활에 대해 동료와 이야기를 나눈다.
⑤ 대상자로부터 서비스에 대한 물질적 보상을 받지 않는다.

- 대상자와 수직적 관계가 아닌 상호 대등한 관계임을 인식해야 한다.
- 대상자의 지위에 따라 차별 대우하지 않는다.
- 대상자에 대한 가족의 학대를 발견하면 반드시 신고해야 한다.
- 대상자의 사생활을 존중하고 업무상 알게 된 개인정보는 비밀로 유지한다.

빈출 09 #성희롱 대처 방법

다음과 같은 사례에서 올바른 대처 방법은?

> 요양보호사 A씨가 70대 할아버지의 옷을 갈아입히고 있는데, 갑자기 할아버지가 A씨의 허리를 잡고 쓰다듬었다.

① 바로 경찰에 신고한다.
② 싫어하는 티를 내지 않기 위해 참는다.
③ 그만하지 않으면 신고하겠다고 협박한다.
④ 소리치면서 할아버지를 밀치고 도망친다.
⑤ 단호하게 거부한 후 대상자의 가족과 시설장에게 알리겠다고 말한다.

대상자가 성적인 농담이나 신체접촉을 할 때에는 단호하게 거부한 후 대상자의 가족과 관리책임자 혹은 시설장에게 이러한 사실을 알리겠다고 대상자에게 전한다.

빈출 10 #노인성 질환

노인성 질환의 특성으로 옳은 것은?

① 단독으로 발생하는 경우가 많다.
② 질환에 따른 증상이 명확한 경우가 많다.
③ 가벼운 질환에도 의식장애를 일으키기 쉽다.
④ 경과가 짧고 급성으로 진행하는 경우가 많다.
⑤ 치유되면 발병 이전의 몸상태로 돌아오기 쉽다.

노인은 폐렴, 설사 등 가벼운 질환에도 의식장애가 발생하기 쉽다.

빈출 11 #노화 #소화기계 변화

노화에 따른 소화기계 변화로 옳은 것은?

① 위액의 산도가 증가한다.
② 타액의 분비가 증가한다.
③ 췌장 호르몬 분비가 증가한다.
④ 항문 괄약근의 긴장도가 커진다.
⑤ 가스가 차거나 변비가 생기기 쉽다.

- 소화능력의 저하로 가스가 차고, 변비, 설사, 구토 등이 생긴다.
- 타액과 위액분비 및 위액의 산도가 저하되고, 췌장 호르몬 분비가 감소한다.
- 항문 괄약근의 긴장도가 떨어져 변실금이 발생할 수 있다.

빈출 12 #노화 #호흡기계 변화

노화로 인한 호흡기계 변화로 옳은 것은?

① 폐활량이 증가한다.
② 섬모운동이 증가한다.
③ 호흡 근육이 발달한다.
④ 콧속 점막이 건조해진다.
⑤ 체내 산소량이 증가한다.

- 노화에 따라 신체조직 내 수분 함유량이 감소하여 콧속 점막이 건조해져 공기를 효과적으로 흡입하지 못하게 된다.
- 폐포의 탄력성과 폐 순환량이 감소하여 폐활량이 줄고, 숨이 쉽게 찬다.
- 기침반사와 섬모운동이 저하되어 미세 물질을 효과적으로 걸러내기 어렵다.
- 호흡 근육과 근력이 약화되어 호흡이 증가할 때 쉽게 피로해진다.

빈출 13 #심혈관계 #고혈압

고혈압의 예방과 관리방법으로 옳은 것은?

① 염장식품을 섭취한다.
② 지방이 풍부한 식품을 섭취한다.
③ 고강도 운동을 비규칙적으로 한다.
④ 증상이 있을 때만 혈압약을 먹는다.
⑤ 표준체중이어도 복부비만은 주의하여 관리한다.

- 표준체중을 유지하고 체중이 정상이더라도 복부비만인 경우에는 심혈관계 질환의 위험 요인이 되므로 주의하여 관리해야 한다.
- 저염식품, 저지방식품을 섭취하고, 심장에 무리가 가지 않는 적당한 운동을 규칙적으로 한다.
- 혈압약은 꾸준히 복용하여 정상 혈압을 유지한다.

빈출 14 #내분비계 #당뇨병

당뇨병을 관리하는 방법으로 옳은 것은?

① 염분을 충분히 섭취한다.
② 고콜레스테롤 식이를 섭취한다.
③ 하루 세 번 규칙적으로 식사한다.
④ 설탕 대신 꿀을 넣은 간식을 제공한다.
⑤ 활동량이 많은 날은 고혈당에 주의한다.

하루 세 번 규칙적으로 식사하여 혈당의 급격한 변화를 막는다.

빈출 15 #욕창 예방법

누워 지내는 대상자의 욕창 예방을 위한 방법은?

① 한두 시간마다 자세를 바꾸어 준다.
② 천골 부위에 도넛 모양 베개를 대어 준다.
③ 붉게 변한 부위가 있는지 주마다 확인한다.
④ 혈액순환을 위해 몸에 꽉 끼는 옷을 입힌다.
⑤ 옷자락이나 시트를 끌어 대상자를 이동시킨다.

- 특정 부위에 압력이 집중되지 않도록 침대에서는 적어도 두 시간마다, 의자나 휠체어에서는 한 시간마다 자세를 바꾸어 준다.
- 도넛베개는 압박 부위의 순환을 막을 수 있으므로 사용하지 않는다.
- 붉게 변한 부위가 있는지 매일 확인하고, 몸에 꽉 끼는 옷은 입지 않는다.

빈출 16 #치매 #단계별 증상

치매의 단계별 증상으로 옳은 것은?

① 초기에는 시간 외에 공간까지 헷갈린다.
② 초기에는 새로운 것을 외우는 것이 어렵다.
③ 초기에는 안절부절못하고 배회행동을 보인다.
④ 말기에는 물건 분실 후 남이 훔쳐갔다고 의심한다.
⑤ 말기에는 말을 할 때 적절한 단어가 떠오르지 않는다.

- 치매 초기에는 새로운 것을 외우는 것이 어렵고, 간혹 시간이 헷갈릴 때가 있으며, 말을 할 때 적절한 단어가 떠오르지 않는다.
- 중기에는 시간 외에 공간까지 헷갈리고, 환각·망상·불안·초조·배회 등의 정신행동증상이 심해진다.
- 말기에는 대부분의 기억이 소실되고, 가족이나 가까운 사람들도 알아보지 못한다.

빈출 17 #뇌졸중 #전구증상

뇌졸중을 의심할 수 있는 전구증상은?

① 입안이 건조하고 갈증이 난다.
② 몸통에 물집이 잡히고 가렵다.
③ 운동 시 심한 호흡곤란이 온다.
④ 주위가 빙빙 도는 것처럼 어지럽다.
⑤ 새벽에 명치 부위가 아프고 속이 쓰리다.

뇌졸중의 전구증상으로 주위가 빙빙 도는 것처럼 어지럽고, 말이 어눌해질 수 있다.

빈출 19 #수면 관리

시설 대상자의 숙면을 돕는 방법으로 옳은 것은?

① 밤잠이 부족하면 낮잠을 자게 한다.
② 잠들기 전에 고강도 운동을 하게 한다.
③ 잠이 올 때까지 텔레비전을 보게 한다.
④ 아침에 저절로 깰 때까지 깨우지 않는다.
⑤ 코를 고는 사람과 다른 방에서 자게 한다.

함께 자는 사람이 코골이, 뒤척임 등으로 수면을 방해한다면 다른 방을 사용하게 한다.

빈출 18 #운동 관리

노인의 운동 관리 방법으로 옳은 것은?

① 준비운동은 5분 이내로 끝낸다.
② 운동 강도와 빈도를 서서히 늘린다.
③ 방향을 빠르게 전환하는 운동을 한다.
④ 운동을 다 끝내기 전에는 휴식하지 않는다.
⑤ 바람이 잘 통하지 않는 옷을 입어 땀을 낸다.

- 운동 강도와 빈도를 급격히 올리면 몸에 무리가 갈 수도 있으므로 서서히 늘린다.
- 적어도 5분 이상 준비운동을 하여 유연성을 높이고 근육 손상을 방지한다.
- 방향을 빠르게 전환하는 운동이나 동작은 피한다.
- 운동 중간에는 충분한 휴식을 취한다.
- 시원하고 바람이 잘 통하며 땀 흡수가 잘되는 옷을 입고 운동한다.

빈출 20 #약물 복용 방법

노인의 약물 복용 방법으로 옳은 것은?

① 여러 처방약 중 한 가지만 복용한다.
② 처방약과 건강기능식품을 함께 먹는다.
③ 약 복용 후 속이 쓰리면 복용량을 줄인다.
④ 새 처방을 받으면 이전 처방약은 먹지 않는다.
⑤ 코팅된 약을 먹기 힘들 때는 쪼개서 복용한다.

- 진료를 받고 새로 처방약을 받은 경우 질병 상태에 맞추어 약을 조절했을 가능성이 높으므로 반드시 가장 최근의 처방약을 복용해야 한다.
- 임의로 조절하여 정해진 양보다 적게 복용하거나 많이 복용해서는 안 된다.
- 분할선이 있는 약만 쪼개서 복용할 수 있다.

빈출 21　　　　　　　　　　　　#예방접종

노인에게 권장되는 예방접종에 관한 설명으로 옳은 것은?

① 독감은 매년 1회 접종한다.
② 대상포진은 매년 1회 접종한다.
③ 백일해는 5년마다 1회 접종한다.
④ 폐렴구균은 2년마다 1회 접종한다.
⑤ 노인과 함께 거주하는 성인까지 독감 예방접종을 할 필요는 없다.

독감 예방접종은 매년 1회 실시하고, 노인과 함께 거주하거나 노인을 돌보는 모든 성인도 예방접종해야 한다.

빈출 22　　　　　　　　　　　　#폭염 안전수칙

여름철 폭염에 대응하는 안전수칙으로 옳은 것은?

① 식사량을 평소보다 늘린다.
② 새벽보다 한낮에 활동한다.
③ 가급적 야외에서 활동한다.
④ 현기증이 있으면 시원한 물을 마신다.
⑤ 선풍기를 사용할 때는 문과 창문을 닫는다.

- 현기증이 있으면 시원하고 통풍이 잘되는 장소에서 휴식을 취하고, 시원한 물을 천천히 마신다.
- 식사는 가볍게 하고, 가급적 야외 활동을 자제한다.
- 선풍기는 환기가 잘되는 상태에서 사용하고, 커튼 등을 이용해 햇빛을 가린다.

실기시험

빈출 23　　　　　　　　#요양보호 실천 #말하기

대상자에게 말하는 방법으로 옳은 것은?

① 항상 의문형 문장으로 이야기한다.
② 대상자에게 최대한 빠르게 여러 번 이야기한다.
③ 이야기를 한 후 최소 3초 이상 기다려줘야 한다.
④ 아무 말도 안 하는 대상자에게는 말을 걸지 않는다.
⑤ 대상자가 아직 잠에서 덜 깨었을 때에도 말을 시작한다.

- 요양보호사의 말을 이해하고 행동으로 옮기기까지 시간이 필요하므로 이야기를 한 후 3초 이상 기다려준다.
- 항상 긍정형 문장을 사용하고, 천천히 또박또박 이야기한다.
- 아무 말도 안 하는 대상자에게도 말을 건다.
- 대상자가 아직 잠에서 덜 깬 경우에는 침대판을 가볍게 두드려 반응을 살핀 뒤, 대답이 없으면 약 3초간 기다렸다가 다시 한 번 두드려 깨운 후 말을 시작한다.

빈출 24　　　　　　　　　　　　#영양관리

노인의 영양관리에 대한 설명으로 옳은 것은?

① 노인의 하루 활동량은 줄고, 에너지 소모량은 증가한다.
② 먹고 싶어 할 때마다 원하는 식사를 자유롭게 제공한다.
③ 좋아하고 익숙한 음식 위주로 주는 것이 영양 균형에 좋다.
④ 1일 단위로 6군의 기초식품을 골고루 넣은 식단을 구성한다.
⑤ 하루에 섭취해야 하는 에너지, 단백질, 비타민 등의 1일 필요량은 줄어든다.

1일 단위로 6군의 기초식품을 골고루 넣은 식단을 구성하여 영양 균형을 맞춘다.

빈출 25   #식사 돕기 #사레 예방법

대상자에게 음식을 제공할 때 사레를 예방하는 방법으로 옳은 것은?

① 신맛이 강한 음식을 제공한다.
② 물기가 없는 음식을 제공한다.
③ 배 부위와 가슴을 압박하는 옷을 입힌다.
④ 상체를 높이고 턱을 든 자세를 취하게 한다.
⑤ 식사 전에 국이나 물로 먼저 목을 축이게 한다.

음식을 삼키기 쉽게 국이나 물, 차 등으로 먼저 목을 축이고 음식을 먹게 한다.

빈출 26   #경관영양 돕기

경관영양을 하는 대상자의 비위관이 샐 때 요양보호사의 행동으로 옳은 것은?

① 비위관을 완전히 뺀다.
② 비위관이 빠져도 상관없다.
③ 비위관을 조금씩 밀어 넣는다.
④ 비위관을 잠그고 시설장에게 알린다.
⑤ 빠진 상태 그대로 두고 관리책임자에게 연락한다.

비위관이 새거나 영양액이 역류하면 비위관을 잠그고 시설장 등에게 알린다.

빈출 27   #배설 돕기

대상자의 배설을 돕기 위한 기본원칙으로 옳은 것은?

① 배설물을 치울 때 표정을 찡그린다.
② 배설할 때는 배설하는 모습이 보이게 한다.
③ 배설물은 오래 두지 말고 바로 깨끗이 치운다.
④ 대상자가 할 수 있는 부분도 요양보호사가 도와준다.
⑤ 항문은 뒤에서 앞으로 닦아야 요로계 감염을 예방할 수 있다.

배설물은 오래 두지 말고 바로 깨끗이 치우며, 대변이나 소변이 묻어 피부가 헐 수 있으므로 피부상태도 살펴본다.

빈출 28   #몸씻기 돕기

대상자의 몸씻기를 돕는 방법으로 옳은 것은?

① 목욕의자에 앉으면 몸통부터 물을 적신다.
② 머리를 감을 때는 목욕의자에서 일어나게 한다.
③ 머리와 두피는 손톱으로 시원하게 마사지 해준다.
④ 헹구기를 마치면 춥지 않도록 바로 자리를 옮긴 후 물기를 닦는다.
⑤ 다 씻은 후에 물이나 우유 등으로 수분을 공급하고 휴식을 취한다.

- 목욕의자에 앉으면 발 → 다리 → 팔 → 몸통 순으로 물을 적신다.
- 머리를 감을 때는 목욕의자에 앉아 감긴다.
- 머리와 두피는 손톱이 아닌 손가락 끝으로 마사지 후 헹군다.
- 헹구기를 마친 후 미끄러질 수 있으므로 물기를 완전히 닦기 전에는 이동하지 않는다.

빈출 29 #두발 청결 #머리감기

침상에 누워 있는 대상자의 머리를 감기는 방법으로 옳은 것은?

① 눈과 귀에 수건을 올려 덮는다.
② 공복이나 식후에 머리를 감긴다.
③ 침대모서리에 머리가 오게 한다.
④ 방수포를 머리 밑에서 목까지 깐다.
⑤ 수건으로 가슴부터 허리까지 감싼다.

- 베개를 치우고 침대모서리에 머리가 오도록 몸을 비스듬히 한다.
- 눈에 수건을 올려 덮고, 솜으로 귀를 막는다.
- 머리를 감기 전에 대소변을 보게 하고, 공복과 식후는 피한다.
- 방수포는 어깨 밑까지 깔고, 방수포 위에 수건을 깔아 어깨를 감싼다.

빈출 30 #침상 청결 관리

대상자의 침상 청결 및 관리 방법으로 옳은 것은?

① 매트리스는 푹신할수록 좋다.
② 전기 코드는 침상 위에 둔다.
③ 이불은 두껍고 무거운 것을 선택한다.
④ 양모, 오리털 등의 이불은 햇볕에서 말린다.
⑤ 베개는 척추와 머리가 수평이 되는 높이가 좋다.

- 매트리스는 단단하고 탄력성과 지지력이 뛰어난 것이 좋다.
- 전기 코드 등 발에 걸리는 물건은 치운다.
- 이불은 두껍고 무거운 것은 피한다.
- 양모, 오리털 등의 이불은 그늘에서 말린다.

빈출 31 #회음부 청결

회음부 청결을 돕는 방법으로 옳은 것은?

① 목욕 담요는 등 뒤로 깔아 준다.
② 회음부를 닦을 때는 휴지를 사용한다.
③ 누워서 다리를 쭉 편 상태에서 닦는다.
④ 회음부에 비눗물을 끼얹고 물수건으로 닦는다.
⑤ 둔부 밑에 방수포와 목욕수건을 겹쳐서 깔아 준다.

- 둔부 밑에 방수포와 목욕수건을 겹쳐서 깔고 변기를 밀어 넣는다. 대상자가 부끄러워하며 거부한다면 전용 물수건을 제공하여 스스로 씻도록 한다.
- 회음부를 닦을 때에는 전용수건이나 거즈, 솜을 사용한다.
- 누워서 무릎을 세우게 한 상태에서 닦는다.

빈출 32 #옷 갈아입기

오른쪽 편마비대상자에게 단추가 없는 상의를 입히는 순서로 옳은 것은?

가. 오른쪽 팔을 소매에 넣는다.
나. 왼쪽 팔을 소매에 넣게 한다.
다. 상의의 머리 부분을 크게 벌려 머리 쪽을 입힌다.

① 가 → 나 → 다
② 가 → 다 → 나
③ 나 → 다 → 가
④ 다 → 가 → 나
⑤ 다 → 나 → 가

대상자의 마비된 쪽(오른쪽) 손을 잡고 대상자의 마비된 쪽(오른쪽) 손부터 상의를 입히고, 머리 쪽을 입힌 뒤, 대상자가 건강한 쪽(왼쪽) 팔을 스스로 소매에 넣을 수 있도록 도와준다.

빈출 33 #체위변경 #돌려 눕히기

왼쪽 편마비 대상자를 오른쪽으로 돌려 눕히는 방법으로 옳은 것은?

① 대상자의 양팔을 몸에 평행하게 둔다.
② 대상자의 머리를 잡고 왼쪽으로 돌린다.
③ 오른발을 왼발 위에 올려놓고 몸통을 돌린다.
④ 돌려 눕힌 후 엉덩이를 앞으로 이동시켜 준다.
⑤ 왼쪽 어깨와 엉덩이를 잡고 옆으로 돌려 눕힌다.

왼쪽 편마비대상자를 오른쪽으로 돌려 눕히려면 왼쪽 어깨와 엉덩이를 잡고 옆으로 돌려 눕힌다.

빈출 34 #휠체어 이동

휠체어에 앉아 있는 대상자를 침대 위로 옮길 때 요양보호사의 자세로 옳은 것은?

① 빠르게 반동을 이용하여 이동시킨다.
② 두 발을 모아 지지면을 좁혀 들어 올린다.
③ 신체의 작은 근육을 사용하여 들어 올린다.
④ 대상자와 일정한 거리를 두고 들어 이동시킨다.
⑤ 무릎을 굽히고 양다리에 체중을 실어 들어 올린다.

무릎을 굽혀 자세를 낮추고 양다리에 체중을 실어 들어 올린다.

빈출 35 #휠체어 이동 #작동법

휠체어 이동 시 작동법으로 옳은 것은?

① 문턱을 내려갈 때에는 앞바퀴부터 내려간다.
② 문턱을 오를 때에는 뒷바퀴를 들고 올라간다.
③ 경사가 큰 오르막길은 앞바퀴를 들고 올라간다.
④ 내리막길은 휠체어를 돌려 뒷걸음으로 내려간다.
⑤ 엘리베이터를 탈 때는 앞으로, 내릴 때는 뒤로 향한다.

내리막길을 앞으로 내려가면 대상자가 앞으로 굴러 떨어질 수 있으므로 반드시 뒷걸음으로 내려가야 한다.

빈출 36 #계단 이동

왼쪽 편마비 대상자가 그림과 같이 계단을 올라가고자 할 때 이동 순서로 옳은 것은?

① 왼쪽 다리 → 지팡이 → 오른쪽 다리
② 오른쪽 다리 → 왼쪽 다리 → 지팡이
③ 오른쪽 다리 → 지팡이 → 왼쪽 다리
④ 지팡이 → 오른쪽 다리 → 왼쪽 다리
⑤ 지팡이 → 왼쪽 다리 → 오른쪽 다리

편마디 대상자가 지팡이를 이용해 계단을 올라갈 경우 '지팡이 → 건강한 다리(오른쪽 다리) → 마비된 다리(왼쪽 다리)' 순으로 이동한다.

빈출 37   #병원동행

재가대상자에게 병원동행서비스를 제공할 때 지켜야 할 원칙은?

① 보호자의 차량을 이용한다.
② 이동보조기구의 사용을 제한한다.
③ 진료 결과는 아무에게도 알리지 않는다.
④ 방문시간은 요양보호사의 일정에 맞춰 조정한다.
⑤ 대상자가 이용하는 병원과 복약상태를 미리 확인한다.

병원 진료 시 항상 다니는 병원과 대상자의 건강상태, 복약상태를 보호자에게 미리 확인한다.

빈출 38   #복지용구 #목욕리프트

다음과 같은 목욕 보조 용품을 선정할 때 고려할 사항은?

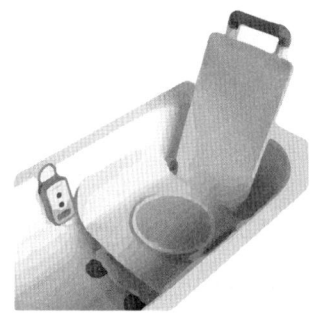

① 철제 재질이어야 한다.
② 등받이 각도가 조절되어야 한다.
③ 높낮이가 고정되어 있어야 한다.
④ 바닥에는 바퀴가 달려있어 이동하기 편해야 한다.
⑤ 다리보다 팔이 불편한 대상자가 목욕할 때 편리하다.

목욕리프트는 편안한 자세로 목욕할 수 있도록 등받이 각도가 조절되어야 한다.

빈출 39   #업무기록 원칙

요양보호 기록의 원칙에 따라 작성된 내용으로 옳은 것은?

① "점심 때 이웃이 방문했다."
② "어르신이 딸에게 서운한 눈치이다."
③ "어르신이 아들과 싸우는 것 같았다."
④ "이웃집에 놀러갔다 한참 만에 오셨다."
⑤ "한 달 전보다 걷는 속도가 반으로 줄었다."

애매한 표현이나 주관적인 내용은 피하고 구체적이고 객관적인 사실을 기록한다.

빈출 40   #업무기록 목적

요양보호사가 업무 내용을 기록하는 목적은?

① 기록자의 글쓰기 실력 향상
② 보호자와의 밀착 관계 형성
③ 일반인에게 중요한 정보 제공
④ 요양보호서비스의 연속성 유지
⑤ 서비스 질의 하향평준화에 기여

담당 요양보호사의 변경이 있을 때 그동안의 요양보호기록을 연계하여 연속성 있는 서비스를 제공할 수 있다.

빈출 41 #의사소통 #공감

다음 상황에서 요양보호사의 공감적 반응으로 적절한 것은?

> 대 상 자 : 난 어린애가 아니니까 '양치질해라, 목욕해라, 세수해라'라고 명령하지 마.
> 요양보호사 : (   )

① "그럼 앞으로는 혼자서 하세요."
② "저를 힘들게 하지 말아 주세요."
③ "불만사항은 보호자께 말씀하세요."
④ "혼자 못 하시면 어린아이나 마찬가지죠."
⑤ "일일이 간섭하는 것 같아 서운하셨군요."

상대방이 하는 말을 상대방의 관점에서 이해하고, 감정을 함께 느끼며, 자신이 느낀 바를 전달한다.

빈출 42 #임종 적응 단계

다음과 같은 대상자의 임종 적응 단계는?

> 대상자 : 하필이면 왜 나한테 이런 일이 일어나는 거야? 의사가 뭐 잘못한 거 아냐? 신이 나를 외면한 거야!

① 부정   ② 분노
③ 수용   ④ 우울
⑤ 타협

분노 단계의 임종기 대상자는 종종 자신의 감정을 반항과 분노로 표출하며 어디에서나 누구에게나 불만스러운 점을 찾으려 한다.

빈출 43 #사전연명의료의향서

말기환자가 사전연명의료의향서에 대해 물어볼 때 요양보호사의 반응으로 옳은 것은?

① "한번 작성하면 철회가 불가능합니다."
② "자녀의 동의가 있어야 작성할 수 있어요."
③ "제가 대신 작성하려면 인감도장이 필요해요."
④ "의사한테 작성해달라고 부탁하는 게 좋겠네요."
⑤ "대한민국 거주 19세 이상은 누구나 작성 가능해요."

사전연명의료의향서는 대한민국에 거주하는 19세 이상의 사람이면 누구나 작성 가능하다. 단, 법적 효력을 인정받으려면 등록기관을 통해 작성·등록해야 한다.

빈출 44 #치매 요양보호 #수면장애

치매 대상자가 오후에 계속 졸고 있을 때 돕는 방법은?

① 방을 따뜻하게 한다.
② 진한 커피를 타준다.
③ 흔들어 잠에서 깨운다.
④ 따뜻한 우유를 제공한다.
⑤ 함께 공원 산책을 나간다.

야외활동으로 낮에 졸지 않고 밤에 잘 수 있도록 한다.

빈출 45 #치매 요양보호 #안전한 생활공간

재가 치매 대상자의 생활공간을 안전하게 조성하는 방법은?

① 난간은 어두운 색으로 칠한다.
② 화장실 전등은 밤에도 켜둔다.
③ 욕실 타일은 매끄러운 것으로 한다.
④ 대상자의 방은 화장실과 먼 곳으로 한다.
⑤ 아기자기한 과일 자석을 냉장고에 붙인다.

밤에 자다가 깨서 화장실을 갈 수 있으므로 화장실 전등은 밤에도 켜둔다.

빈출 46 #치매 요양보호 #의심

다음 상황에서 치매 대상자를 돕는 방법은?

> 치매 대상자가 목걸이를 잃어버렸다며 주위 사람을 의심하고 있다.

① 요양보호사가 목걸이를 찾아 들고 온다.
② 똑같은 목걸이를 사 주겠다며 다독인다.
③ 대상자의 서랍으로 데려가 함께 찾아본다.
④ 목걸이를 왜 제대로 간수하지 못했냐며 다그친다.
⑤ 누가 목걸이를 가져갔다고 생각하는지 말하라고 한다.

의심을 부정하거나 설득하려 하지 말고 잃어버린 물건을 함께 찾아보며 대상자를 안심시킨다.

빈출 47 #치매 요양보호 #의사소통

치매 대상자와 의사소통할 때 유의해야 하는 기본원칙으로 옳은 것은?

① 명령하거나 지시하는 말투를 사용한다.
② 자신의 생각이나 감정은 표현하지 않는다.
③ 같은 상황에는 항상 같은 방법으로 접근한다.
④ 낮은 목소리로 천천히 반응을 보며 이야기한다.
⑤ 의사소통의 효과가 없으면 다시 시도하지 않는다.

- 치매 대상자는 동작이 느린 경우가 많기 때문에 그 속도에 맞추어 낮은 음조로 천천히 반응을 보며 이야기한다.
- 명령하거나 지시하는 말투는 피하고, 대상자를 존중하는 태도와 관심을 가지고 긍정적으로 말한다.
- 같은 대상자라도 기분이나 상황에 따라 효과적인 의사소통 방법이 달라질 수 있다. 즉, 항상 같은 방법이 통하지 않을 수 있다.
- 의사소통이 어려울 경우에는 일시적으로 중단한 후, 나중에 다른 방법으로 시도한다.

빈출 48 #응급처치 #경련

대상자가 경련을 일으킨 경우 대처 방법으로 옳은 것은?

① 머리 밑에 단단한 받침대를 대어 준다.
② 혀를 깨물 수 있으니 손수건 등을 물려 준다.
③ 상의를 느슨하게 하고 옆에서 조용히 관찰한다.
④ 기도를 유지할 수 있도록 머리를 뒤로 젖혀 준다.
⑤ 경련이 멈추도록 양쪽 팔과 다리를 꽉 붙잡아 준다.

- 호흡을 편하게 할 수 있도록 상의를 느슨하게 해주고, 경련이 멈출 때까지 옆에 가만히 있어 준다.
- 경련을 멈추기 위해 억지로 움직임을 제지하거나, 대상자의 입에 무언가를 물리는 어떠한 행위도 해서는 안 된다.

빈출 49　　　　　　　　　　　#재난상황 #정전

재가대상자의 가정에 정전이 발생했을 때 대처 방법은?

① 식탁 밑으로 대피한다.
② 마실 물을 받아 놓는다.
③ 두 손으로 벽을 짚으며 대피한다.
④ 정전으로 해동된 식품은 다시 냉동한다.
⑤ 가정용 산소호흡기가 중단된 경우 119에 신고한다.

- 가정용 산소호흡기 등 전기에 의존하는 필수 의료장비가 중단된 경우 119에 신고하여 긴급후송을 준비한다.
- 정전으로 해동된 냉동식품은 다시 냉동하지 않고 버린다.

빈출 50　　　　　　　　　#심폐소생술 #자동심장충격기

자동심장충격기를 사용하여 심폐소생술을 하는 방법으로 옳은 것은?

① 충격이 전달된 즉시 가슴압박을 시작한다.
② 심장충격 버튼을 누른 후 대상자에게 손을 댄다.
③ 반드시 가슴압박을 시행한 후 패드를 부착한다.
④ '분석 중…'이라는 음성 지시가 나오면, 가슴압박을 한다.
⑤ 오른쪽 패드는 왼쪽 빗장뼈 밑에, 왼쪽 패드는 오른쪽 중간 겨드랑선에 부착한다.

- 자동심장충격기의 충격이 전달된 즉시 가슴압박을 시작한다.
- 전원을 켠 후 두 개의 패드를 부착한다. 이때 오른쪽 패드는 오른쪽 빗장뼈 밑에, 왼쪽 패드는 왼쪽 젖꼭지 아래 중간 겨드랑선에 부착한다.
- '분석 중…'이라는 음성 지시가 나오면 심폐소생술을 멈추고 대상자에게서 손을 뗀다.

MEMO

박문각 취밥러 시리즈
요양보호사 핵심요약 + 합격모의고사

초판발행	2025. 8. 25
2쇄발행	2025. 12. 10

발 행 인	박용
출판총괄	김현실
개발책임	이성준
편집개발	김태희, 이보혜
마 케 팅	김치환, 최지희
일러스트	㈜유미지

저자와의
협의 하에
인지 생략

발 행 처	㈜박문각출판
출판등록	등록번호 제2019-000137호
주 소	06654 서울시 서초구 효령로 283 서경B/D 4층
전 화	(02) 6466-7202
팩 스	(02) 584-2927
홈페이지	www.pmgbooks.co.kr

ISBN	979-11-7519-012-2
정가	11,000원

이 책의 무단 전재 또는 복제 행위는 저작권법 제 136조에 의거, 5년 이하의 징역 또는 5,000만원 이하의 벌금에 처하거나 이를 병과할 수 있습니다.